21世纪经济管理新形态教材·国际经济与贸易系列

国际贸易前沿

闫国庆　高聪　闫晗 ◎ 编著

清华大学出版社
北京

内 容 简 介

本书全面系统地介绍了国际贸易前沿。全书除导论外分为三篇：国际贸易理论前沿、国际贸易政策前沿、国际贸易现实与未来专题。

本书全方位揭示了比较优势理论的最新进展、新贸易理论和新新贸易理论的内容及其价值，系统地剖析了一般贸易政策和特殊贸易政策制定研究前沿，全景式地展现了"一带一路"建设、RCEP(《区域全面经济伙伴关系协定》)与CPTPP(《全面与进步跨太平洋伙伴关系协定》)、数字贸易的演变、绿色贸易的演变及国际贸易未来。

本书可作为国际经济与贸易专业及国际商务等相关专业本科生和研究生教科书或指定阅读文献，同时也是从事国际经济与贸易的理论和实际工作者提升理论及政策内涵与修养的必备书。

本书封面贴有清华大学出版社防伪标签，无标签者不得销售。
版权所有，侵权必究。举报: 010-62782989, beiqinquan@tup.tsinghua.edu.cn。

图书在版编目(CIP)数据

国际贸易前沿/闫国庆，高聪，闫晗编著．—北京：清华大学出版社，2023.7
21世纪经济管理新形态教材．国际经济与贸易系列
ISBN 978-7-302-64039-4

Ⅰ.①国⋯　Ⅱ.①闫⋯②高⋯③闫⋯　Ⅲ.①国际贸易—高等学校—教材　Ⅳ.①F74

中国国家版本馆CIP数据核字(2023)第126753号

责任编辑：张　伟
封面设计：汉风唐韵
责任校对：王荣静
责任印制：丛怀宇

出版发行：清华大学出版社
　　　网　　址：http://www.tup.com.cn, http://www.wqbook.com
　　　地　　址：北京清华大学学研大厦A座　　邮　编：100084
　　　社 总 机：010-83470000　　　　　　　　邮　购：010-62786544
　　　投稿与读者服务：010-62776969, c-service@tup.tsinghua.edu.cn
　　　质量反馈：010-62772015, zhiliang@tup.tsinghua.edu.cn
　　　课件下载：http://www.tup.com.cn, 010-83470332
印 装 者：三河市人民印务有限公司
经　　销：全国新华书店
开　　本：185mm×260mm　　印　张：12　　字　数：276千字
版　　次：2023年8月第1版　　　　　　　印　次：2023年8月第1次印刷
定　　价：69.00元

产品编号：096524-01

前言

国际贸易对各国经济发展乃至人类社会进步起到了巨大的推进作用,国际贸易思想也经历了持续的变革。从早期的托马斯·孟到古典派的亚当·斯密、大卫·李嘉图,到现代的赫克歇尔、俄林、里昂惕夫,再到当代的克鲁格曼、梅里兹等,他们用智慧开启了国际贸易思想的宝藏,指导各国经济社会不同发展阶段对外贸易的发展实践,而这些实践不断推动着更为成熟、更为完善的国际贸易思想的出现。目前,国际贸易学已经成为国际经济学的一个独立分支,并取得了持续而卓有成效的进展。

21世纪的今天,世界迎来大发展、大变革、大调整时期,中国与世界正处于"百年未有之大变局":世界经济重心在变,世界政治格局在变,全球化进程在变,科技与产业关系在变,全球产业链与供应链体系在变,国际秩序和全球治理体系在变,国际贸易面临新的挑战。

在新形势下,国际贸易呈现出越来越多的新特点,国际贸易理论与政策也发生了深刻的变化。所有这一切都向国际贸易理论工作者提出了激动人心的挑战,要求对当代国际贸易运行的内在逻辑进行深度跟踪,把握国际贸易发展的前沿。尽管国际贸易理论与政策方面的书籍琳琅满目,但有关国际贸易前沿的著述相对较少,对当代国际贸易政策前沿及其热点问题进行系统性研究的著述屈指可数。本书以国际贸易理论与政策产生的年代为线索,在对传统国际贸易理论与政策进行系统梳理的基础上,对当代国际贸易理论与政策前沿展开了系统的研究。

国际贸易理论前沿部分,阐述了比较优势理论最新进展、新贸易理论与新新贸易理论,将国际贸易的研究置于环境规制以及社会发展背景下,分析国际贸易与各个国家以及整个世界经济社会发展日益不可分割的联系。

国际贸易政策前沿部分,从市场失灵、国内政治压力、国际政治压力、关税传导和汇率传导、最佳关税等理论方面,对一般贸易政策制定与特殊贸易政策制定背后的政治经济动因进行了深入的透视,启发读者对国际贸易政策新动向、新趋势的思考。

国际贸易现实与未来专题部分,从"一带一路"建设、RCEP与CPTPP、数字贸易的演变、绿色贸易的演变以及国际贸易未来等方面进行了深入系统的探讨。

本书力图在以下方面有所作为。

(1)结构体系新颖、完整。本书力图在构建一个科学的、适应当代国际贸易发展形势需要的国际贸易前沿课程体系上有所建树。本书在借鉴国内外相关成果的基础上构建了自身的逻辑体系,各章节之间层次结构关系清楚,基本涵盖了当今国际贸易理论与政策前沿的全貌,并增加了对国际贸易热点问题的探讨。

(2)内容让学生容易理解且产生兴趣。本书尽量用最简单明了的语言对各种模型进行解释,同时注重运用各国相关的资料与数据来印证国际贸易理论与政策前沿,使分析更易理解且更具有说服力。

(3) 案例贴近中国实际。本书注重通过案例分析介绍当代各种国际贸易理论和政策对中国的影响。丰富而鲜活的国内外案例使读者增加贴近感和现实感。本书在内容编写和案例挑选上,突出了对我国当代国际贸易政策的研究。

(4) 以学生为导向,全面地、创新性地引入新形态教材的理念和方法。本书每章开篇由全球视角导入,章前有学习目标,章后有本章小结及课后习题。同时,书中穿插知识延伸和案例分析等。此外,通过扫描书上各章节中的二维码,可查看拓展阅读、即测即练等。这些特点契合了先进教学方法的需要,有助于教师培养学生的能力。此外,将纸质、网络多种媒介有机结合在一起,给学生学习和教师授课带来极大便利,提高教与学的效率。先进的理念与方法的运用,使本书对提高学生的学习兴趣、开阔视野、培养创新性思维、更深刻地掌握每章知识点起到了重要作用。

本书不仅是作者多年教学和实践经验的结晶,更是团队精诚合作的产物。闫国庆负责第1章、第2章、第5章、第6章、第9章,高聪负责第3章、第4章、第10章,闫晗负责第7章、第8章、第11章。倪一铭、季立挺全程参与了本书大纲的制定、教学档案编写及第2章、第5章、第6章、第8章和第9章的写作。延佳玉、赵梓翔、何峥圆、郑晨晨、张嫔英等参与了本书资料收集、整理及部分内容的写作。他们为本书的写作付出了满腔热情和辛勤的汗水。

在本书写作过程中,我们还得到了海内外许多朋友和同仁的支持和帮助。李明生教授(美国)、刘卫民教授(英国)、May Tan Mullins教授(新加坡)、仲鸿生教授(中国)等为本书撰写提供了许多宝贵的意见和资料。雅戈尔、奥克斯、世贸通、全球贸易通、贝发、银亿、中基等集团公司的经理和业务员与我们倾心交流并提供了大量珍贵的第一手资料,这些是使本书内容反映国际贸易前沿所不可或缺的。此外,本书还吸收和借鉴了大量国内外有关方面的研究成果,在此一并致以衷心的感谢。

在出版本书的过程中,我们得到了清华大学出版社的鼎力支持,编校人员对本书的撰写给予了具体、耐心、有效的指导和帮助,这是我们将本书做细、做好的重要保障。

虽然我们尽了很大的努力,对本书精雕细琢,希望能奉献给老师和学生们一部精品,但限于我们的水平和精力,我们深知本书会存在许多不尽如人意的地方。从某种意义来说,本书是一篇未完稿。借用冯友兰先生的说法,做学问有"照着讲"和"接着讲"两种。本书对已有的国际贸易前沿思想做了较系统的梳理,但这在一定程度上只是完成了"照着讲"的任务,在"接着讲"方面,仍有许多方面还需进一步努力。

我们诚恳地欢迎您对本书提出意见,您的意见将使本书的质量不断得到提高和完善。

闫国庆

2023年1月

目 录

第1章 导论 ··· 1
   1.1 国际贸易前沿的学习内容、意义及方法 ·· 1
   1.2 国际贸易的产生与发展 ·· 3
   1.3 国际贸易理论与政策的演进线索 ·· 6
   本章小结 ·· 8
   框架体系 ·· 8
   关键术语 ·· 9
   课后习题 ·· 9
   问题思考 ··· 10
   考核点 ··· 10
   自我评价 ··· 10
   即测即练 ··· 10

第一篇　国际贸易理论前沿

第2章 比较优势理论最新进展 ··· 13
   2.1 比较优势理论模型的扩展 ·· 13
   2.2 要素禀赋论的扩展 ·· 17
   2.3 金融发展与比较优势 ··· 20
   2.4 制度质量与比较优势 ··· 22
   2.5 企业异质性与比较优势 ·· 26
   本章小结 ··· 31
   框架体系 ··· 31
   关键术语 ··· 31
   课后习题 ··· 32
   问题思考 ··· 34
   考核点 ··· 34
   自我评价 ··· 34
   即测即练 ··· 35

第 3 章　新贸易理论 ········· 36

　3.1　新贸易理论的基本假设 ········· 37
　3.2　产业内贸易理论 ········· 38
　3.3　规模经济理论 ········· 42
　3.4　规模经济与国际贸易 ········· 44
　3.5　新贸易理论的价值及不足 ········· 48
　本章小结 ········· 49
　框架体系 ········· 50
　关键术语 ········· 51
　课后习题 ········· 51
　问题思考 ········· 51
　考核点 ········· 52
　自我评价 ········· 52
　即测即练 ········· 52

第 4 章　新新贸易理论 ········· 53

　4.1　新新贸易理论产生的背景及主要内容 ········· 53
　4.2　异质企业贸易模型 ········· 55
　4.3　企业内生边界模型 ········· 56
　4.4　新新贸易理论的价值及不足 ········· 59
　本章小结 ········· 60
　框架体系 ········· 60
　关键术语 ········· 61
　课后习题 ········· 61
　问题思考 ········· 62
　考核点 ········· 62
　自我评价 ········· 62
　即测即练 ········· 62

第二篇　国际贸易政策前沿

第 5 章　一般贸易政策制定研究前沿 ········· 65

　5.1　市场失灵理论 ········· 65
　5.2　国内政治压力理论 ········· 68
　5.3　国际政治压力理论 ········· 75
　5.4　关税传导和汇率传导理论 ········· 78
　5.5　最佳关税理论 ········· 81

本章小结 ······ 85
框架体系 ······ 86
关键术语 ······ 86
课后习题 ······ 87
问题思考 ······ 87
考核点 ······ 88
自我评价 ······ 88
即测即练 ······ 88

第6章 特殊贸易政策制定研究前沿 ······ 89

6.1 安全保护与反倾销和反补贴的异同及其措施 ······ 89
6.2 战略性贸易政策的基本内容及其适用条件 ······ 91
6.3 产品层级与企业层级的反倾销对发起国的影响 ······ 98
6.4 反补贴的条件与措施 ······ 99
本章小结 ······ 100
框架体系 ······ 100
关键术语 ······ 100
课后习题 ······ 101
问题思考 ······ 102
考核点 ······ 102
自我评价 ······ 102
即测即练 ······ 102

第三篇 国际贸易现实与未来专题

第7章 "一带一路"建设 ······ 105

7.1 何谓"一带一路" ······ 105
7.2 为何提出"一带一路" ······ 107
7.3 如何建设"一带一路" ······ 110
本章小结 ······ 115
框架体系 ······ 115
关键术语 ······ 115
课后习题 ······ 116
问题思考 ······ 117
考核点 ······ 117
自我评价 ······ 117
即测即练 ······ 117

第 8 章 RCEP 与 CPTPP ……118

8.1 RCEP 规则内容 ……118
8.2 CPTPP 规则内容 ……126
本章小结 ……131
框架体系 ……132
关键术语 ……133
课后习题 ……133
问题思考 ……134
考核点 ……134
自我评价 ……134
即测即练 ……134

第 9 章 数字贸易的演变 ……135

9.1 数字贸易的内涵 ……136
9.2 数字贸易规则 ……137
9.3 全球数字贸易数据流动治理导向差异及负面效应 ……139
9.4 数字贸易发展的困境与动力 ……142
9.5 数字贸易的未来：竞争、互补与合作 ……144
本章小结 ……145
框架体系 ……145
关键术语 ……145
课后习题 ……146
问题思考 ……147
考核点 ……147
自我评价 ……147
即测即练 ……147

第 10 章 绿色贸易的演变 ……148

10.1 绿色贸易的发展 ……148
10.2 绿色贸易的内涵与特征 ……150
10.3 绿色贸易的内容与表现形式 ……153
本章小结 ……155
框架体系 ……155
关键术语 ……155
课后习题 ……156
问题思考 ……156
考核点 ……156

自我评价 ……………………………………………………………… 157
　　即测即练 ……………………………………………………………… 157

第 11 章　国际贸易未来 ……………………………………………… 158

　11.1　世界贸易的未来 …………………………………………………… 158
　11.2　中国对外贸易的未来 ……………………………………………… 169
　　本章小结 ……………………………………………………………… 173
　　框架体系 ……………………………………………………………… 174
　　关键术语 ……………………………………………………………… 174
　　课后习题 ……………………………………………………………… 175
　　问题思考 ……………………………………………………………… 177
　　考核点 ………………………………………………………………… 177
　　自我评价 ……………………………………………………………… 177
　　即测即练 ……………………………………………………………… 177

参考文献 …………………………………………………………………… 178

第 1 章

导　论

学习目标：
1. 知晓国际贸易前沿课程的主要内容和学习方法；
2. 了解国际贸易的产生与发展过程；
3. 明晰国际贸易理论与政策的演进线索。

我们未来的富有不在于财富的积累，而在于观念的更新。

——彼得·德鲁克，1990

贸易虽是争夺利润的，但并非单凭暴力所能做好的，它是需要动用智慧的事。

——福泽谕吉，1875

大部分学习国际贸易的学生很久以来一直或至少在私底下有过这样的怀疑，传统的比较优势模型并不能自圆其说地解释世界贸易的行为……我们很难将在制成品贸易中所看到的实际情况与标准的贸易理论所假设的情况一致起来。

——保罗·克鲁格曼，1983

1.1　国际贸易前沿的学习内容、意义及方法

1.1.1　国际贸易前沿的学习内容

本书围绕国际贸易(international trade)理论前沿、政策前沿及未来专题三方面展开。这也是本课程学习的主要内容。

1. 国际贸易理论前沿

本部分(本书第一篇)主要包括比较优势理论最新进展、新贸易理论、新新贸易理论三方面内容。将金融发展、制度质量、企业异质性等要素作为新的比较优势来源的研究使比较优势理论从不同的角度得到了创新。克鲁格曼模型(Krugman model)以规模效益递增与不完全竞争为假设条件的新贸易理论，对传统贸易理论(Orthodox Trade Theory)进行了进一步延伸。在新贸易理论的假设基础上，新新贸易理论加入企业异质性(firm heterogeneity)作为新的假设，以产业内贸易为目标，从规模经济(economies of scale)的视角对国际贸易进行了新的解释。

2. 国际贸易政策前沿

本部分(本书第二篇)包括一般贸易政策制定研究前沿和特殊贸易政策制定研究前沿。一般贸易政策制定研究前沿包括市场失灵理论、国内政治压力理论、国际政治压力理论、关税传导和汇率传导理论及最佳关税(optimal tariff)理论等一般环境下国际贸易政策制定的理论。特殊贸易政策制定研究前沿包括安全保护(safeguards)与反倾销和反补贴的异同及其措施、战略性贸易政策的基本内容及其适用条件、产品层级与企业层级的反倾销对发起国的影响等在特殊环境下的国际贸易政策制定的理论。

3. 国际贸易未来专题

本部分(本书第三篇)将学习:"一带一路"建设的主要内容与发展状况;面对已经生效的 RCEP 条款,中国应如何应对;面对 CPTPP 的发展,中国的对外贸易政策将会作出什么样的调整;面对席卷的全球"数字化浪潮",中国应怎样培养自己的对外贸易竞争力;面对"双碳"(30·60)目标,中国将会怎样发展低碳经济;最后,对中国和世界贸易的未来进行展望。

1.1.2 国际贸易前沿的学习意义

任何一门学科,既有自己的知识积淀,也有自己的前沿进展。知识积淀是一门学科在长期发展过程中形成的成熟知识的积累,而前沿进展是在新的发展环境和问题背景下对原有知识的补充和深入挖掘。掌握一门学科的前沿进展,才能认识到该学科面临的现实问题及其未来发展方向。

国际贸易前沿知识能够帮助国际贸易相关专业的学生开阔视野,客观分析当下国际贸易的理论与政策发展动态,对其走上社会、实现个人价值、服务社会有重要帮助。同时,了解国际贸易前沿的理论知识有助于学生构建完整的学科框架,帮助学生了解进一步学习所需的前沿知识。而对于正在从事国际经济与贸易相关工作的人,其能够弥补他们理论水平与国际贸易现实发展情况的差距。

1.1.3 国际贸易前沿的学习方法

国际贸易前沿是一门专业性较强的课程。这一方面是因为它的知识涵盖范围广,另一方面是因为它需要多方面的知识、工具与方法的准备。

第一,要具有必要的分析和理解问题的工具。在本课程,常用几何图形阐明国际贸易的基本理论、政策及其影响,用数学公式或函数式说明国际经济与贸易中各种经济变量之间的关系,因为这些关系不仅有质的规定性,更有量的规定性。现代经济学要求我们追求国际贸易理论和政策实证的精确化,而一些理论的数学表达或函数表达是必要的。因此,学习国际贸易前沿的学生应该具有一定的数学知识、具备一定的理性思维。

第二,要将理论与实际密切结合起来。在很多情况下,对复杂的理论和政策问题的理解是在联系实际中解决的。没有对实际的理解,对理论本身的理解就会成为问题。理论只有应用于实践才具有生命力。要理解一个理论或政策问题,需要站在特定的角度。学会站在别人的角度去理解别人提出的观点,这才能真正吸收各种理论的内涵。

第三,要注重历史与逻辑相统一。逻辑的分析应以历史的考察为基础,历史的考察应以逻辑的分析为依据,以达到客观、全面地揭示事物的本质及其规律的目的。注重历史的方法要求我们在考察国际贸易现象的特征时,把它置于特定的社会经济背景中,考察内外部因素对它的制约。注重逻辑的方法则要求我们善于观察和把握不同时间与条件下贸易现象表现出的共同特质,从而归纳出国际贸易产生与发展的内在机理。

第四,把国际贸易前沿问题置于系统平台上,从整个生态系统角度上进行考察。对外贸易是一国(地区)经济融入世界经济、参与国际竞争的媒介和载体,是联结(地区)内外两个市场和整合国(地区)内外两种资源的主渠道。现实的国际贸易问题往往牵涉或反映一国(地区)社会、政治、经济生活的重大问题。一国(地区)的对外贸易政策与措施安排必须服从其社会、政治、经济发展的总体目标要求。抓住其政治、经济、军事、外交等工作的重点、焦点、难点来认识和把握其对外贸易战略及其政策与措施,才能对一国(地区)的对外贸易政策和措施的产生与发展有一个完整、准确的认识、理解和把握。

1.2 国际贸易的产生与发展

1.2.1 国际贸易的产生

国际贸易属于历史范畴,是在一定历史条件下产生和发展起来的。要产生国际贸易必须具备两个基本条件:一是有可供国际交换的剩余产品;二是国家的产生。从根本来说,社会生产力的发展和社会分工的扩大,是国际贸易产生和发展的基础。

在原始社会初期,没有国家、没有私有制,人类处于自然分工状态,生产力极其低下,人们依靠集体劳动、平均分配所获得的有限生活资料简单维持生存,没有剩余产品,不存在交换,也就谈不上国际贸易。

直到原始社会末期,三次社会大分工的出现改变了上述状况。第一次大分工源自畜牧业从农业中的分离,劳动产品有了少许剩余,部落间有了偶然交换。第二次大分工源自手工业从农业中的分离,产生了以直接交换为目的的商品生产。商品生产进一步推动了社会生产力的进步,社会相互交换的范围进一步扩大。第三次大分工源自商人从农业者、手工业者中的分离,产生了专门从事交换的社会阶层。

随着商品生产和商品交换的不断扩大,产生了货币,商品交换便由物物交换过渡到以货币为媒介的商品流通。生产力的发展和商品流通的扩大,加速了私有财产及阶级的产生。这时,奴隶社会的雏形出现了,国家产生了,商品流通超越国界,产生了国际贸易。

1.2.2 国际贸易的发展

1. 奴隶社会的国际贸易

早在公元前 2000 多年,由于水上交通便利,地中海沿岸的奴隶社会国家之间就已开展了对外商品交换,出现了腓尼基、希腊、罗马、中国黄河流域等贸易中心。在自然经济占统治地位的奴隶社会,商品经济不发达,活动范围非常狭小,仅局限于欧洲的地中海和黑海沿岸,以及欧亚大陆和西北欧的少数城市和岛屿。同时,

 拓展阅读1-1 中国古代的对外贸易

贸易方式也很单一，主要靠海运，邻国间则可能通过陆运。从货物的类型来看，品种非常有限，以地方特产，尤其是奢侈品为主，如宝石、饰品、各种织物、香料等。

虽然奴隶社会对外贸易的影响有限，以个体经营为主，没有形成组织，但对商品经济的发展也有一定的促进作用，在一定程度上推进了社会生产的进步。

2. 封建社会的国际贸易

封建社会取代奴隶社会后，运输工具有了一定的发展，相应地国际贸易也有了较大的发展。在封建社会早期，进入流通领域的商品不多，随着商品生产的发展，封建地租由劳役和实物形式转变为货币地租，封建社会中期的商品经济得到了进一步发展。到封建社会后期，随着城市手工业的迅速发展，商品经济和国际贸易均有较大的发展。

封建社会时期的国际贸易范围不断扩大。亚洲各国之间的贸易由近海逐渐扩展到远洋。早在西汉时期，中国就开辟了从长安（今西安市的一部分）经中亚通往西亚和欧洲的陆路商路——丝绸之路，把丝绸、茶叶等商品输往西方各国，换回良马、种子、药材和饰品等。到了唐朝，除了陆路贸易外，还开辟了通往波斯湾以及朝鲜和日本等地的海上贸易通道。宋、元时期，由于造船技术的进步，海上贸易进一步发展。在明朝永乐年间，郑和曾率领商船队七次下"西洋"，经东南亚、印度洋到达非洲东岸，先后访问了30多个国家（地区），用中国的丝绸、瓷器、茶叶、铜铁器等和所到的国家（地区）进行贸易，换回香料、珠宝、象牙和药材等。

欧洲封建社会的早期出现了国际贸易中心，主要是地中海东部和阿拉伯地区。11世纪以后，随着意大利北部和波罗的海沿岸城市的兴起，地中海、北海、波罗的海和黑海沿岸成为当时西方贸易的中心。这一时期，国际贸易的主要商品仍然是奢侈品，如金银、丝绸、香料、宝石、象牙、瓷器和少量毛麻纺织品等。

3. 资本主义萌芽时期的国际贸易

十四五世纪，西欧出现了资本主义生产关系的萌芽。意大利北部的威尼斯、热那亚、佛罗伦萨等城市，以及波罗的海和北海沿岸的汉萨同盟诸城市，都已成为欧洲的贸易中心。15世纪末16世纪初，随着资本主义生产关系的发展、地理上的大发现，以及对海外的殖民征服，欧洲贸易中心从地中海区域扩展到大西洋沿岸。葡萄牙的里斯本、西班牙的塞维尔、尼德兰的安特卫普、英国的伦敦等，先后成为繁盛的国际贸易港口，其贸易范围遍及亚洲、非洲和美洲。对外贸易的发展，国际交换的扩大，逐渐形成了区域性的国际商品市场。

4. 资本主义生产方式准备时期的国际贸易

16—18世纪是西欧各国资本主义生产方式的准备时期。这一时期手工工场的发展使劳动生产率得到提高，商品生产和商品交换进一步发展，为国际贸易的扩大提供了物质基础。西欧各国商人为了探寻通往东方的新航路，建立与东方的直接贸易，也为了促进货币资本的积累，促成了一系列冒险航行。地理大发现航行活动对全球贸易产生了十分深远的影响，由此开启了一个海外贸易和欧洲人对其他大陆殖民征服的新时期。各大洲逐步联结在一起并初步形成了世界市场，这极大地扩大了世界贸易的疆域，印度洋、东南亚的群岛和半岛以及大西洋等都加入进来，世界贸易的规模也随之急剧扩大。

这一时期，个人手工业生产向工场手工业生产过渡，国际分工逐渐显现。西欧国家推行殖民政策,用暴力手段和超经济的强制手段,在拉丁美洲、亚洲和非洲进行掠夺。他们开矿山、建立种植园,发展了以奴隶劳动为基础的、为世界市场而生产的农场主制度,从而建立了早期的国际专业化生产和最初形式的分工——宗主国和殖民地之间的特殊分工。

这一时期,世界贸易中心发生了转移,伊比利亚半岛上的里斯本、塞维利亚,大西洋沿岸的安特卫普、阿姆斯特丹、伦敦等地取代远离大西洋海上商路的威尼斯、亚历山大和君士坦丁堡成为世界贸易中心。地理大发现导致更多的土地、更多的资源(烟草、可可、咖啡和茶叶等)与更多的奴隶的出现。

5. 资本主义自由竞争时期的国际贸易

18世纪后期至19世纪中叶是资本主义的自由竞争时期。在这一时期,国际贸易在各方面都发生了显著变化,欧洲国家先后发生了产业革命和资产阶级革命,资本主义机器大工业得以建立并广泛发展。社会生产力有了巨大的提高,商品结构发生很大的变化,工业品的比重上升。煤炭、钢铁、机器等商品的贸易量也有了很大的增长。同时,粮食也成为国际贸易的大宗商品。

在19世纪的世界贸易中,英国、法国、德国、美国居于重要地位,其中又以英国居最前列,在世界贸易中占垄断地位,成为名副其实的"世界工厂"。

政府在对外贸易中的作用出现了转变。自由竞争时期,资本主义在国内自由放任,在对外贸易上减少干预。而在国际上,为了调整各国彼此间的贸易关系,协调移民和其他待遇方面的问题,国家之间普遍开始签订贸易条约。

6. 垄断资本主义时期的国际贸易

拓展阅读1-2 1988年西欧对外贸易的回顾

19世纪末20世纪初,各主要资本主义国家过渡到了垄断阶段。垄断组织控制世界市场和国际贸易。它们在控制国内贸易的基础上,在世界市场上也占据了垄断地位。第一次世界大战之前,约有110多个国际卡特尔,它们通过相互缔结协定,彼此承担义务按一定比例分割世界市场,确定各自的销售区域,规定垄断价格、生产限额和出口数量,攫取高额利润,合力排挤局外企业,以维持对市场的垄断等。但从第一次世界大战爆发到第二次世界大战结束的这段时间,是世界经济与国际贸易波动和萧条时期。两次世界大战和几次大的世界性经济衰退,大大削弱了欧洲各国的经济和军事实力,也极大地影响了世界贸易。

在这一阶段,各种交通工具发生了空前飞跃的发展,为国际分工的扩大提供了条件。铁路网的建设,使广大内地与沿海港口联合起来,为产品的出口和进口提供了便利,从而加强了国际经济联系;海洋航线的开辟,电报以及美洲、亚洲和非洲铁路的建设,把各国的国内市场汇合成为世界市场,使国际分工的扩大成为可能。通过资本输出将生产日益扩大移植到殖民地、半殖民地国家,从而使宗主国与殖民地之间的分工、工业国与农业国的分工日益加深。同时,资本输出促进了世界范围内的生产社会化和国际化,加强了世界各国间的相互依赖关系,加强了世界各国对国际分工的依赖,因而进一步促进了国际贸易的发展。

1.2.3 当代国际贸易

第二次世界大战后,国际贸易快速增长,规模日益扩大,发展速度和规模远远超过19

世纪工业革命以后的那段增长期。战后国际贸易政策和体制发生了很大变化。20世纪50—60年代,国际贸易政策和体制总的特征是自由贸易。但20世纪70年代以来,国际贸易体制从自由贸易逐步走向管理贸易。生产资本国际化发展迅速,跨国公司兴起并成为影响国际分工和国际贸易的一股重要力量。贸易方式也从原来的现场看货变得越来越多样化——取样交易、凭说明书交易、合资合作、租赁贸易易、网上交易等贸易方式在国际贸易中占的比重越来越大。在科技革命的推动下,经济全球化、生产国际化的趋势越来越突出。进入21世纪,世界经济开始由工业经济向知识经济转变。

拓展阅读1-3 国际贸易的变动

当代国际分工采取以知识、资金、科技、信息、人才等高级生产要素为基础的分工形式。这种新的、深入的、高级的分工形式促进了国际贸易方式和交易手段的创新与发展。

1.3 国际贸易理论与政策的演进线索

1.3.1 自由贸易理论与政策的演进线索

自由贸易理论与保护贸易理论均是从16—18世纪诞生的重商主义演变分化而来。其中,自由贸易理论主要经历了古典自由贸易理论、新古典自由贸易理论、新贸易理论及新新贸易理论四个阶段。

亚当·斯密于1776年在《国民财富的性质与原因的研究》一书中提出了绝对优势理论,解释了国际贸易产生的部分原因,但绝对优势理论不能解释各种产品在生产上都具有绝对优势的国家与不具有绝对优势的国家之间的贸易往来。作为其补充,大卫·李嘉图于1817年在其代表作《政治经济学及赋税原理》中提出了比较优势理论,从更广的视角解释了国际贸易产生的基础和贸易利得,发展了绝对优势理论。但是,李嘉图的比较优势理论没有阐明国际商品交换比率究竟如何确定以及贸易利益将怎样分配的问题,也未考虑需求因素对国际贸易的重要影响,为此,约翰·穆勒提出了"相互需求学说",对李嘉图的比较优势理论做了重要的补充。以上几个理论构成了古典自由贸易理论的雏形。在此基础上,多恩布什(Rudiger Dornbusch)、费希尔(Stanley Fischer)、萨缪尔森(Paul A. Samuelson)对其中的比较优势论理论作出了扩展,将多种商品情形和需求因素引入传统的李嘉图模型,在商品是连续的假定下,探讨了各国的专业化模式和相对工资水平的决定问题。

此后,瑞典经济学家赫克歇尔和俄林为了解释李嘉图的比较优势理论,在20世纪早期,提出了要素禀赋论[又称赫-俄(H-O)理论],用来说明各国生产参与国际贸易交换的商品具有比较成本优势的原因。美国经济学家里昂惕夫以要素禀赋论为基础,使用美国1947年的数据进行检验,结果表明,美国进口替代品的资本密集度比美国出口商品的资本密集度高出大约30%,这与要素禀赋论的预测完全相反,这就是著名的里昂惕夫之谜。瑞典经济学家林达尔则提出了需求偏好理论,认为要素禀赋论只适用于初级产品之间的贸易,而不能适用于工业制成品的贸易。多恩布什、费希尔、萨缪尔森则是对要素禀赋论作出了扩展,将连续商品的思想运用于 H-O(赫克歇尔-俄林)模型,通过对连续商品的劳动要素与资本要素价格进行研究,确定了国际贸易中劳动要素与资本要素的比率。上述几个理论构成了新古典自由贸易理论。

第二次世界大战以后,国际贸易活动中出现了许多新的现象。例如,国家间同类产品之间的贸易,即行业内贸易大大增加,这种现象突破了传统贸易理论框架下的贸易模式,对传统贸易理论形成了挑战。在此背景下,克鲁格曼(Paul Krugman)提出了克鲁格曼模型,将不完全竞争和规模报酬(returns to scale)变化以及市场结构变化等因素纳入考量,形成了新贸易理论。

此后,马克·梅里兹(Melitz)提出了企业异质性模型,在克鲁格曼模型的基础上,引入企业生产率的异质性和固定进入成本这两个变量,试图解释在同一个行业内,拥有不同生产率的企业在利润最大化时的不同选择,进而分析了贸易自由化对行业生产率的微观影响机制。波尔·安特拉斯(Pol Antràs)提出了企业内生(endogenous)边界模型,解释在契约不完全的前提下,企业如何选择自身的产业组织形式,即跨国公司的内生边界问题,从而解释是什么因素决定了企业在公司内贸易、市场交易,以及外包等形式上做出选择。马克·梅里兹与 Pol Antràs 的理论共同形成了新新贸易理论。

1.3.2 保护贸易理论与政策的演进线索

在保护贸易理论方面,美国第一任财政部部长汉密尔顿根据美国摆脱英国殖民经济统治、发展本国经济的需要,提出要用关税来保护本国幼稚工业的发展,由此形成了保护关税论。该理论认为,在一国(地区)工业化的早期阶段,应当加强干预,实行保护关税制度排除外来竞争,保护国内市场,以促使本国新的幼稚工业顺利发展。在保护关税论的思想基础上,李斯特提出了保护幼稚工业论,将经济发展分为五个阶段,认为各国在不同的发展阶段,应采取不同的贸易政策。这两个理论形成了国际贸易最早期的古典保护贸易理论。

随着国际贸易格局的变化,凯恩斯认为古典学派的国际贸易理论已经过时,并提出了超保护贸易理论,其主要观点是:贸易顺差以扩大有效需求,贸易顺差有益,贸易逆差有害。劳尔·普雷维什则提出了中心-外围理论,将资本主义世界划分成两个部分:一个是生产结构同质性和多样化的"中心";一个是生产结构异质性和专业化的"外围"。前者主要是由西方发达国家构成,后者则包括广大发展中国家。以上两个理论构成了新古典保护贸易理论。

由于垄断和外部信息的不完全,杰罗姆·巴伦提出了市场失灵理论。该理论认为,在公共物品领域,仅仅依靠价格机制来配置资源无法实现效率帕累托最优,出现了市场失灵,而完全竞争市场结构只是一种理论上的假设,现实中是不可能全部满足的。作为解决措施,克鲁格曼提出了战略性贸易理论,该理论认为,在不完全竞争的现实社会中,在规模收益递增下,要提高国际市场上的竞争能力,必须取得规模效益,仅靠企业自身的积累一般非常困难,最有效的办法就是政府选择发展前途好且外部效应大的产业加以保护和扶持。这两个理论的一问一答,构成了新保护贸易理论的基础框架。

本章小结

国际贸易前沿课程主要包括国际贸易理论前沿、国际贸易政策前沿和国际贸易现实与未来专题。

学习国际贸易前沿课程,要掌握必要的分析和理解问题的工具,要将理论与实际密切结合起来,要注重历史与逻辑相统一,要把国际贸易问题置于一国(地区)政治、经济、军事、外交相结合的系统平台上进行考察。

国际贸易属于历史范畴,是在一定历史条件下产生和发展起来的。要产生国际贸易必须具备两个基本条件:一是有可供国际交换的剩余产品;二是国家的产生。奴隶社会的雏形出现,国家产生了,商品流通超越国界,产生了国际贸易。国际贸易的发展历程可分为奴隶社会的国际贸易、封建社会的国际贸易、资本主义萌芽时期的国际贸易、资本主义生产方式准备时期的国际贸易、资本主义自由竞争时期的国际贸易、垄断资本主义时期的国际贸易以及当代的国际贸易七个阶段。

自由贸易理论与保护贸易理论均是从16—18世纪诞生的重商主义演变分化而来。自由贸易理论主要经历了古典自由贸易理论、新古典自由贸易理论、新贸易理论及新新贸易理论四个阶段。在保护贸易理论方面,汉密尔顿根据美国摆脱英国殖民经济统治、发展本国经济的需要,提出要用关税来保护本国幼稚工业的发展,由此形成了保护关税论。随着国际贸易格局的变化,凯恩斯认为古典学派的国际贸易理论已经过时,并提出了超保护贸易理论。劳尔·普雷维什则提出了中心-外围理论。由于垄断和外部信息的不完全,杰罗姆·巴伦提出了市场失灵理论,作为解决措施,克鲁格曼提出了战略性贸易理论。

框架体系

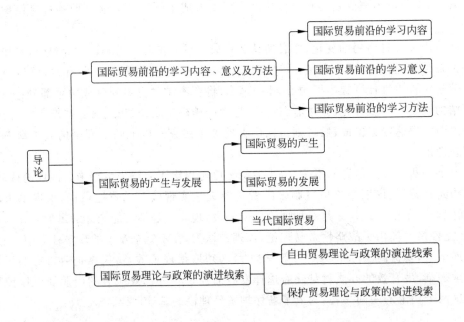

关键术语

国际贸易(international trade)

对外贸易(foreign trade)

贸易差额(balance of trade)

国际贸易政策(international trade policy)

课后习题

1. 国际贸易是如何产生的?
2. 国际贸易的发展经历了哪几个阶段?
3. 简述自由贸易理论主要代表人物及其主要观点。
4. 简述国际保护贸易理论主要代表人物及其主要观点。

郑和下西洋

　　郑和是15世纪世界航海事业的启幕人。郑和下西洋是明初中国一次规模空前、跨越国界的政治、经济、外交活动,是一次震惊世界的航海壮举。郑和是中国历史上最伟大的航海家,他从1405年(明永乐三年)至1433年(明宣德八年)的近30年中,"经事三朝,先后七奉使……凡三十余国"。郑和率领当时世界上最庞大的舰队七下西洋,航船遍及亚洲、非洲等30多个国家(地区),航程10万余里(1里=0.5千米),远至波斯湾、红海、东非沿岸各国。在"怒涛如山,危险至极"的大洋大海上,"云帆高张,昼夜星驰,涉彼狂澜,若履通衢"。郑和下西洋出色地完成了所肩负的使命,全方位地传播了中华文明,也促进了亚非各国人民之间的友谊,促进了当地文明的提升,为南海—印度洋国际贸易圈的繁荣以及中国走向世界、对外开放和社会经济的发展作出了不可磨灭的贡献。郑和的航海活动震动了西太平洋和印度洋沿岸各国,据费信《星槎胜览》记载,当时各国统治者纷纷遣使"执主捧帛而来朝,梯山航海而进贡",使中国所特有的朝贡贸易发展到了顶点,也促使中国民间海洋贸易得到迅速发展,客观上起到了促进明代社会资本主义萌芽生长发展的催化作用。郑和下西洋以积极进取的开拓精神,使中国登上人类历史上航海事业的巅峰。

　　在郑和七下西洋之后,西方海洋文化的浪潮开始不断涌动,1488年,迪亚士发现好望角;1492年,哥伦布航抵美洲新大陆;1498年,达·伽马发现通往印度的新航路;1521年,麦哲伦完成第一次环球航行。黑格尔说:"大海给了我们茫茫无定、浩浩无际和渺渺无垠的观念;人类在大海的无限里感到他自己的无限的时候,他们就被激起了勇气,要去超越那有限的一切。大海邀请人类从事征服、从事掠夺,但是同时也鼓励人类追求利润、从事商业。"于是,随着海上新航路的发现,特别是环绕地球航线的发现,西方人建立了环球航海体系,进而控制了全球贸易体系,奠定了欧洲人称霸世界的基础。而这一时期的中国,开始实行严格的海禁,逐渐关闭对外开放的大门,在西方海洋文明的挑战下,明王朝以封建主义自然经济的国力，难以抗争西方资本主义萌芽的商品经济利益驱动下的征服和掠夺。面对西方建立的环球航海体系和全球贸易体系，明王朝缺乏海上争霸、追求商业利润的勇气和实力，放弃了两宋时期形成的以中国海洋文明为核心的古代西太平洋半环贸易网和文化圈。

资料来源：赵君尧.郑和下西洋与15—16世纪中西海洋文明模式比较[J].职大学报（哲学社会科学），2005(3)：45-48.

问题思考

比较15世纪初中国明朝的郑和下西洋和15世纪末16世纪初西欧哥伦布、达·迦马、麦哲伦等远洋探险的不同结果，探讨产生这些不同结果的原因。

考核点

国际贸易产生与发展的原因及其影响

自我评价

学 习 成 果	自 我 评 价
理解国际贸易前沿课程的主要内容和学习方法	□很好□较好□一般□较差□很差
了解国际贸易的产生与发展过程	□很好□较好□一般□较差□很差
明晰国际贸易理论与政策的演进线索	□很好□较好□一般□较差□很差

即测即练

第一篇

国际贸易理论前沿

第 2 章

比较优势理论最新进展

学习目标：
1. 清楚比较优势理论扩展的演进脉络；
2. 了解比较优势理论的模型扩展；
3. 掌握要素禀赋论的扩展模型推导过程；
4. 知悉金融发展与比较优势之间的关系；
5. 明悉制度质量与比较优势的关系；
6. 通晓异质性企业贸易理论与比较优势理论之间的关系。

 全球视角

那些在贸易上占优势的、富裕的、先进的国家常常会加强市场的扩张，而那些贫穷的国家在它们的扩张中吃亏。当那些发展中国家运用它们的经济政策对市场运行进行调整性的干涉时，它们现在所处的贫困地位就能得到极大的改善。

——纲纳·缪达尔，1957

贫穷的总是那样一些国家，在他们国内，那些人民生活所必需的农产品十分便宜。

——弗朗索瓦·魁奈，1758

每个人都力图应用他的资本，使其产出能实现最大的价值。一般来说，他并不企图增进公共福利，也不知道他实际上所增进的公共福利是多少，他所追求的仅仅是他个人的利益和所得。但在他这样做的时候，有一只看不见的手在引导着他去帮助实现另一种目标，这种目标并非他本意所要追求的东西。通过追逐个人利益，增加社会财富，增进社会利益，其效果比他真的想促成社会效益时所能够得到的那一种要更好。

——亚当·斯密，1776

随着国际贸易格局的不断变化，比较优势理论从不同的角度体现了新的活力，技术和要素禀赋方面的差异受到许多研究者的关注，金融发展、制度质量、企业异质性等要素作为新的比较优势来源也得到了重视。

2.1 比较优势理论模型的扩展

连续商品的李嘉图模型（多种连续商品模型）将多种商品情形和需求因素引入传统

的李嘉图模型,在商品连续的假定下,探讨了各国的专业化模式和相对工资水平的决定问题。该模型由鲁迪格·多恩布什、斯坦利·费希尔和保罗·萨缪尔森于 1977 年创立。

2.1.1 技术与专业化

比较优势理论模型的扩展主要是在考虑不同国家的技术与专业化水平、需求以及外生(exogenous)技术存在差异的情况下,导致的比较优势的不同和国家福利水平的高低。技术与专业化水平的差异是导致不同国家的福利水平差异的重要因素,同时也是比较优势理论扩展的重要组成部分。

假设本国与外国只有劳动这一种生产要素,这里,两个国家劳动供给分别为 L 和 L^*,两国均可以生产和消费多种商品。假定本国商品和外国商品的单位产出的要素需求分别为 $a(z)$ 和 $a^*(z)$,定义 $A(z)=a^*(z)/a(z)$ 代表本国对外国的相对生产率。

拓展阅读 2-1 从连续商品角度考虑李嘉图模型中的比较优势、贸易和支付问题

将商品按照 $A(z)$ 的大小排序,并按顺序编号:$A(1) > A(2) > \cdots > A(i) > \cdots > A(n)$,序数越小,本国的相对生产率越高,比较优势越大。为了便于分析,假定 n 种商品的编号连续分布于 0 到 1 之间,且

$$z \in [0,1], \quad A'(z) = \frac{\partial A(z)}{\partial z} < 0$$

其中,$\in$ 为元素和集合之间的关系;∂ 为偏导数符号。

本国与外国各生产哪些商品由两国的相对工资决定。如果本国专业生产 z 商品,则表示本国生产商品 z 的成本较低,应有

$$p(z) = a(z)w < a^*(z)w^* = p^*(z) \Rightarrow \omega = \frac{w}{w^*} < A(z) = \frac{a^*(z)}{a(z)}$$

其中,$p(z)$ 和 $p^*(z)$ 为本国生产商品 z 的成本和外国生产商品 z 的成本,w 和 w^* 为本国和外国的工资水平;$\omega = \frac{w}{w^*}$ 表示两国的相对工资。

假设存在一种临界商品 $\tilde{z}$,满足下列条件:

$$p(\tilde{z}) = a(\tilde{z})w = a^*(\tilde{z})w^* = p^*(\tilde{z})$$

$$\omega = \frac{w}{w^*} = A(\tilde{z}) \Rightarrow (\tilde{z}) = A^{-1}(\omega) = \tilde{z}(\omega)$$

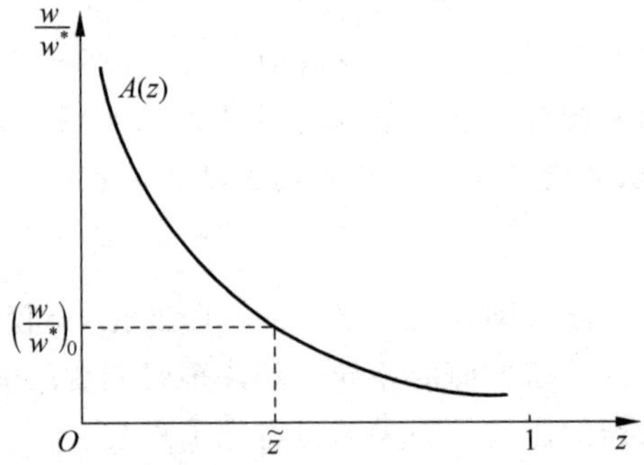

如图 2-1 所示,纵坐标为两国相对工资,横坐标为商品价格指数,在给定两国相对工资 $\omega = \left(\frac{w}{w^*}\right)$ 的情形下,商品价格指数小于 $\tilde{z}$ 的商品由本国生产,商品价格指数 $z \in 0 \leqslant z \leqslant \tilde{z}$;当 $z \in \tilde{z}(\omega) \leqslant z \leqslant 1$ 时,商品指数大于 $\tilde{z}$ 的商品由外国生产。

图 2-1　$A(z)$ 曲线

知识延伸

技 术 扩 散

技术扩散是国家、单位、个人所独占的技术,以有偿或无偿、公开或秘密的方式,扩散到别的国家、单位、个人的一种现象。技术扩散也可理解为技术贸易、技术转让、技术交流、技术传播等的总称。当然不是所有的技术都能得到扩散,其中有些技术禁止向外扩散。如按照国际惯例,禁止扩散制造大规模杀人武器的技术。一个国家为了安全或保持某个领域的领先地位,在一定时期内也禁止某些尖端技术向外扩散。

2.1.2 需求与均衡

在商品偏好相同的前提下,国家间的商品需求将会影响商品的比较优势。

假定两国的偏好相同,如果总收入为 S,则本国消费者对每种商品 z 的固定支出份额为

$$b(z)=p(z)d(z)/S,\quad \int_0^1 b(z)\mathrm{d}z=1$$

其中,$b(z)$ 为本国消费者对每种商品 z 的固定支出份额;$p(z)$ 为商品 z 的价格;$d(z)$ 为商品 z 的需求量;$\int_0^1$ 为上限 1、下限 0 的定积分。

对本国产品的支出比例为

$$v(\tilde{z})=\int_0^{\tilde{z}} b(z)\mathrm{d}z,\quad 0<v(\tilde{z})<1$$

对外国产品的支出比例为

$$1-v(\tilde{z})=\int_{\tilde{z}}^1 b(z)\mathrm{d}z$$

由于假定偏好相同,外国对各国产品的支出比例与本国相同,分别为 $v(\tilde{z})$ 和 $1-v(\tilde{z})$。

本国的收入等于世界在本国产品上的支出,或者根据贸易平衡条件

$$wL=v(\tilde{z})(wL+w^*L^*)$$

得到两国的相对工资

$$\omega=\frac{v(\tilde{z})}{1-v(\tilde{z})}\frac{L^*}{L}=B\left(\tilde{z},\frac{L^*}{L}\right)$$

式中,L 和 L^* 为本国与外国的劳动生产率。显然,贸易均衡 $B\left(z,\frac{L^*}{L}\right)$ 是关于每种商品 z 的增函数,z 越大,$B\left(z,\frac{L^*}{L}\right)$ 越大,也就是说本国生产的商品种类越多,对本国劳动力的相对需求越大,因此本国的相对工资越高。由图 2-2 可知,专业化与均衡时的相对工资由 A、B 两条曲线的交点确定。商品 $\tilde{z}$ 表示临界商品,即本国和外国生产商品 $\tilde{z}$ 的成本相等。但对于 $0\leqslant z<\tilde{z}$ 范围的商品而言,本国的生产成本低于外国,本国将会生产和出口该部分商品;相反,外国在生产 $\tilde{z}<z\leqslant 1$ 部分商品上具有比较成本优势,外国将生产和

出口该部分商品。

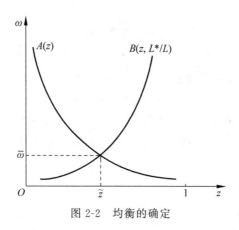

图 2-2 均衡的确定

2.1.3 外生技术与两国福利之间的关系

1. 外生技术进步对两国福利的影响

一个国家劳动生产率水平的提高是否会对其他国家造成不利影响？假设外国发生外生技术进步，所有产品的劳动生产率都同时提高，即生产一单位商品所需的必要劳动成本同时降低了。$A(z)$ 曲线向左移动，产生新的均衡相对工资和临界商品。本国专业化生产的商品数目减少，而外国专业化生产的商品数目增多。同时，本国的相对工资 w/w^* 下降，但这并不能表示本国的竞争力下降，这需要通过本国的实际工资来判断，若所有部门的实际工资上升，则本国受益。外国生产率提高对本国工资的影响从图 2-3 可以看出。将所有商品分为三组：外国生产率提高前后本国都是出口的商品、外国生产率提高前后本国都是进口的商品、外国生产率提高后本国由出口变为进口的商品，则对本国福利变动（以实际工资率衡量）可分析如下。

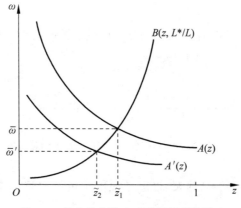

图 2-3 外生技术进步对两国福利的影响

(1) 对 $(0, \tilde{z}_2)$ 的商品，$p(z) = wa(z)$，实际工资 $w/p(z) = 1/a(z)$ 不变，因此福利不变。

(2) 对$(\tilde{z}_2, \tilde{z}_1)$的商品：$p(z) = w^* a^*(z) < wa(z)$，商品价格下降，实际工资 $w/p(z) > 1/a(z)$提高，因此福利增加。

(3) 对$(\tilde{z}_1, 1)$的商品：$p(z) = w^* a^{*\prime}(z) < w^* a^*(z) < wa(z)$，实际工资 $w/p(z) > 1/a(z)$提高，因此福利增加。

综上所述，在没有贸易成本和其他条件不变的情形下，外国劳动生产率的提高将会增进本国的福利。

2. 外国的劳动力规模上升对本国福利的影响

从图 2-4 可以看出，假设外国劳动力突然增加，L^*/L 的增加不会对$A(z)$产生影响，但是$B(z, L^*/L)$将会向上移动。在初始$\tilde{z}$处，就$B(z, L^*/L)$所代表的需求方而言，外国劳动力的增加提高进口需求的同时减少出口供给，所产生的贸易逆差由工资的下降来弥补，工资的下降反过来会降低进口需求并提高出口供给。因此，本国生产的商品更少了，外国生产的商品更多了。

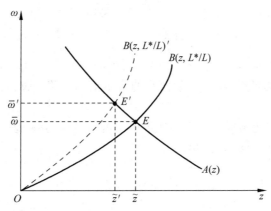

图 2-4　外国劳动力规模上升对本国福利的影响

实质上，在初始的相对工资与临界商品$\tilde{z}$上，L^*的增加会导致外国劳动的超额供给与贸易逆差，同时，本国存在对劳动的超额需求与贸易顺差。但很快外国工资的下降就纠正了这种贸易不平衡，同时降低了单位劳动成本。因此，这将使其在某些原来由本国所生产的商品上具备比较优势，由于相对工资也决定工人的相对福利，这种变化将使本国的工人福利增加。

2.2　要素禀赋论的扩展

多恩布什、费希尔和萨缪尔森(1980)将连续商品的思想运用于 H-O 模型，通过对连续商品的劳动要素与资本要素价格进行研究，确定了国际贸易中劳动要素与资本要素的比率。

名人堂

鲁迪格·多恩布什(1942—2002)，出生于德国，执教于麻省理工学院。他的基础研究是国际经济学,主攻其中的宏观经济学部分。他特别关心对汇率行为、高通货膨胀、恶性通货膨胀的研究。他的著作包括《开放经济宏观经济学》以及与斯坦利·费希尔和理查德·斯塔兹合著的《宏观经济学》。

斯坦利·费希尔(1943—),原籍美国,2005年获得以色列国籍。费希尔著有《宏观经济学》;他与诺贝尔经济学奖得主费尔普斯等人一起奠定了新凯恩斯主义经济学的基础。

保罗·萨缪尔森(1915—2009)是凯恩斯主义新古典综合派的主要代表。1948年出版的《经济学》是他的代表作,书中几乎探索了经济学中的所有主要问题,该书为西方流行的经济学教科书和读物。1970年,萨缪尔森成为第一个获得诺贝尔经济学奖的美国人。

首先看供给方面,令 z 表示某一商品,$y(z)$ 表示商品 z 的产出:

$$y(z) = f[L(z), K(z), z]$$

其中,$L(z)$ 为商品 z 的劳动要素价格;$K(z)$ 为商品 z 的资本要素价格。假设生产函数为递增凹函数,且对 $[L(z), K(z)]$ 来说是线性齐次的。运用对偶理论得出单位成本函数为

$$c(w,r,z) \equiv \min_{L(z), K(z) \geqslant 0} \{wL(z) + rK(z) \mid f[L(z), K(z), z] \geqslant 1\}$$

$$a_L(w,r,z) \equiv \partial c(w,r,z)/\partial w, \quad a_K(w,r,z) \equiv \partial c(w,r,z)/\partial r$$

其中,w 为商品的劳动要素价格;r 为商品的资本要素价格。该式表示生产一单位商品所需要的劳动和资本。

需求方面,假设 α 为劳动所得在总产量中所占的份额,$\alpha(z)$ 表示在最终商品 $y(z)$ 上的固定支出份额,dz 是对商品 z 的需求。

$$\ln U = \sum_{z=0}^{1} \alpha(z) \ln y(z) = \int_{0}^{1} \alpha(z) \ln y(z) dz$$

$$\int_{0}^{1} \alpha(z) dz, = 1$$

拓展阅读2-2 H-O模型对我国对外贸易持续发展的启示

在商品市场出清和封闭经济的条件下,本国在商品 z 上的支出为 $\alpha(z)(wL+rK)$,其中,L 和 K 是要素禀赋,w 和 r 分别为其要素价格。上述等式两端用价格 $p(z) = c(w,r,z)$(零利润条件)去除,得到商品 z 的需求函数,而且在封闭经济下,这一需求等于供给:

$$y(z) = \alpha(z)(wL + rK)/c(w,r,z)$$

利用要素市场均衡条件,用相对形式表示即

$$\frac{L}{K} = \frac{\int_{0}^{1} a_L(w,r,z) y(z) dz}{\int_{0}^{1} a_K(w,r,z) y(z) dz}$$

上式右侧的分子为劳动总需求,分母为资本总需求,二者之比等于它们的相对禀赋,将得出封闭经济下的要素价格比率(w/r)。由于假设外国与本国具有相同的技术和偏好,因此在无贸易情形下外国的均衡与本国相似,其符号均附加 * 号。

贸易中的关键问题是决定各国的分工和贸易模式。在自由贸易条件下,首先考虑两

国要素禀赋差异不大的情形,此时要素价格均等化定理成立,虽然此时的贸易模式可能无法确定,但其均衡价格是 $p(z)=c(w,r,z)$,可以将其看作一个一体化经济,由前述可知

$$y(z)+y^*(z)=a(z)[(wL+rK)+(wL^*+rK^*)]/c(w,r,z)$$

其中,$y(z)$ 为本国的产出;$y^*(z)$ 为外国产出。根据上式,同理有

$$\frac{L+L^*}{K+K^*}=\frac{\int_0^1 a_L(w,r,z)[y(z)+y^*(z)]\mathrm{d}z}{\int_0^1 a_K(w,r,z)[y(z)+y^*(z)]\mathrm{d}z}$$

$\int$ 是数学的一个积分,积分是微分的逆运算,即知道了函数的导函数,反求原函数。有许多 $y(z)$ 和 $y^*(z)$ 的产出组合同时满足上述条件,正如在前面讨论要素价格均等化成立条件时一样,各国的产出和商品集合不能唯一确定。

但是,如果两国要素禀赋差异足够大,那么要素价格 (w^*,r^*) 将有别于 (w,r),由于商品将会在单位成本更低的国家生产,因此均衡价格由下式决定:

$$p(z)=\min\{c(w,r,z),c(w^*,r^*,z)\}$$

总之,各国将生产并出口本国单位成本低于外国的商品。因此,需要比较各国商品的单位成本以确定贸易模式。假定本国劳动相对丰裕,且 $(w/r)<(w^*/r^*)$,可以通过比较各种商品的最小成本来确定贸易模式。首先画出在固定要素价格情况下的外国单位成本函数 $c(w^*,r^*,z)$,为方便起见,假定它是连续的且在图 2-5 中向上倾斜,用线 C^*C^* 表示。若本国所有生产活动的单位成本都更低,则所有的商品都将在本国生产;反之亦然。这显然与充分就业条件相矛盾,因此 C^*C^* 和 CC 至少相交一次,将交点处的商品以 z^* 表示,即 $c(w,r,z^*)=c(w^*,r^*,z^*)$。然后考虑 $z'>z^*$ 时的生产活动,因为假定 $(w/r)<(w^*/r^*)$,对于资本/劳动比率较高的商品而言,本国商品成本提高的速度要明显快于外国商品成本提高的速度,因此,当 $z'>z^*$ 时,有 $c(w,r,z')>c(w^*,r^*,z')$,反之亦成立,即当 $z'<z^*$ 时,$c(w,r,z')<c(w^*,r^*,z')$。因此,C^*C^* 和 CC 最多相交一次。

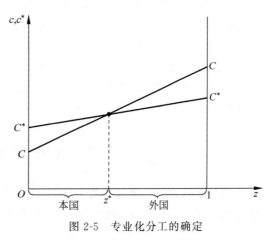

图 2-5 专业化分工的确定

知识延伸

专业化分工

在专业化生产带动下,由于技术可分性,生产一个产品可划分为若干环节,每个环节分为一道道工序,进而成为专业化技能岗位。产品生产流程使每个生产工序环环相扣,则每一个技能岗位所需专业人员技能呈现出链条性。如此,每个岗位人员的技能只能是整个产品所需整体性技能的一部分。

本国的单位成本在所有 $z' < z^*$ 生产活动中都低于外国，所以本国将专业化生产商品 $[0, z^*)$，外国将专业化生产商品 $(z^*, 1]$。各国的产出取决于

$$y(z) = \alpha(z)[(wL + rK) + (wL^* + rK^*)]/c(w, r, z), \quad z \in [0, z^*)$$
$$y^*(z) = \alpha(z)[(wL + rK) + (wL^* + rK^*)]/c(w^*, r^*, z), \quad z \in (z^*, 1]$$

本国的劳动/资本比率是

$$\frac{L}{K} = \frac{\int_0^{z^*} a_L(w, r, z) y(z) \mathrm{d}z}{\int_0^{z^*} a_K(w, r, z) y(z) \mathrm{d}z}$$

外国的劳动/资本比率是

$$\frac{L^*}{K^*} = \frac{\int_{z^*}^1 a_L(w^*, r^*, z) y^*(z) \mathrm{d}z}{\int_{z^*}^1 a_K(w^*, r^*, z) y^*(z) \mathrm{d}z}$$

两国间的均衡取决于各国劳动的相对需求在均衡时必须等于相对供给 L/K，$c(w, r, z^*) = c(w^*, r^*, z^*)$，以及两国间的贸易平衡条件：

$$\int_{z^*}^1 \alpha(z)(wL + rK) \mathrm{d}z = \int_0^{z^*} \alpha(z)(w^* L + r^* K) \mathrm{d}z$$

上式表明，贸易平衡时本国进口商品 $(z^*, 1]$ 的价值应该等于本国的出口商品 $[0, z^*)$ 的价值。可根据上式及 $c(w, r, z^*) = c(w^*, r^*, z^*)$ 来决定 z^* 和四种要素价格 (w, r) 和 (w^*, r^*)，其中一种要素价格可以标准化为1。

因此，在已经证明国家间的要素价格未均等化时，各国将专业化生产不同的最终产品。这不仅解决了产出的不确定性问题，而且推导出了生产中的劳动/资本比率与劳动/资本禀赋之间存在非常紧密的关系，即劳动丰裕国家生产的商品 $[0, z^*)$ 具有更高的劳动/资本比率，资本丰裕的国家则相反。

2.3 金融发展与比较优势

随着全球经济一体化的深入拓展，金融发展作为影响经济增长的重要因素，得到越来越多的关注。而作为理论和实证研究的延伸，金融发展理论和国际贸易理论出现了融合的趋势，成为近年国际经济理论研究的一个学术前沿。在开放经济系统中，经济变量之间并非只存在一维的单向联系，经济增长、金融发展和国际贸易的扩张之间存在复杂的相互影响、相互制约的关系。

拓展阅读 2-3 金融发展与国际贸易比较优势

2.3.1 金融发展对比较优势的影响

1. 金融储蓄功能对比较优势的影响

从《国民财富的性质与原因的研究》的观点来看，储蓄的增长率可以对资本的实际增长率产生影响，同时储蓄也是资金增长的获取方式之一。金融市场的市场职能是利用不同的方式将储蓄转变为投资。所以金融市场所产生的经济状

况和发展情况可以将储蓄转变为投资的效率,再通过此类方式产生决定性的意义。从现实情况来看,投资与储蓄之间的转化过程并不简单,因为二者中间有烦琐的市场运作过程,无论是哪一种类型的经济社会,如果为储蓄设置一个规定的数字并以此为基础,那么它的数量就会直接影响到经济社会所拥有的储蓄向投资转化的能力。

当对一笔资金进行存储时,也就是对一笔资本进行了投资,每一期投资都会有折旧的比例。在缺乏政府管理的经济封锁时期,金融市场想要保持稳定,就要让储蓄总量与投资总量保持一致,但是想要进行有效总量发展,就要采取不同的方式,让国家的资本基础得到提升,这样有助于改善国家对外贸易的比较优势,进而逐渐趋向于资本密集型产品的出口和制造。

2. 金融资金配置功能对比较优势的影响

在以往的国际贸易理论当中,通常会将货币的差异简略概括为资本和土地的基本要素,但是实际上在当前社会中也有多重其他因素,包括多种金融要素和有形要素等,同时这些要素对生产分工以及比较优势有直接的影响。随着当前科技水平的不断攀升,各类要素的比例产生了很大的变化,要素之间的内容与形式因为种种原因发生了改变,使上述要素对有形资源的影响越来越大,形成了不可缺少之态势。

例如,两个国家的要素货币的技术水平一致,如果其中一类产品的生产过程需要依赖金融部门的资金投入,但是另外一类产品却不需要资金投入,信贷约束力比较小的国家,企业通过成本获取贷款的可能性就比较大,未来的发展也相对较好。

各国信贷的优势和互补均存在一定的差异,这对每一个国家的比较优势都有重要的影响。对于信贷约束能力比较弱的国家,会以外来的资金作为发展的基础,进行专业化制造以及进出口贸易;对于信贷约束能力比较强的国家来说则不需要借助外力发展自己的经济,就可以实施相关的专业化制造以及进出口贸易。由此可见,相对于金融发展情况较好的国家所出口的产品来说,其所属的企业对金融方面十分依赖,而金融发展相对薄弱的国家所出口的产品,其所属的企业对金融的依赖程度较低,所以金融的发展有助于优化贸易结构。

2.3.2 金融发展与比较优势变动的内生关系

金融发展影响比较优势的效应得到了很多理论和实证研究的支持,但是贸易的发展也会通过比较优势的释放对金融的发展产生相应的影响,使金融发展内生于比较优势的变动。

内生性问题

在一个模型中,有些变量的值是在模型内部决定的,是内生的;有些变量的值是被模型外界决定的,是外生的。在一般模型中,被解释变量应该是内生的,解释变量应该是外生的,解释变量的取值是不能被模型所决定的。内生性问题字面意思指的是解释变量不是完全外生了,有内生性了。

1. 金融发展与比较优势变动的关系

实证发现,金融开放决定于贸易开放,二者之间存在双向的影响关系。金融发展对于贸易模式存在一定的依赖关系,贸易直接影响金融发展的可能,这是一个之前没有被考虑过的贸易影响增长的机制。金融发展是内生于比较优势的变动的,一国的贸易比较优势会影响自身的生产模式,进而影响对外部融资的需要,一定程度上它是由每个国家对外部融资的需求决定的。那些出口依赖外部融资的国家将会对外部融资产生很高的需求,从而促进金融的发展。相反,那些出口不很依赖外部融资的国家,金融发展水平就会比较低。贸易开放会影响到两个国家的外部融资的需要,生产并出口金融密集产品的国家将会出现金融深化(financial deepening),即政府放弃对金融市场和金融体系的过度干预,放松对利率和汇率的严格管制,使利率和汇率为反映资金供求与外汇供求对比变化的信号,从而有利于增加储蓄和投资,促进经济增长。

2. 比较优势变动对金融系统的影响

随着进口金融密集产品的国家金融系统的恶化,国内企业获得融资会更加困难,金融依赖部门则会萎缩,导致该国金融系统规模的缩小和质量的恶化。根据比较优势理论,贸易开放以后,金融密集型部门在一国会扩张,而在另一国会消失。这种生产模式上的变化反过来会影响到贸易国家金融发展的均衡性。一个更大的金融部门的出现会提高企业家对外部融资的能力,因为当企业家开始投资金融密集项目时,会涉及一国的金融系统,经济中流动性会增加,金融系统成为企业家获得外部融资的供给者,这会降低金融扭曲程度,使每个投资于金融密集项目的企业家产生一种正的外溢效应。

从微观金融视角探寻企业异质性的新因素,长期出口厂商比非出口厂商和新加入的出口厂商表现出更加良好的财务状况,而一家财务状况良好的企业并不一定会更加倾向于出口,健康的财务状况是企业长期出口的结果,而不是企业加入出口行列的原因。金融健康被看成企业出口的结果而非企业出口的决定因素,而微观主体的金融健康状况很大程度上会影响一国整体金融健康状况和金融发展水平。

2.4 制度质量与比较优势

标准贸易理论预测与实证的持续背离表明,对实际贸易模式决定因素的传统理解是不完全的。传统上,国际经济学家将关注的焦点集中在要素禀赋和技术差异的作用上,而把制度视作一个外生的隐含因素,但是不理解制度质量与国际贸易间的关系不仅会使贸易实证研究的结果有偏,而且会导致对自由贸易利益产生不切实际的预期。制度的历史分析表明,理解现实的而不是潜在的贸易的决定因素需要进行制度分析。支配交易关系的制度性质影响贸易的强度和方向,在任一时点,制度、要素禀赋、技术和偏好相结合的效应决定现实的贸易。在合适的制度出现之前,潜在贸易利益的存在并不足以保证贸易的产生或者产生所需要的制度,制度约束决定贸易的效率和强度以及贸易流的地区分布,并进一步影响未来贸易的社会、政治和制度变革。

近年来，国际经济研究开始更多地关注国内制度质量的作用。一国制度发展的水平和性质可能会通过改变生产与交易成本来影响其竞争力及比较优势。在不同国家的技术水平、要素禀赋和偏好均相同的情况下，制度结构的差异可能解释为一国相对优势或劣势的原因，并且贸易开放又会对一国制度变迁产生影响，造成一国经济福利发生相应的变化。

拓展阅读2-4 制度、比较优势与国际贸易

2.4.1 制度质量、贸易成本与比较优势

一国的制度质量通过比较优势对贸易模式和贸易量的影响，首先体现为对贸易成本的作用。标准国际贸易模型都是在无摩擦的理想经济假设下作出的逻辑分析，没有明确地考虑制度的影响，因而很难解释现实中的贸易模式和国际竞争力，而制度的多样性会对一国的比较优势和动态国际贸易模式产生影响。

制 度 质 量

与产品质量、工作质量一样，制度质量是用来衡量制度好坏的一种方法。产品质量的衡量主要是通过个人的经验和专业部门的检验来实施的；工作质量的衡量主要是用绩效考核和上级部门监督的方法来实施的。制度质量作为一个较为复杂的体系，其涉及的是各种制度的质量衡量，因此，其方法并不是单一的，对于不同的制度，衡量的方法也不尽相同。

1. 贸易成本对比较优势的影响

一国内部的贸易成本会以两种方式影响动态国际贸易中的比较优势：一种是塑造贸易双方之间的关系，鼓励基于特定关系（relationship specific）的交易；另一种是影响生产结构。如果一国的制度环境支持特定技术的选择，从而降低对于特定产业的交易成本，则会产生不同于传统理论分析的比较优势，该国将会专业化于具有制度优势的那些部门。

传统的贸易理论分析方法，只是简单地比较封闭与开放的情形下，技术和要素禀赋差异决定的不同国家成本与价格的差异，没有考虑一国内部贸易成本的影响。当存在贸易成本时，贸易模式可能无法用通常测度的比较优势来很好地描述；相反，更好的比较需要考虑贸易成本。一国的贸易模式不仅取决于生产成本，还取决于贸易成本，贸易成本影响一国贸易伙伴国的选择，还影响一国进出口商品的选择，贸易成本的存在可能引起一国贸易方向的逆转，进口国会根据全球比较优势判断应当出口哪些商品。因此，经济学家迪尔多夫提出了一个考虑贸易成本的本地比较优势概念，即一国由地理方面或者其他降低贸易成本的方式，所导致的相对于邻近国家所具有的比较优势。一国的制度因素明显是决定交易成本的重要因素，因此制度质量的高低通过交易成本会影响到一国的比较优势。

贸易成本可理解为，贸易双方追求贸易利益所遭遇的摩擦成本。贸易关系中信用的形成具有正外部性，国家间的诚信部分具有公共产品（public goods）的性质，现实国际贸易流远小于传统贸易理论预测，其中，重要的原因在于贸易双方之间的诚信问题，较高的诚信度可以降低交易成本、促进国际贸易量的增长，贸易迷失之谜（mystery of missing trade)的部分原因归于贸易伙伴之间缺乏诚信。正式和非正式的诚信变量对于贸易流都产生了显著的正向影响。信息通信技术日益发展的全球化条件下,一国应注重信誉建设、学习了解贸易伙伴的文化,加强对贸易国语言的掌握,放松对留学生和外国工人的签证条件,以促进本国贸易的发展。

2. 制度质量对比较优势的影响

不完善的制度像税收一样,会限制贸易发展,腐败和契约执行的不完全性会极大地减少国际贸易。当存在很强的制度支持时,贸易扩张迅猛,而不考虑制度质量变量,会导致代表性引力模型估计有偏,混淆人均收入与贸易品和贸易品支出份额之间的负相向关系,制度效率的不同和由此导致的贸易品价格差异,为高收入、资本丰裕国家间更大比例的相互贸易提供了一个简单解释,因为这些国家享有很强的支持贸易发展的制度基础。制度环境和按时出口能力和生产要素一样重要,是决定比较优势的重要来源,特别是按时出口的能力是解释中间产品比较优势的关键,生产网络联系在技术设施和促进贸易便利化投资方面具有较强的重要性。

2.4.2 作为比较优势独立来源的制度

与要素禀赋和技术相对差异的分析相似,越来越多的研究表明制度质量作为一国比较优势来源的重要性。

1. 制度质量作为比较优势来源的重要性

把产业的波动性、劳动市场灵活性和国际贸易相联系,可以看到制度质量作为一国比较优势来源的重要性。学界普遍认为,国家间劳动力市场灵活性的差异可视作制度差异的一个方面,这些制度差异与产业波动性特定差异的相互作用,将成为比较优势的新源泉。在其他方面相同的情况下,劳动力市场更灵活的国家将会在波动性较高的产品部门形成相对优势。收入水平相似的国家,在劳动力市场灵活性上持续地存在巨大的差异,根据劳动力市场制度差异,可把国家分为灵活经济和刚性经济,劳动力市场调节的国际差异会影响企业对特定冲击的调整。出现企业层面冲击的情况下,劳动力市场灵活的国家,更容易在企业间再配置劳动力,从而产生相对于劳动力市场刚性国家更高的生产率,产业波动与劳动力市场制度差异相互作用导致产业间比较优势模式的产生。

2. 制度质量对生产率的影响

不同的契约制度可以产生巨大的生产率差异,导致内生比较优势的不同。企业选择自己的技术,并确定契约性活动中由中间产品供应商实现的投资水平。供应商选择在非契约性活动上的投资,并预期从事后的讨价还价博弈中获得报酬。一个供应商在讨价还价博弈中的期望报酬,将决定他在非契约性活动上的投资。由于他不是产出利益剩余权的索取者,因此倾向于减少投资。更高的契约不完全性会使供应商减少投资,导致更先进的技术无利可图。

3. 制度质量与产品复杂性的关系

制度可以通过允许管理者更好地观察、证实工人的生产性努力,来弱化道德风险(moral hazard)的影响。这样,自由贸易使制度成为决定一国比较优势的独立因素。因为当国家改善道德风险能力,也即制度质量存在差异时,国家间出现专业化的自选择行为,制度质量高的国家将会专业化于团队生产行业(team-production industry),而制度质量低的国家将会专业化于个体生产行业(individual production industry)。制度质量高的国家,工人工作中出现道德风险的概率较低,因而具有相应的比较优势;相反,制度质量低的国家,工人工作中出现道德风险的概率较高。

产品复杂性可由生产一单位该产品所需要的不同中间投入品的数量衡量,部门的产出波动依赖于该产业产品生产的复杂性。

产品复杂性影响产出波动的机制有以下两个。

第一是合约的执行质量机制。生产过程越复杂,生产的参与方越多,所需要的合约数量就越多,制度质量较差的国家在复杂性较高的经济部门,由于合约的不完全执行所造成的损失就更大,从而降低了比较优势。

第二是国家间人力资本禀赋和生产中的最优劳动分工的作用机制。生产中劳动分工的范围由产品复杂性内生地决定,人力资本更高的国家的工人,在复杂性高的产品上具有比较优势,因为更高的人力资本使每个工人掌握更多必要的生产任务。这样,贸易开放导致发展中国家转向复杂性更低、波动性更高的商品的生产。发展中国家专业化于低复杂性产品的生产,而低复杂性产品波动性更大,由此把比较优势与产出波动性联系在一起,而这一理论上的预测也得到了实证上的支持。

2.4.3 制度比较优势的福利分析

大量的理论和实证分析证实,制度是影响贸易发展的重要因素,会对一国的经济绩效产生重要影响,考虑到在制度重要性上的一致认识,很自然地将制度视作比较优势的一个来源。当制度成为影响一国比较优势的独立来源时,对国家间贸易福利进行分析可能会得出不同于传统贸易理论的结果。不发达国家未必能够获得贸易利益,不发达国家要素价格实际上可能会由于贸易而发散。

社会福利效应

社会福利效应是指关税同盟的建立对一国的社会福利将会带来的影响。一般来说,贸易创造效应(trade creation effect)是关税同盟的主要经济效应,它的积极作用明显超过贸易转移效应(trade diversion effect)的消极影响。但就其所带来的福利效应而言,不同国家的生产者和消费者并不是相同的。对于不同出口国来说,建立关税同盟后,高成本出口国出口增加、产量上升,贸易创造效应明显大于贸易转移效应,福利效应增加,而低成本出口国则会减少出口和产出,其福利也必然因贸易规模缩小而下降。

莱夫琴科的模型分析了南北制度差异作为比较优势来源,通过贸易对各自福利可能产生的影响。模型分析的起点是假设一些部门对制度的依赖比其他部门更高,制度依赖是一些行业生产过程中的技术特征。北方国家更好的制度代表了制度形式的比较优势。假定一些部门的参与者必须进行特定关系的投资,从而导致了套牢(hold-up)问题。在模型中,制度的作用体现在以下两个方面。

第一，契约的不完全性导致了要素市场的扭曲。即使在部门间完全流动的情况下，行业间的要素报酬也可能出现差异。

第二，制度差异是比较优势的来源。因为北方国家的制度更好，所以，在贸易条件下，北方国家生产制度依赖型产品。贸易开放后，南方国家好岗位会消失，工资会下降。北方国家高报酬部门会扩张，以满足全世界的需要，这导致贸易利益的增加超过传统要素禀赋差异产生的利益。然而，南方国家却会出现相互冲突的效应：一方面，由于南方国家不再使用自己的劣势制度生产依赖型产品，这产生了效率增进；另一方面，由于贸易开放导致了南方国家高报酬部门的消失，这会产生利益损失。

2.5 企业异质性与比较优势

企业层面的异质性研究与李嘉图基于生产率差异的比较优势理论分析，有天然的内在联系。一方面，无论是微观层面的异质性企业贸易理论，还是国家层面和产业层面的李嘉图比较优势理论，它们的分析都是基于生产率差异进行的，生产率差异是解释贸易产生的重要根源；另一方面，异质性企业贸易理论的代表性模型——伯纳德模型，本身就是基于李嘉图模型对企业层面的典型事实进行的解释。因此在贸易理论发展进程中，两个理论的发展呈现出明显的融合之势，为现实的经济贸易活动提供了有力的解释。

2.5.1 贸易理论发展中企业地位的演变

企业作为一国参与国际贸易的微观基础，它在国际贸易理论研究中的地位，是随着经济实践的发展和国际经济现实的需要而不断演进的。

传统贸易理论（包括比较成本理论和要素禀赋理论）立足于解释国家层面贸易的动因和国际贸易的流向，国家参与贸易，或者更准确地说，一国特定产业进行出口是由于技术、要素禀赋和生产结构方面的差异造成的，产业间的净贸易成为理论研究关注的重点，因此不存在对企业行为的分析。同时，传统贸易理论假设完全竞争和规模收益不变，意味着企业是同质的，且企业规模是不确定的，一国企业的行为与产业的特征是完全一致的，因而也没有对企业行为进行分析的必要。传统贸易理论以国家或者产业作为研究对象，把焦点集中在产业平均水平上的差异上，忽略了企业行为在国际经济活动中的影响，掩盖了同一产业内企业异质性与国际贸易的相互作用，造成许多贸易政策效应的分析与经济现实存在显著的偏差。

20世纪80年代新贸易理论产生以后，国际贸易理论研究的重心由传统的国家和产业层面的研究向产业内部企业水平的研究转移。新贸易理论引入以产品差异和规模经济为基础的垄断竞争企业，作为解释相似国家间贸易大量存在的原因，同一产业内企业在生产率和规模上的异质性，被认为是不重要的，企业的技术水平和外贸参与度被假定为是相同的。新贸易理论虽然注意到相同产业内企业产品的水平异质性，在满足消费者偏好中的福利效应时，却没有涉及企业间生产率和规模等方面的异质性，因而无法把企业多维度异质性与国际贸易很好地结合起来，以考察国际经济活动中贸易与企业行为之间的相互关系，无法具体分析企业参与国际贸易的行为特质和许多典型事实。

20世纪90年代开始,随着微观企业层面经济活动详细数据可获得性的提高,许多实证方面的研究对已有国际贸易理论提出了挑战。大量的经验事实无法在传统贸易理论和新贸易理论模型中找到合理的解释,这些实证研究揭示了已有贸易理论所忽略的生产者行为方面的异质性特征:出口企业同时出现在比较优势产业和比较劣势产业;相同产业内同时存在出口企业和非出口企业,并且出口企业只占整个产业很小的比例;产业内企业间生产率、产品质量、产品范围和企业规模等方面差异显著;出口商生产率更高、规模更大,产品质量更优和范围更广;出口商资本和技术更加密集,支付的工资高于非出口商;资源的重新配置不仅发生在产业间,也在同一产业内大量存在;等等。企业在国际贸易中的多维度异质性表现需要新的国际贸易理论进行相应的解答,对此异质性企业贸易理论立足于解释同一产业内企业贸易行为方面的典型事实,从企业层面揭示了国际贸易的动因,以及贸易和贸易自由化的效应,从微观角度发现了国际贸易利益的新来源,对一些宏观国际经济现象作出了新的阐释。

作为对新贸易理论发展的突破,异质性企业贸易理论成为当代国际贸易理论研究的新焦点,被许多贸易理论家纳入最新的研究日程当中。

异质性企业贸易理论以梅里兹和伯纳德(Andrew Bernard)等的模型为研究起点,从企业间生产率的异质性研究,迅速扩展到企业间产品质量异质性和多产品企业异质性的探析。在侧重企业层面研究的同时,异质性企业贸易理论还从不同的角度与传统贸易理论和新贸易理论实现了对接,使宏观层面的贸易研究和微观层面的企业行为研究很好地融合在一起,对贸易政策宏观效应的分析有了坚实的微观基础。在国际贸易理论领域,企业异质性研究在生产率异质性研究的基础上迅速朝多个研究方向扩展,代表了国际贸易理论最新进展的一个方面。

2.5.2 异质性企业贸易理论与比较优势的联结

异质性企业贸易理论利用自选择效应来分析同一产业内不同生产率水平企业行为的原因。在随机分布的生产率中,企业生产率水平越高,越容易降低各种成本,在市场上存活下来。企业投入一定的固定成本所获取的生产率水平,如果低于国内市场竞争的最低生产率门槛,则企业会退出市场;在存留的企业中,如果企业的生产率高于出口生产率边界,则有机会逐步替代低生产率企业。产业内部资源的再配置效应会使一国获得动态的贸易利益。

低生产率企业退出市场,导致了行业内资源向高生产率企业的转移,提高了整个行业的生产率水平,从而保证一国可获得动态的贸易利益。这是异质性企业贸易理论在没有考虑一国产业间比较优势的情况下得出的基本结论。如果考虑到一国不同行业比较优势的差异,那么异质性企业理论的结论则需作出相应的修正。对此,许多学者从不同侧面进行了扩展研究。

1. 企业技术潜能对比较优势的影响

在一个企业异质性、技术非对称的垄断竞争模型中,考察技术潜能的影响,关注全球化进程中生产率进步和贸易成本下降的福利效应,其中,一个国家在生产率分布上拥有别国不具备的比较优势。一个国家的技术潜能包括:企业从中所取得的生产率的分布和这一分布在市场上对企业竞争力的影响,企业可获得的技术与市场条件的相互作用,决定生产率的均衡分布、竞争程度和均衡中的产品种类。杰米多娃证明,如果国家在可获得的技术上具有差异,企业从不同的分布中选取技术,技术的分布根据随机占优的风险率(hazard rate stochastic dominance)排序,且不会出现完全专业化,一国生产率的提高,会增加当地的福利,但会造成贸易伙伴国受损。因为当企业从更好的生产率分布中获取技术时,技术潜能会提高,技术潜能的提高增加了本国的进入者,而使国外的进入者减少。国内的进入者被出口者更高的预期利润吸引过来,国内竞争会加剧,出口的生产率边界水平将提高,因此本国企业的平均生产率上升。虽然向本国出口的外国生产者数量减少,但是本国新进入企业增加的数量将超过减少的数量。结果,虽然从国外进口的差异产品数量下降,但是国内消费者将有更多的产品种类可供选择,并从贸易中获益更多。

2. 国家和部门不对称情况下不同国家的比较优势

在国家和部门不对称的情况下,梅里兹的异质性企业贸易模型与D-F-S(两国连续产品模型)中的李嘉图比较优势模型相结合,建立了带有企业异质性的李嘉图比较优势模型。该模型分析了均衡时技术差异、人口规模和工资率之间的关系。在李嘉图模型中,只要比较优势足够大,具备该比较优势的国家将向其他国家出口但不进口,即单向出口。遵循李嘉图比较优势模型,一国在具有比较优势的部门拥有更多数量的出口商。另外,该模型还发现,在工资率和出口商数量上,存在本国市场效应。贸易自由化强化了李嘉图比较优势模型,即减少了双向贸易部门的数量,最终使所有部门遵循比较优势模型进行单向贸易。

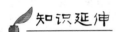

全要素生产率

全要素生产率(total factor productivity,TFP)是指生产单位(主要为企业)作为系统中的各个要素的综合生产率,以区别于要素生产率(如技术生产率等)。事实上,企业生产率是企业技术升级、管理模式改进、产品质量提高、企业结构升级的综合功能,任何现实的生产率都是全要素生产率。全要素生产率也可以称为系统生产率。全要素生产率就是生产力。全要素生产率提高就意味着产业升级与生产力的发展。

3. 国际贸易与技术进步之间的关系

在比较优势理论中,一国较高的生产率意味着相应的产业具有较大的比较优势,但是考虑到产业内不同企业的生产率差异和相互作用,较高的生产率是否就代表较强的竞争优势是一个有待验证的命题。在一个给定的国家,具有相对高生产率的产业会产生两种相互抵消的效应,产业中任何一个企业的生产率可能都相对较高,这会对企业出口产生正向的促进作用;但是在出口市场,其同行企业和国内竞争者也是如此,则会产生负面的间接效应。企业出口业绩不仅依赖于自身的相对生产率,还依赖于它所处的产业的相对生产率,产业生产率对企业出口业绩的影响,可分解为本企业生产率的直接效应和同行中生产率更高企业的间接效应。平均来看,处于比较优势产业的企业具有更高的生产率,企业生产率对出口水平和参与出口的可能性都具有正向影响。

影响机制包括产品市场竞争和要素市场竞争两个方面。产品市场竞争方面,一国内部产品之间的替代弹性要高于不同国家的产品之间的替代弹性。对于差异产品来说,产品的生产者可能面对两种截然不同的竞争者,本国产品之间的替代性要高于与外国产品之间的替代性。相反,对于同质商品来说,一个厂商面对的,是一系列相关的竞争者,对于这种商品来说,具有相对较高生产率的国内同行并不会影响单个企业的绩效,会产生影响的是世界市场上的竞争。要素市场竞争方面,产业中相对更高的生产率,导致了与该产业相关的特定要素更高的工资,这会增加出口的固定成本,导致参与出口的概率下降,并降低给定生产率水平企业的出口业绩。在理论上,特定产业的投入可视为难以在产业间移动的生产要素。企业自身的生产率对企业出口业绩存在正的直接效应,产业内同行企业的生产率对企业的出口业绩产生了负的间接效应,同行企业生产率对于产品差异更大的产业产生的负向影响也更强。

2.5.3 异质性企业贸易理论与要素禀赋理论的结合

基于生产率差异比较优势的引入,异质性企业贸易理论和比较优势理论的分析都得出了一些新的结论。如果考虑要素禀赋差异的影响,同样会得到新的启示。

名人堂

安德鲁·伯纳德,国际贸易和投资专家,专门研究企业对全球化的反应。在其论文中,他记录了美国无工厂商品生产商的出现,重新审视了去工业化的传统观点,并探讨了新出口商的动态以及中间商在全球贸易中的作用。他的研究重点是全球(和国内)生产网络的演变以及对公司绩效的影响。

1. 生产率差异与要素禀赋特征之间的关系

生产率异质性企业贸易模型,对于企业参与国际贸易的异质性行为具有较强的解释力,贸易自由化或者贸易成本的下降,通过生产率异质性企业的选择效应和生产要素的再配置效应,提高了产业的生产率,并且这种效应与国家和产业的要素禀赋特征之间存在紧密联系,在比较优势产业,生产率增长的效应更强,这在比较优势模型中无法得到解释。对此,Bernard,Redding 和 Schott(2007,B-R-S)基于比较优势建立了一个两国、两产业 H-O 模型(Heckscher-Ohlin Model),对梅里兹模型进行了扩展,并综合了新贸易理论和传统比较优势理论的基本思想,分析了贸易成本下降时,国家、企业、产业异质性之间的相互作用。该模型与梅里兹模型的差异是,企业自主选择的强度和重要性随着国家与产业特征的相互作用而有不同的表现。当产业内企业生产率具有异质性,国家在要素禀赋上存在相对差异,产业要素密集度不同时,下降的贸易成本导致资源在国家间以及国家与产业间和产业内的重新配置。这些重新配置使所有部门的就业发生了巨大变化,在比较优势行业激发了比比较劣势行业更大的"创造性破坏"。要素丰裕国家更低的相对要素价格,导致产业中密集使用该要素出口的固定成本更低,处于比较优势的产业对企业具有积极的间接影响,这些产业中的企业出口获利的可能性更高。高生产率企业的相对增长,提高了比较优势部门的生产率,异质性企业的选择效应强化了原有比较优势,产生了促进贸易福利增长的新来源。在 B-R-S 模型中,由于生产率的增长,S-S 定理(Stplper-Samuelson

Theorem)可能不再成立,因为生产率的增长引起产品价格下降,使丰富要素所有者的实际收入增加的同时,弱化甚可能逆转稀缺要素所有者的损失。

2. 要素禀赋密集度对异质性企业的影响

考虑到国家间要素禀赋和产业间要素密集度的差异,不同产业异质性企业间的选择效应强度也是不同的,不同行业中出口企业的比例差异显著。为了考察出口商比例与生产要素比例之间的关系,把 B-R-S 模型扩展成两国两要素多产业模型,两个国家的相对要素禀赋不同,产业间两种要素的密集度存在差异,每一个产业存在全要素生产率不同的连续企业。该模型预测了一种比较优势驱动的出口商选择模式,即在所有国内企业中,出口企业的份额根据各产业使用该国相对丰裕生产要素的密集度排序。垄断竞争和成本高昂的国际贸易,产生了两个企业生产率门槛水平,其中一个把国内市场上生产者与退出者区别开来,另一个把国内生产者区分为出口者和非出口者。贸易对两个生产率边界的影响,随着比较优势强度的提高而变得更为显著,结果,以出口生产率边界与国内生产率边界的比率衡量两个生产率边界的距离,在该国相对丰裕生产要素密集度最低的产业,距离最大,两个生产率边界的比率决定了事后国内生产者中出口商的比例。因此,其他条件相同的情况下,在产业熟练劳动相对丰裕的国家,出口商的比例随着产业熟练劳动的相对密集度而上升。也就是说,一个国内生产者成为出口者的概率在该国比较优势部门将会更高,通过出口商的选择,一国比较优势对该国出口产业结构的影响要比对生产的影响显著。

开放条件下,产业间要素密集度与产业内生产率异质性相互作用,使各产业对外部贸易环境变动的反应呈现显著的不同。

包含企业层面异质性和部门比较优势的局部均衡模型给出了一个可能的解释,并且考虑了反映关税变动的出口固定成本和可变成本,分析了产业间要素密集度的差异和产业内生产率的差异对出口的外延边际和集约边际变动的影响。例如,在局部均衡的环境中,法国与土耳其在连续的部门进行贸易,每一部门使用两种生产要素且密集度不同,每一个部门中企业都是异质的,存在固定贸易成本和可变贸易成本。法国资本劳动比率要高于土耳其,因此在资本密集型部门具有比较优势。只有生产率高于一定门槛的企业才能进入出口市场,因为只有生产率足够高的企业才可能承担出口成本。对于比较优势部门来说,企业出口的生产率门槛更低,因为在这些部门,企业密集使用的生产要素的相对成本更低,从而产生了成本优势。这样,即使比较优势部门中企业会面对较高的关税,其出口的概率也高于比较劣势部门具有相同生产率的企业。当贸易成本下降时,企业出口的生产率门槛在不具有比较优势的部门下降更多,结果这些部门进入出口市场的概率提高更多。

贸易伙伴关税下降,对最初处于比较优势产业出口更多企业收入的影响更大,因为企业的收入关于税收的弹性大于1。贸易自由化伴有资源在产业间的重新配置,在低生产率企业退出市场、高生产率企业扩张进入国际市场的同时,将提高产业的平均生产率。而贸易自由化会导致企业生产率的内生变化,这反过来又会影响产业内资源的重新配置。当企业选择在不同的时间点采纳一项新技术时,企业生产率的异质性就会在均衡时出现。产业和企业都是在不断地演化的,产业的特征是不以稳态为结果,而是依赖于单个企业在演化中对新技术的选择,演化的决定因素是新技术的扩散和被采纳的速度。新技术将根据其性质逐渐地被企业所采纳,技术溢出一般会经历一个长期过程。因为,选择出口的企业在技术扩散的过程中,将会更早地选择成本节约型的创新,而非出口企业将会在这一过程中较晚选择。贸易倾向于加快技术扩散的速度,贸易障碍的双边减少会使技术采纳过程更早地开始和结束。

本章小结

在国际贸易理论不断发展与完善的过程中,比较优势理论由古典到前沿,从不同的角度焕发了新的活力,技术和要素禀赋方面的差异理论得到了深化,制度、金融和企业异质性等影响因素作为比较优势的来源也得到了扩展。金融发展、制度质量、企业异质性与国际贸易理论呈现融合的趋势,为现实的经济贸易活动提供更加有力的理论工具。

框架体系

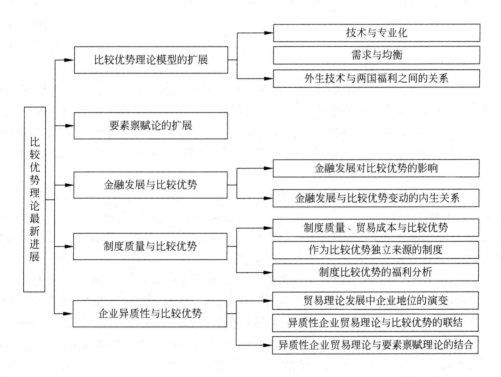

关键术语

市场均衡(market equilibrium)

贸易利得(trade gain)

外生技术进步(exogenous technological progress)

金融发展(financial development)

内生关系(endogenous relationship)

制度质量(institutional quality)

课后习题

1. 比较优势理论的扩展分为几个阶段？从哪些角度进行了理论的创新？
2. 试述生产中的劳动、资本比率与劳动、资本禀赋之间的关系。
3. 金融发展如何成为比较优势来源？
4. 举例说明异质性企业贸易理论如何与比较优势理论结合。

我国经济发展具有重要优势

1. 规模经济优势突出

改革开放以来，我国加入全球分工体系，充分发挥自身比较优势，取得了举世瞩目的经济发展成就，并深度融入世界经济。新时代以来，我国经济总量不断壮大，发展质量不断提升，连续多年保持世界第一制造业大国、第一货物贸易大国、全球经济增量贡献第一大国地位。

截至2022年，我国已形成66个国家级战略性新兴产业集群、45个国家先进制造业集群，对全球资源要素的吸引和聚集功能不断增强。规模经济为众多深耕细分领域的企业提供广阔的成长空间。新时代以来，我国在互联网领域涌现出百余家平台企业和200多家独角兽企业，在工业领域涌现出约1 200家单项冠军企业和近9 000家专精特新"小巨人"企业。

2. 我国仍处于总需求较快释放的阶段

我国已踏上全面建设社会主义现代化国家新征程，新型城镇化和消费结构升级持续推进，生产生活方式的数字化、绿色化转型加速推进，人民对美好生活的向往不断变成现实，持续释放出巨大需求。

首先，我国"刘易斯第二拐点"（指农业剩余劳动力转移完毕、形成城乡一体化劳动力市场的转折点）尚未出现，新型城镇化加速推进，大量农业转移人口给住房、教育、医疗、养老等方面带来巨大需求。同时，城市老旧小区更新改造、地下管网、停车场、公共服务等基础设施建设升级等，也将释放巨大需求。其次，我国居民收入水平不断提高，中等收入群体规模超过4亿，居民消费呈现多样化、高端化、服务化等特征。同时，我国居民恩格尔系数为30%左右，远高于发达经济体。随着经济发展、居民收入水平提高，恩格尔系数逐步降低，更多商品和服务消费需求将得到释放。未来我国服务消费占比将逐步提高至60%左右，可带动居民消费增长约35%。2022年，我国新注册登记汽车2 323万辆，尤其是新能源汽车增长81.48%，但每千人汽车保有量226辆，明显低于美国的843辆、德国的634辆和日本的625辆，具有较大提升空间。再次，绿色低碳转型带动投资和消费双扩容。实现"双碳"目标是一场广泛而深刻的变革，正推动我国能源结构、产业结构、交通运输结构和生产生活方式等转型升级，其蕴含着大规模投资和消费需求。最后，数字化转型将创造需求新空间。从消费看，我国连续9年拥有全球最大的网络零售市场，数字技术催生虚拟现实和自动驾驶等新的消费场景,一些消费模式从无到有,城乡数字消费市场持续壮大;从投资看,2021年我国工业机器人安装量同比增长45%,相当于当年全球安装总量的一半,数字技术的广泛应用不仅能够提高生产效率、节约人力成本,而且正逐步进入人工做不好甚至做不到的领域并开辟新赛道,激励企业不断加大数字化投资改造;从贸易看,数字化正在促进全球服务贸易加快发展、创造新的贸易机会,过去许多不可贸易的服务如教育、医疗等都变得可贸易,我国在数字技术应用、平台企业、互联网生态等方面的积累有利于创造和分享全球数字贸易红利。

3. 要素禀赋优势实现动态升级

一是劳动力素质持续提升。在人口数量红利趋于下降的同时,人力资本质量的红利正在显现。2012—2022年,我国毕业大学生数量累计超过8700万,新增劳动力平均受教育年限上升到14年,科研人才数量稳居全球首位。二是资本丰裕度明显改善。资本积累及其有效配置是推动工业化城镇化发展的必要条件。目前我国国民储蓄率为45.6%,比其他主要经济体高20个百分点以上。我国资本形成额占全球比重已从1978年的0.7%上升至2021年的29.6%,资本密集型产业和技术密集型产业发展所需的资金缺口明显缩小,资本积累及其有效配置为加快推进新型工业化和城镇化提供了必要条件。三是土地高效利用和再配置空间巨大。目前我国还有不少未利用土地和大量低效利用土地,土地资源盘活利用、城镇用地结构优化等将大幅提高土地资源的利用效率。四是数据要素潜能正快速释放。我国数据资源丰富,数据产量已超6.6 ZB,全球占比近10%,位居世界第二。

4. 制造业系统性优势突出

一是制造业规模优势明显。我国制造业增加值全球占比从2012年的22.3%上升到2021年的30.3%,达到31.4万亿元,制造业规模稳居全球第一。我国工业制成品出口规模从2012年的1.9万亿美元增长到2021年的3.2万亿美元,占全球制成品市场份额从16.3%提高到20%。二是制造业配套能力强。我国是全世界唯一一个拥有联合国产业分类中全部工业门类的国家,多数材料、组件都能找到本土供应商,对创新原型产品快速试制并量产形成强大支撑。大、中、小企业分工配合,加上数字化、智能化赋能,形成了一批产品生产集中、配套设施专业、产业链条成熟的产业集群和高效协作的制造业网络,不仅能满足大规模标准化生产需要,而且能快速响应个性化定制需求。三是大规模制造与物流体系形成供应链网络。我国基本建成了各类运输方式快速发展、协同配合的综合立体交通网,形成了以国家级物流枢纽为核心,以区域性物流基地、物流园区、城市配送中心、社区末端网点等为支撑的配送网络,实现了高效运行。2021年我国快递包裹平均成本为1.5美元,大幅低于有关发达国家。物流成本和效率优势明显,与大规模制造相结合形成供应链网络,极大增强了我国制造业的市场响应能力。四是部分新兴制造领域优势正在形成。以新能源产业为代表的新兴制造业快速成长,已成为重要经济增长点。比如,我国风电整机吊装量全球占比接近50%;新能源汽车产能连续8年位居全球第一,出口量连续两年位居全球第一。

5. 科技创新能力不断增强

科技研发能力实现大幅跃升。2012—2021年,我国全社会研发投入年均增长

11.7%，高于经济合作与发展组织（OECD）国家4%的平均增速，研发投入强度从1.91%提升到2.44%；我国国际科学核心论文全球占比由2012年的13%上升至2020年的20%；我国申请人通过《专利合作条约》（PCT）途径提交的国际专利申请量增长近2倍，居世界第一；在全球6000多位高被引科学家中，我国占比位居全球第二。科技人才优势逐步显现。我国拥有全球规模最大的科学家和工程师群体，按照OECD与欧盟标准，我国科技人力资源总量位居世界第一。企业创新进程快速迭代。创新技术与我国丰富的应用场景相结合，不仅可以在应用中实现快速升级，而且可以迅速实现产业化，帮助企业加速创新迭代。战略科技力量与市场机制加速结合。我国已经成功组建首批国家实验室，国家科研机构在自然科学领域的高质量科研产出位居全球第二，18所大学的研究影响力跻身世界百强，国家战略科技力量加速形成。数字经济引领优势凸显。我国数字经济规模已连续多年位居全球第二，在人工智能、物联网、量子信息等领域拥有的发明专利授权量位居世界首位，数字化智能化"灯塔工厂"数量超过全球1/3。

6. 我国经济已深度融入世界经济体系

我国已成为全球经贸联系最广泛的国家。2021年，在全球141个贸易伙伴中，我国是51个经济体的第一大进口来源国、24个经济体的第一大出口目的国，1834种商品出口规模居全球第一、686种商品进口规模居全球第一；出口目的地更加多元，出口目的地集中度指数已从2012年的7.0%下降到2021年的5.6%。我国已成为全球价值链三大枢纽之一。2012—2021年，我国制造业中间品进出口规模全球占比从10.7%提升到13.5%，价值链贸易全球占比从8.5%上升至11.2%、居全球第二；2021年，我国在全球货物贸易网络上的中心度指数位列前三。我国已成为跨国公司最重要的市场之一。2021年，全球市值排名前200位的跨国公司在中国的总收入达7000亿美元，占其全球销售额的13%；全球4.1万家上市公司在中国市场的销售额为16.8万亿美元，占其全球销售额的23.4%。

资料来源：国务院发展研究中心课题组.我国经济发展具有重要优势[N].人民日报，2023-05-30(9).

问题思考

我国应如何发挥好比较优势？

考核点

比较优势理论模型的扩展及要素禀赋论的扩展

自我评价

学习成果	自我评价
通晓比较优势理论扩展的演进脉络	□很好 □较好 □一般 □较差 □很差
了解比较优势理论的模型扩展	□很好 □较好 □一般 □较差 □很差
掌握要素禀赋论的扩展模型推导过程	□很好 □较好 □一般 □较差 □很差

续表

学 习 成 果	自 我 评 价
知晓金融发展与比较优势之间的关系	□很好□较好□一般□较差□很差
明悉制度质量与比较优势的关系	□很好□较好□一般□较差□很差
理解异质性企业贸易理论与比较优势理论是如何结合的	□很好□较好□一般□较差□很差

即测即练

第 3 章

新贸易理论

学习目标：
1. 了解新贸易理论的产生背景,辨别其"新"在何处;
2. 熟悉产业内贸易理论的内涵、特征、产生原因;
3. 清楚产业内贸易理论对发展中国家的启示;
4. 掌握规模经济的含义以及规模经济与市场结构的关系;
5. 了解新贸易理论的局限性。

全球视角

北美汽车贸易协定

1965年以前,加拿大和美国的关税保护使加拿大成为一个汽车基本自给自足的国家,进口不多,出口也少得可怜。加拿大的汽车工业被美国汽车工业的几个大厂商所控制。这些厂商发现,在加拿大大量建立分散的生产体系比支付关税要划算。因此,加拿大的汽车工业实质上是美国汽车工业的缩版,大约为其规模的1/10。

但是,这些美国厂商在加拿大的子公司也发现小规模带来的种种不利,一部分原因是在加拿大的分厂比其在美国的分厂要小,但更重要的原因可能是美国的工厂更加"专一"——集中精力生产单一型号的汽车或配件,而加拿大的工厂则不得不生产各种各样不同的产品,以至于工厂不得不经常停产以实现从一个产品项目向另一个的转换,不得不保持较多的库存,不得不较少采用专业化的机器设备等。这使加拿大汽车工业的劳动生产率比美国的要低大约30%。

为了解决这些问题,美国政府和加拿大政府通过努力在1964年同意建立一个汽车自由贸易区(附有一些限制条件),以促进两国汽车行业内贸易的发展。加拿大不再生产所有型号的汽车,只生产少数几种型号的汽车,然后从美国进口自己没有生产的型号的汽车,出口自己生产的型号的汽车。由于减少了自产汽车的型号,加拿大的厂商可以集中精力生产单一型号的汽车。由于其规模经济成本较低,其效率迅速提高。1962年,加拿大出口了价值1 600万美元的汽车产品,进口了5.19亿美元的汽车产品。但是到1968年,这两个数字已分别成为24亿美元和29亿美元。换而言之,加拿大的进口和出口均大幅度增长。到20世纪70年代初,加拿大汽车工业的生产效率已可与美国的同行相媲美。

加拿大与美国的汽车产业利用产业内贸易的特性完成了企业的规模化生产,使在更大规模上从事生产的加拿大厂商降低了生产成本,从而得利;这样的贸易方式还可以使汽车行业内的产品实现多样化从而扩大消费者选择空间,间接性地提高消费者福利水平。

资料来源:克鲁格曼,奥伯斯法尔德.国际经济学:理论与政策(上册 国际贸易部分)[M].黄卫平,胡玫,宋晓恒,等译.8 版.北京:中国人民大学出版社,2013.

新贸易理论是指第二次世界大战结束后,特别是 20 世纪 80 年代以来,为解释新的贸易现象而产生的一系列国际贸易理论学说。其主要代表人物包括迪可西特、克鲁格曼、赫尔普曼、斯潘塞(Barbara Spencer)和布兰德(James Brander)等,其中,最主要的代表人物是克鲁格曼。

3.1 新贸易理论的基本假设

3.1.1 新贸易理论产生的背景

第二次世界大战以后,国际贸易活动中出现了许多新的现象,对传统国际贸易理论形成了挑战,具体表现如下。

1. 同类产品之间的贸易量大大增加

古典贸易理论和新古典贸易理论认为,国际贸易的根源在于各国在产品生产方面的差异,包括技术差异(比较优势理论)、资源禀赋和产品要素密集度的差异(资源禀赋论)。按照这些理论,各国之间的贸易主要是不同产品之间的贸易,即行业间贸易。但第二次世界大战以后,不同国家同类产品之间的贸易,即行业内贸易大大增加,这种现象突破了传统贸易理论框架下的贸易模式,因此是对传统贸易理论的一个挑战。

2. 发达工业国家之间的贸易量大大增加

传统国际贸易理论的资源禀赋论认为,不同国家资源禀赋的差异是国际贸易的重要原因,据此,国际贸易应主要发生在发达国家(资本丰裕国)与发展中国家(劳动力丰裕国)之间(即南北贸易),20 世纪 50 年代之前的国际贸易的确大部分属于南北贸易。但是 20 世纪 60 年代后,发达国家之间的贸易(北北贸易)在国际贸易中所占的比率逐步上升,成为国际贸易的重要部分。那么,国际贸易为什么会在相似的资源禀赋国家(即同类国家)之间进行呢?这一现象显然是资源禀赋论所不能解释的。

3. 产业领先地位不断转移

当代世界贸易的发展中,有许多产品曾经由少数发达国家生产和出口,然而,第二次世界大战后这些产业的领先地位不断发生变化,一些原来进口的发展中国家开始生产并出口这类产品,而最初出口的发达国家反而需要进口。为什么在资源禀赋的模式基本不变的情况下,某些制成品的比较优势会从发达国家向发展中国家转移呢?这一问题也是在传统贸易理论的框架内难以找到答案的。

4. 跨国公司对全球许多产业形成垄断

许多商品市场中完全竞争不是经常存在的,而不完全竞争则经常存在,少数垄断企业由于规模报酬递增而获得市场地位,从而导致国际分工,而传统的国际贸易理论无法对此贸易现象作出合理解释。

以上现象在古典和新古典的传统国际贸易理论框架内难以得到解释,这迫使经济学家寻求新的贸易理论来解释这些现象,这些新问题和现象的出现,引起了经济学家对国际贸易理论的进一步思考,新贸易理论就是在这样的背景下应运而生的。

3.1.2 新贸易理论分析的起点:克鲁格曼模型的基本假设

传统贸易理论之所以受到挑战,是因为其理论依据的前提假设在现实中出现了新的变化。传统贸易理论反映的是以农业为主导产业的社会特征,是以一些严密的理论假设为基础的,主要包括市场都是完全竞争的、规模报酬不变或递减、各国的需求偏好相似且不变、模型分析的是两个国家等。但新贸易理论认为,这些前提不符合当今社会经济生活,传统贸易理论仅适用于完全竞争和规模报酬不变的情况,当市场结构发生变化时,传统贸易理论无法解释现实。

针对传统贸易理论的不足,克鲁格曼于20世纪80年代初建立了一系列新贸易模型,即克鲁格曼模型。与传统贸易理论有很大不同,新贸易理论打破传统假设条件,其理论假定前提为企业内部存在规模经济,在产品市场引入不完全竞争,用以分析产业内贸易的成因。这一理论的核心内容是在存在规模经济、不完全竞争的行业中,每个国家都会集中资源生产该行业中某几种品牌的产品,以实现规模效益,降低生产成本、贸易成本,然后通过互相交换不同品牌的产品,扩大消费者选择范围,提高消费者福利水平。

名人堂

保罗·克鲁格曼(1953—)是美国经济学家,是自由经济学派的新生代。1991年,克鲁格曼获得被视为诺贝尔奖重要指针的美国经济学会克拉克奖;2008年,他获得诺贝尔经济学奖。克鲁格曼的主要研究领域包括国际贸易、国际金融、货币危机与汇率变化理论。其主要代表作有《亚洲奇迹之谜》《萧条经济学的回归》《流行的国际主义》《国际经济学》等。克鲁格曼在经济学理论方面作出重大贡献的领域有垄断竞争贸易理论、战略贸易理论、新经济地理学理论、金融危机理论、汇率动态变化和发展中国家的债务问题。其中,垄断竞争贸易理论和战略贸易理论也被称为新贸易理论,分析解释了收入增长和不完善竞争对国际贸易的影响。新经济地理学理论、金融危机理论在一定程度上是垄断竞争贸易理论的自然延伸。克鲁格曼获得诺贝尔奖的主要原因是在分析国际贸易模式和经济活动的区域等方面所做的贡献。

新贸易理论有三个核心概念:产业内贸易、规模经济和不完全竞争。

3.2 产业内贸易理论

传统的国际贸易理论,主要针对国与国、劳动生产率差别较大以及不同产业之间的贸易。20世纪60年代以来,随着科学技术的不断发展,当代国际贸易的发展产生了新的特点,即绝大多数国际贸易在要素禀赋相似的国家之间进行;而且发达国家之间的贸易更多地发生在同一产业内部,一国同时出口并进口同一产业的产品,即产业内贸易(intra-industry trade)。如美国、日本和一些西欧国家既是汽车出口国,同时又是汽车进口国。这些都是传统贸易理论如比较优势理论、要素禀赋论等无法解释的。经济学家们围绕上述现象和问题做了深入的研究,提出了种种解释,从而形成了产业内贸易理论。

3.2.1 产业内贸易的内涵与特征

1. 产业内贸易的内涵

从产品内容来看,可以把国际贸易分成产业间贸易(inter-industry trade)和产业内贸易两种基本类型:产业间贸易,是指各国之间的贸易是不同产品之间的贸易,如美国向中国出口飞机、从中国进口纺织品;产业内贸易,是指一个国家既进口产品又出口同一类产品的贸易模式,如美国每年要出口大量汽车,但同时又从日本、德国、韩国进口大量汽车。

2. 产业内贸易的特征

产业内贸易具有以下几个特征。

(1) 产业内贸易是同类产品的贸易,而产业间贸易是不同产品的贸易。

(2) 产业内贸易的产品是双向流动,而产业间贸易的产品基本上是单向流动的。因此产业内贸易又叫双向贸易(two-way trade)。

(3) 产业内贸易的产品具有多样化特点。这些产品中既有资本密集型产品,也有劳动密集型产品;既有高技术产品,也有标准技术产品。

(4) 产业内贸易的商品必须具备两个条件:一是消费品能够相互替代;二是在生产中需要相近或相似的生产要素投入。

3.2.2 产业内贸易程度的测度

产业内贸易程度可用产业内贸易指数来衡量,产业内贸易指数反映的是一国某产业内贸易额占该产业进出口总额的比例。格鲁贝尔(H. Grubel)和劳埃德(P. Lloyd)于1975年提出格鲁贝尔-劳埃德指数(G-L 指数)。其计算公式如下:

拓展阅读3-1 中国外贸竞争力评价

$$产业内贸易指数 = 1 - \frac{|X - M|}{X + M} \tag{3-1}$$

式中,X 和 M 分别为某一特定产业或某一类商品的出口额与进口额,并且对 $X - M$ 取绝对值。产业内贸易指数的取值范围介于 0 和 1 之间,产业内贸易指数为 0,表明不存在产业内贸易,该国只出口或进口该产品;产业内贸易指数等于 1,表明产业内进口额与出口额相等。产业内贸易指数越接近 0,产业内贸易水平越低;产业内贸易指数越接近 1,产业内贸易水平越高。

3.2.3 产业内贸易产生的原因

造成产业内贸易现象的主要原因有产品差异、规模经济、消费者偏好。同类产品的异质性是产业内贸易的重要基础。

名人堂

格鲁贝尔(1884—1942),德国测量学家。他首先提出在立体测图仪上进行相对定向和绝对定向的理论。他由像点坐标和地面坐标的变换公式出发,推导了模型坐标改正的微分公式。他还创立了利用立体测图仪进行单航线的空中三角测量。他设计和完善了很多测量与摄影测量的仪器,如断面仪、自动调焦纠正仪和辐射三角仪等。他对改进立体测图仪的结构设计也起过较大作用。由他编辑出版的《摄影测量学教程》成为摄影测量学的经典著作。

3.2.4　产业内贸易的理论解释

不同国家要素禀赋的差异引起的比较成本的差异是产业间贸易发生的基础和原因;国家间的要素禀赋差异越大,产业间贸易量就越大,这是传统的贸易理论对产业间贸易的解释。国际贸易中的产业内贸易现象显然不能用传统的贸易理论来解释。西方经济学界认为规模经济、产品差别化和偏好相似是产业内贸易的根本原因。

同类产品是那些消费上能够互相替代、生产上投入相近或相似的生产要素的产品,它分为同质产品与差异产品。

1. 同质产品的产业内贸易

同质产品是指可以完全相互替代的产品,其有很高的需求交叉弹性,消费者对这类产品的消费偏好完全一样。这类产品的贸易形式,通常都属于产业间贸易,但由于市场区位、市场时间等的不同,也会发生产业内贸易。

1) 两国边境大宗产品的交叉型产业内贸易

在矿石、钢铁、木材和玻璃等建筑材料等大宗交易产品中,运输费用在总成本中占据了很大一部分。当消费者处于两国边境时,有时国外的生产地比国内的生产地距离要近,如果两国之间不限制这类产品的出口,那么消费者便会从离自己较近的国外生产地购买产品,而不从距离较远的国内生产地购买。

2) 季节性贸易

有些产品的生产和市场需求具有一定的季节性,因此国家为了缓解本国需求矛盾也会形成产业内贸易。例如,欧洲一些国家为了解决用电高峰问题而进行的电力的季节性进出口,一些果蔬的季节性进出口也属于此类。

3) 大量的转口贸易

转口贸易是指先从一国进口产品,再将其出口到第三国的贸易。这样,转口国的进口项目和出口项目中就出现了同类产品,在统计上构成了产业内贸易。不过由于转口产品既非由本国生产或加工,也非由本国消费,所以许多学者认为,对转口国来说,转口贸易不能视为产业内贸易。

4) 相互倾销

不同国家生产同样产品的企业,为了占领更多的市场,有可能在竞争对手的市场上倾销自己的产品,从而形成产业内贸易。

5) 政府的外贸政策

如果一个国家的政府在对外贸易政策中实行出口退税、进口优惠,国内企业为了与进口商品竞争,就不得不通过出口得到出口退税,然后再进口以享受进口优惠,这样一来就产生了产业内贸易。

6) 跨国公司的内部贸易

跨国公司的内部贸易也称公司内贸易,是指在母公司与子公司或者子公司与子公司之间产生的国际贸易。由于统计上常常将零部件、中间产品以及加工产品都视为同类产品,因此,跨国公司的内部贸易也会形成产业内贸易。

2. 差异产品的产业内贸易

差异产品是指产品间不能完全替代,但要素投入具有相似性的产品。大多数产业内贸易的产品都属于差异产品。同类产品可以由商标、牌号、款式、包装、规格等方面的差异而被视为差异产品,也可以由信贷条件、交货时间、售后服务和广告宣传等方面的差异而被视为差异产品。这种同类的差异产品可以满足不同消费心理、消费欲望和消费层次的消费需要,从而其贸易导致不同国家之间产业内部的分工和产业内部贸易的发生与发展。产业内贸易使厂商从更大的市场规模中获益,使消费者从更广泛的选择中获益。

3. 差异产品的类型

差异产品可以分成三种:水平差异产品、技术差异产品和垂直差异产品。不同类型的差异产品引起产业内贸易的动因也不相同,分别为水平差异、技术差异和垂直差异。

(1) 水平差异是指由同类产品的相同属性进行不同组合而产生的差异。烟草、服装、化妆品等行业普遍存在这类差异。两个原因导致水平差异产品进入产业内贸易:一是消费者需求的多样化,这要求同类产品具有多个品种,当不同国家的消费者对彼此不同品种的产品产生相互需求时,就出现了产业内贸易。二是产业内专业化的出现。产业内专业化,是指发生在同一产业内部十分细致的专业化分工。由于水平差异产品主要通过各种广告促销手段来吸引消费者,因此往往需要扩大生产规模。生产规模的扩大使产业内专业化出现,随之产生了产业内贸易。

(2) 技术差异是指由于技术水平提高所带来的差异,也就是新产品的出现带来的差异。从技术的角度看,是产品的生命周期导致了产业内贸易的产生。技术先进的国家不断地开发新产品,技术后进的国家则主要生产那些技术已经成熟的产品,因此在处于不同生命周期的同类产品间产生了产业内贸易。

(3) 垂直差异是指产品在质量上的差异。由于国家间经济水平不同或是国家内部个人收入存在差异,所以不同层次的消费者需要不同档次的产品,这种对产品档次的需求差异导致了产业内贸易的产生。为了满足不同层次的消费需求,高收入水平的国家就有可能进口中低档产品来满足国内低收入阶层的需求;同样,中低收入水平的国家也可能进口高档产品来满足国内高收入阶层的需求。

产品异质性是产业内贸易的基础,其可以使不同生产者的产品满足不同消费层次、消费偏好消费者的需求,从而形成不同生产者的优势地位,在此基础上产生产业内贸易。

3.2.5 对产业内贸易理论的评价

产业内贸易理论的假设前提更符合现代和当代实际。如果产业内贸易的利益能够长期存在,其他的企业就不能自由进入这一行业,这说明了自由竞争是不完全的。

产业内贸易理论从供给和需求两个方面分析了产业内贸易现象出现的原因及贸易格局的变化。在供给方面,由于参与国际贸易的企业通常是处在不完全竞争的条件下,因此,产生了同类产品的差异化;在需求方面,消费者的偏好具有多样性,而且各国的消费需求常常存在互相重叠的现象。这说明需求因素和供给因素一样,是制约国际贸易的重要因素,这实际上是将李嘉图比较优势理论中贸易利益等于国家利益的隐含假设转化为供给者与需求者均可受益的假设。

这一理论还认为,规模经济是当代经济的重要内容,它是各国都在追求的利益,而且将规模经济的利益作为产业内贸易利益的来源,这样的分析较为符合实际。

产业内贸易理论对发展中国家具有启示:一方面,发展中国家要在国际贸易中提高地位,仅仅依靠资源丰富以及资本和技术是远远不够的,必须从规模经济入手,提高国际竞争力;另一方面,政府在产业政策、贸易政策等方面加强干预是十分必要的。

产业内贸易理论也有不足之处。产业内贸易理论是对比较优势理论的补充和发展,它只能说明现实中的部分贸易现象。它虽然看到了需求差别和需求的多样化对国际贸易的静态影响,但它不能看到需求偏好以及产品差别是随着经济发展、收入增长、价格变动而不断发生变化的,有些产品的生产和销售不存在规模收益递增的规律,对于这些产业的国际贸易问题,产业内贸易理论无法解释。

3.3 规模经济理论

产业内贸易出现的另一个原因是为了获取规模经济。大规模的生产可以充分利用自然资源、交通运输及通信设施等基础设施,提高厂房、设备的利用率和劳动生产率,从而达到降低成本的目的。规模经济效益导致生产成本降低,这是比较优势的一个重要来源,规模生产形成的经济性也成为促进产业内贸易发展的重要因素。在规模经济作用下,不完全竞争市场普遍存在。

3.3.1 规模经济

规模经济是指在特定时期、产量范围内,企业产品绝对量增加时,其单位成本下降,固定成本可以认为变化不大,即扩大经营规模可以降低平均成本,从而提高利润水平。根据企业平均成本下降的原因,规模经济有外部规模经济和内部规模经济两种表现形式。

传统国际贸易理论的一个重要假设是规模报酬不变(constant returns to scale, CRS)。规模报酬是指投入规模的增加对产出量的影响,在理论上包含三种情形。

(1) 规模报酬不变。规模报酬不变意味着所有投入的增加导致产出以同样的比例增加。设生产产品 Y 需要两种要素——资本(K)和劳动(L),生产函数为 $Y=f(K,L)$,当 K 和 L 都增加为原来的 n 倍时,产品产量 Y 也增加为原来的 n 倍,则生产的规模报酬不变,即 $f(nK,nL)=nf(K,L)$,$n>1$。一个常用的规模报酬不变型生产函数形式为柯布-道格拉斯(C-D)函数 $Y=K^a L^b$,其中,$a+b=1$。现实中,一些小型的手工业生产可能是规模报酬不变的。

(2) 规模报酬递增(increasing returns to scale)。规模报酬递增又称规模经济,意味着所有投入的增加导致产出水平以更大的比例增加,即 $f(nK,nL)>nf(K,L)$,$n>1$。对于 C-D 函数的情形,如果改变 $a+b=1$ 的假设,令 $a+b>1$,那么生产就是具有规模经济的。现实中,规模报酬递增的典型表现是:随着产出增加,生产每一单位产品的平均成本大幅降低,如IT(信息技术)行业的微软或者苹果公司开发新版操作系统需要上百亿美元的投入,但研发成功以后刻录光盘的成本只要几美元,如果以电子密钥的形式出售,则边际成本(MC)几乎为0。

(3) 规模报酬递减(decreasing returns to scale)。规模报酬递减又称规模不经济(diseconomies of scale),意味着所有投入的增加导致产出水平以较小的比例增加,如当企业规模变得过大时,管理成本(administrative costs)将大幅上升,导致要素使用效率降低。规模不经济可以表示为 $f(nK,nL)<nf(K,L),n>1$。

3.3.2 外部规模经济与内部规模经济

外部规模经济(external economies of scale),是指企业的平均成本随着整个行业的生产规模的扩大而下降。它对单个企业来说是外在的,而对整个行业来说是内在的,即平均成本与单个厂商的生产规模无关,但与整个行业的规模有关。其主要原因有供应商的专业化、生产企业聚集、劳动市场共享、知识外溢以及更好地利用交通运输、通信设施、金融机构等良好的企业环境。

内部规模经济(internal economies of scale),是指企业的平均成本随着企业产量的增加而下降。由于生产规模扩大和产量增加,分摊到每个产品上的固定成本(管理成本,信息成本,设计成本,科研与发展成本等)会越来越少,从而使产品的平均成本下降。其主要原因有:能够充分发挥各种生产要素的效能,更好地组织企业内部的劳动分工和生产专业化,提高固定资产的利用率,取得内部规模经济效应。

3.3.3 规模经济与市场竞争结构

不完全竞争市场是相对于完全竞争市场而言的,主要包括完全垄断市场、寡头垄断市场和垄断竞争市场。

1. 外部规模经济市场竞争

外部规模经济意味着一个行业有许多的小企业,市场竞争程度很高,属于完全竞争。外部规模经济依赖于行业中企业数量的增加,而不是单个企业规模的扩大。存在外部规模经济的行业通常倾向于在地理位置上更集中,这样,该行业的所有企业因为地理位置的接近,可以在资源、信息等方面实现共享,进而降低平均生产成本。美国硅谷集中了众多高科技企业,好莱坞集中了众多电影公司,华尔街集中了无数金融公司和银行,瑞士汇集了大量钟表厂,北京中关村云集了大量计算机公司,这些都具有外部规模经济的特征。

2. 规模经济与国际贸易

在一个行业内,企业数量越少,专业化程度就越高,规模收益也就越高。在具有内部规模经济的产业中,随着生产规模的扩大,总产量增加的速度超过要素投入的增加速度,这意味着平均成本下降、生产效率提高。因而大企业比小企业更有成本优势,随着小企业被挤出市场,少数大企业逐渐垄断了整个市场,不完全竞争取代完全竞争成为市场的基本特征。在封闭经济的情况下,这会导致一系列负面现象的发生,如经济中的竞争性下降、消费者支付的成本上升、享受的产品多样性减弱等,与封闭的国内市场相比,世界市场可以容纳更多企业,同时单个企业的规模也会扩大,从而解决了规模经济与竞争性之间的矛盾。在规模经济较为重要的产业,国际贸易还可以使消费者享受到比封闭条件下更加多样化的产品。内部规模经济意味着不完全竞争,不完全竞争包括完全垄断、寡头垄断、垄断竞争等重要形式。

具有内部规模经济的一般是资本密集型行业或知识密集型行业。内部规模经济之所以会出现,是由于企业所需特种生产要素的不可分割性和企业内部进行的专业化生产。采用大规模生产技术的制造业可以使用特种的巨型机器设备和流水生产线,进行高度的劳动分工和管理部门的分工,有条件进行大批量的生产和销售,而且有可能进行大量研究和开发工作,从而可以大幅度降低成本、获取利润。对于研究和开发费用较高的产业来说,规模经济的实现更是至关重要。如果没有国际贸易,这类产业可能就无法生存。只有在进行国际贸易的情况下,产品销售到世界市场,产量得以增加,企业才能最终实现规模经济下的生产。

在存在规模经济、不完全竞争的行业中,每个国家都会集中资源生产该行业某几种品牌的产品,以实现规模效益,降低生产成本与消费者价格,增加消费者福利;然后通过不同品牌的互换,实现品牌共享,扩大消费者的选择范围,从而进一步提高其福利水平。

3.4 规模经济与国际贸易

3.4.1 外部规模经济与国际贸易:完全竞争框架

当某个产品的生产出现规模报酬递增时,随着生产规模的扩大,单位产品的成本会递减从而形成成本优势,这会导致该产品的专业化生产和出口,这样,产业内部的分工和贸易也就形成了。在存在规模经济的条件下,以此为基础的分工和贸易会通过提高劳动生产率、降低成本,使产业达到更大的国际规模而从中获利,参与分工和贸易的双方均能享受到规模经济的好处。

在外部规模经济存在的条件下,国际贸易会带来生产集中和价格下降。但在国际贸易模式中,会出现先发优势现象并给国家带来福利损失。

以瑞士和泰国的手表业为例来说明这一现象。如图 3-1 所示,全世界消费者的手表需求曲线为 D。瑞士是世界上最早的手表生产国,其平均成本曲线为向下倾斜的 $AC_{瑞士}$,其生产存在外部规模经济。世界手表市场的均衡点为该曲线与世界需求曲线的交点,手表的均衡价格为 P_1,产量为 Q_1。泰国在此后某个时间点也有了手表生产市场,而且在生产的手表数量相同的情况下,其平均成本比瑞士更低。因此,泰国平均成本曲线 $AC_{泰国}$ 位于瑞士的下方。泰国在手表生产上具备成本优势。

在外部规模经济存在的条件下,一个行业中具有先发优势的国家,由于其生产规模较大、平均成本较低,会始终占据该行业的主要出口国地位。即使其他国家享有成本优势(劳动力成本等),在产量相同的情况下以更低的生产成本来进行生产,但由于是从零开始,所以其成本较高。由于瑞士具有规模优势,可以转化为成本上的优势,因此泰国不会实际取代该国的出口国地位。这说明,历史上存在的国际分工与国际贸易,会有较强的持

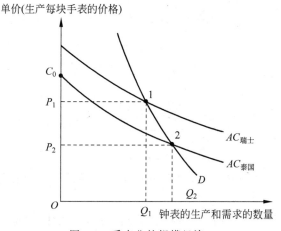

图 3-1　手表业的规模经济

资料来源：Krugman,Obstfeld & Melitz,2012,Figure7-4。

续性。在国际分工违背比较优势原理下,一国参与国际贸易会给自己带来损失,因而需要采取贸易保护措施。也就是在他国已具备先发优势的情况下,如果一国新兴产业(幼稚产业)具有发展潜力,则该国可以通过采取贸易保护主义措施来促进该产业发展,使其具有规模经济、形成竞争优势,如日本初期的发展经验等。此外,国内市场规模相对较大的国家倾向于专业化生产具有外部规模经济的产品,而国内市场规模较小的国家倾向于完全专业化生产规模收益不变的产品。

3.4.2　内部规模经济与国际贸易:垄断竞争框架

内部规模经济的实现要依赖厂商自身规模的扩大和产出的增加。在具有内部规模经济的产业中,大厂商比小厂商更具有成本优势,因而能够迫使小厂商退出市场,从而控制市场,形成不完全竞争的市场结构。内部规模经济又是如何导致国际贸易的呢?保罗·克鲁格曼建立了一个最有代表性的用以说明规模经济、不完全竞争和国际贸易之间关系的标准模型。

拓展阅读 3-2　分层式垄断竞争

1. 基本假设

(1) 产品是多样性的。同行业各个企业之间的产品不是同质的,而是具有替代性的差异产品。

(2) 市场结构不再是完全竞争,而是垄断竞争。

(3) 企业具有内部规模经济。假设劳动是唯一投入,但与古典理论不同的是,这里的成本函数包含一个固定投入成本。这样,产品的平均成本就不再是一个常数,而是随着产量增加而递减的函数。

在这三个基本假设下,克鲁格曼建立了一个独特的 $PP\text{-}ZZ$ 模型。下面用一系列等式来简单说明这个模型。首先来看 4 个基本等式。

效用函数:

$$U = \sum_{i=1}^{n} v(c_i), \quad v' > 0, \quad v'' < 0 \tag{3-2}$$

成本函数：

$$l_i = \alpha + \beta x_i, \quad \alpha > 0, \quad \beta > 0 \tag{3-3}$$

要素市场均衡：

$$L = \sum l_i = \sum (\alpha + \beta x_i) \tag{3-4}$$

产品市场均衡：

$$Lc_i = x_i \tag{3-5}$$

式(3-2)表示有 n 种差异产品，消费每种差异产品的效用都是不同的，总效用是这 n 种差异产品的总和。

式(3-3)表示的是企业 i 所需的要素(劳动)投入。其中，α 是固定投入，x_i 是企业 i 的产出，β 是反映投入产出关系的系数。其表明企业具有规模经济。给定固定投入(α)和系数 β 不变，如果产出 x_i 增加1倍，企业的劳动投入 l_i 是不需要增加1倍的。

式(3-4)描述了要素市场均衡，即总的劳动力供给等于总的劳动力需求。

式(3-5)表示的是产品市场的均衡。其中，c_i 是每人对产品 i 的消费，Lc_i 代表的是产品 i 在市场上的总需求，x_i 是产品 i 的总供给。

2. 垄断竞争企业的利润最大化均衡

在给定规模经济和市场均衡的条件后，来看企业的生产决策。

根据克鲁格曼的假设，这些企业都是垄断竞争企业。因此，每个企业面对的需求曲线不是一条水平直线，而是一条斜率为负、向下倾斜的曲线。换句话说，企业的价格不是给定的，而是企业产量的函数：$P_i(x_i)$。

像所有其他类型的企业一样，垄断竞争企业的目标是利润最大化，其生产决策的原则也是在边际收益(MR)等于边际成本的地方生产 x_i。与完全竞争企业不同的是，垄断竞争企业的边际收益不等于价格，而是 $P_i\left(1-\dfrac{1}{\varepsilon(c)}\right)$。其中，$\varepsilon$ 是需求价格弹性的绝对值，$\varepsilon > 0$；ε 是需求量 c 的函数。在一般情况下，随着需求量的增加，价格弹性下降，即 $\dfrac{d\varepsilon}{dc}$。由于劳动是企业的唯一投入，给定劳动工资率为 W，企业 i 的总成本为 $Wl_i = W(\alpha + \beta x_i)$，边际成本是 βW，企业利润最大化的短期均衡条件则可写为

$$P_i\left(1 - \frac{1}{\varepsilon(c)}\right) = \beta W \tag{3-6}$$

整理后，得

$$\frac{P_i}{W} = \frac{\beta \varepsilon(c)}{\varepsilon(c) - 1} \tag{3-7}$$

3. 垄断竞争企业的长期均衡

垄断竞争企业的另一个特点是长期利润为零，即总收益(TR)等于总支出(TC)。总收益等于价格乘以产量，即 $P_i x_i$。总支出等于工资率乘以劳动投入，即 Wl_i，而 $l_i = \alpha + \beta x_i$。根据这一长期均衡条件，我们可以得出

$$P_i x_i = W(\alpha + \beta x_i) \tag{3-8}$$

将式(3-5)代入式(3-8),经整理后得

$$\frac{P_i}{W} = \frac{\alpha}{Lc_i} + \beta \tag{3-9}$$

4. PP-ZZ 模型

至此,克鲁格曼根据垄断竞争企业的特征,分别推导出两个等式:在企业利润最大化原则下推导出来的式(3-7)和长期竞争中利润为零原则下推导出来的式(3-9)。在这两个等式中,用工资单位衡量的产品价格(P/W)都是产品需求量(c)的函数。

为了研究垄断竞争企业产品的均衡价格与个人需求量(消费量)的关系,克鲁格曼创立了一个 PP-ZZ 模型。图 3-2 所示 PP-ZZ 模型图的纵轴为 P/W,横轴为 c。其中的 PP 曲线由式(3-7)导出,ZZ 曲线由式(3-9)导出。

在式(3-7)中, $d\varepsilon/dc<0$, P/W 与 c 是正相关的。也就是说,在企业利润最大化的均衡条件下,个人对产品的需求量越大,企业所能出售的产品价格就越高。

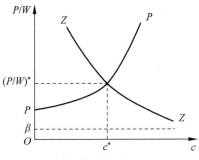

图 3-2 克鲁格曼 PP-ZZ 模型

因此,PP 曲线的斜率为正。

在式(3-9)中,P/W 与 c 是负相关的,即个人对产品的需求量越大,企业的生产规模越大,产品的价格(在长期等于平均成本)亦越低。因此,ZZ 曲线的斜率为负。

PP 曲线和 ZZ 曲线的交点是每种产品的均衡价格和每个人对该产品的消费(需求)量。由于 $Lc_i = x_i$,所以又可由消费量求出每个企业的生产量 x_i。在充分就业的假设下,企业数或产品种类等于总劳动除以企业的劳动投入,即

$$n = \frac{L}{\alpha + \beta x} \quad \text{或} \quad \frac{1}{\frac{\alpha}{L} + \beta x} \tag{3-10}$$

5. 国际贸易的影响

在建立 PP-ZZ 模型的分析框架之后,克鲁格曼引入国际贸易。

假设存在另一个同类的经济体,与本国有相同的偏好、资源储备和技术,并有消费人口 L^*。当双方开放自由贸易时,对本国的任何一种商品都意味着一个更大的市场和更多的消费人口。由于技术是给定的,反映投入产出关系的系数 β 不会因为贸易而变化,所以在 PP-ZZ 模型中,PP 曲线没有影响。但是,贸易使每个产品的消费人口增加了 L^*,导致 ZZ 曲线下移(或左移)。在新的均衡点($Z'Z' = PP$)上,相对于工资的产品价格(P/W)和每个人对任何一个产品的消费量(c)都下降了,如图 3-3 所示。

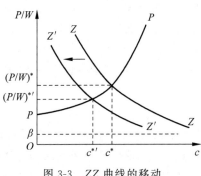

图 3-3 ZZ 曲线的移动

在长期均衡点上,产品价格的下降意味着产品平均成本的下降,也反映了每个企业扩大生产 x_i(式 $Lc_i=x_i$ 说明了消费人口、人均消费量和生产量的关系。只要 PP 曲线的斜率 >1,L 的增加幅度一定会超过由此引起的均衡人均消费量 c 的下降幅度,从而使每种产品的总产量 x_i 增加)后产生的规模经济。虽然每个人对每个产品的消费量下降了,但每个产品的消费人口则大大增加了,从而使整个产量提高了。从式(3-10)又可以知道,消费人口 L 的增加(从 L 到 $L+L^*$)和每个产品消费量 c 的下降(从 c^* 到 $c^{*\prime}$)意味着产品种类的增加。新的产品种类比贸易前的多。

由此,克鲁格曼得出一些重要结论:首先,垄断竞争企业可以通过国际贸易扩大市场、增加消费人口,来扩大生产,获得规模经济,降低平均成本和产品价格;其次,每个消费者对某种产品的消费量会有所减少,但消费品的种类则大大增加。消费者通过产品种类的增加而增加福利。

值得一提的是,在以往的模型中,人们主要用社会无差异曲线和消费者/生产者剩余衡量贸易所得和社会福利水平,而在克鲁格曼模型中,他强调了产品多样性所带来的消费者福利,为衡量贸易所得提供了更多的工具。

更重要的是,克鲁格曼通过这一模型的分析指出了贸易的基础不一定是两国技术或要素禀赋上的差异而造成的成本价格差异,扩大市场获得规模经济也是企业愿意出口的重要原因之一。企业可以通过出口来降低成本获得短期利润。当然,贸易前两国的市场规模不同造成的企业生产规模不同也会导致产品价格的差异而成为发生贸易的原因。不过,造成这种价格差异的原因不是各国技术和资源上的不同,而仅仅是规模上的区别。克鲁格曼的这一理论令人信服地解释了发达工业国家之间的贸易和产业内贸易的重要成因,补充和发展了国际贸易的理论。

3.5 新贸易理论的价值及不足

3.5.1 新贸易理论的价值

1. 新贸易理论对传统理论的继承和发展

克鲁格曼创立的新贸易理论是对传统贸易理论的一种传承和发展,它的传承在于国际分工理论的发现和利用,而这一理论是对亚当·斯密劳动分工理论的一种合理继承和传播。亚当·斯密认为经济不断发展的原始动力应该来自分工和专业化程度,由于城乡分工程度的差异性,一些生产要素也会在一定程度上产生差异,这也是城乡差别巨大的主要原因之一。此外,克鲁格曼基于新贸易理论研究提出了战略性经济贸易发展政策,主张政府对国家对外贸易进行谨慎干预,这一理论被认为是支持"大政府"的一种主张,这被认为是对凯恩斯学派的传承。

2. 新贸易理论对其后理论发展的启示

新贸易理论的贡献主要反映在启发研究方面。在克鲁格曼理论分析框架的基础上,大量模型基于规模报酬以及垄断竞争现象对贸易的影响进行了论证和分析。新旧经济学的经济贸易理论体系的综合分析方法十分重要,因为只有通过它们,我们才可以完全准确地检验分析或准确预测出世界上国家、政府、企业间的各种风险程度。

新贸易理论还深刻地影响了国际贸易政策方面的分析。在理论研究的基础上,经济学家有效预测了贸易自由化对世界贸易格局及生产要素报酬的影响。哈里斯1984年的论文《对规模经济和不完全竞争的小型开放经济体应用一般均衡分析》,迪可西特1988年的著作《美国汽车行业的最优贸易和产业政策》,以及鲍德温和克鲁格曼1988年的著作《市场卷入和国际竞争》等,这些案例模型直至当前还产生影响,如世界银行对于世界贸易组织贸易自由化的评估等。

3. 新贸易理论的实证价值

赫尔普曼在其1987年所发表的论文《不完全竞争和国际贸易:来自14个工业国家的证据》中充分表现出实证检验对于新贸易理论的支撑性。赫梅尔斯和莱文索恩在1993年所发表的研究论文《作为比较优势来源的产品差异化》与1995年所撰写的研究论文《国际贸易和垄断竞争重新考虑证据》中均发现贸易流量与新贸易理论假设非常吻合。伊文尼特和凯勒在2002年发表过的论文《关于解释引力模型成功的理论》中指出,规模报酬和要素禀赋理论的综合运用能够以最好的角度解释贸易格局的变化。

3.5.2　新贸易理论的不足之处

新贸易理论的不足主要体现在以下几个重要方面。

首先,克鲁格曼只是把劳务报酬的递增率和贸易不应完全依靠竞争等放在首位,对整个劳动经济分工一体化和劳动专业化却没有给予系统的分析,因而,新贸易理论方法虽然有助于理解某些特征相似的经济体之间出现的各种贸易行为问题,但仍不能全面系统地解释许多经济现象,如劳动力在社会个人层面分布上呈现的专业化、市场一体化的程度,以及作为贸易工具的货币的使用等。

其次,克鲁格曼在研究中通常使用的冰山运输成本分析的基本概念范围过于笼统狭隘,无法真正充分系统地考虑各国企业和本地区民众在物流贸易过程中的各种成本因素。关于贸易成本,新制度经济学已经开始提出一些更为具体的关于交易的成本问题的经济学概念。克鲁格曼研究的焦点集中在规模经济和运输成本问题上,而不是更本质的劳动分工和交易成本问题上。

最后,新贸易理论只是由美国的经济学家主要针对美国的对外贸易系统研究而得出的一个结论,而不是从世界上大多数国家的视角去仔细考察、分析和解释这种贸易现象。

总而言之,新贸易理论的研究对我国国际贸易的发展具有一定的实际应用价值,与此同时也要特别关注当前的国际金融形势以及部分国家的贸易保护措施。我们要仔细地观察发达国家贸易理论的细微变化以及贸易政策的发展动向,这样才能及时地制定相应的对策。一定要切合国际贸易局势的变化,灵活地运用新贸易理论。

本章小结

第二次世界大战后,国际贸易表现出新的特点与格局,规模经济、产业内贸易大量出现以及发达国家之间的贸易大量增加,不完全竞争等新现象出现,传统国际贸易理论不能全部解释这些现象,新贸易理论因此得以发展。

新贸易理论的核心内容是在存在规模经济、不完全竞争的行业中,每个国家都会集中资源生产该行业中某几种品牌的产品,以实现规模效益,降低生产成本、贸易成本,然后通过互相交换不同品牌的产品,扩大消费者选择范围,提高消费者福利水平。

新贸易理论的假设更具有现实性,它极好地解释了产业内贸易现象和要素禀赋相似的国家之间的贸易。但新贸易理论并不是对传统贸易理论的全盘否认。现实中产业间贸易和产业内贸易并存的现象说明传统贸易理论与新贸易理论是互补的。要全面准确地解释现实中的国际贸易现象,传统贸易理论和新贸易理论缺一不可。传统贸易理论把世界贸易看成完全发生在像小麦这类商品上,新贸易理论则认为世界贸易主要贸易品是像飞机这样的商品。因此,新贸易理论既是对传统贸易理论的继承,也是对国际贸易理论新发展的反映和阐释。

框架体系

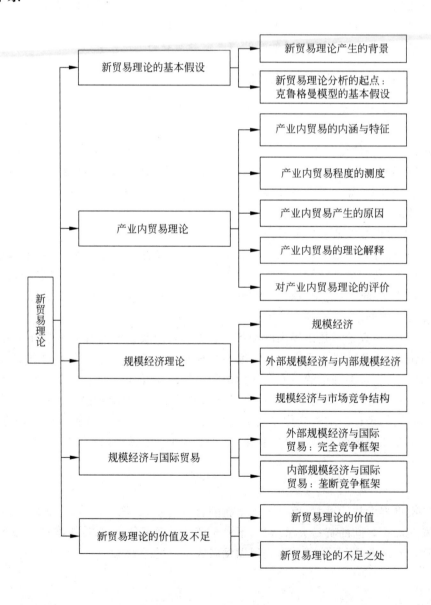

关键术语

产业内贸易(intra-industry trade)

产业间贸易(inter-industry trade)

规模经济(economies of scale)

外部规模经济(external economies of scale)

内部规模经济(internal economies of scale)

不完全竞争市场(imperfectly competitive market)

完全竞争市场(perfectly competitive market)

垄断竞争市场(monopolistic competition market)

课后习题

1. 简述第二次世界大战之后,国际贸易活动出现的新现象。
2. 产业内贸易指数值的大小说明了什么问题?
3. 为什么各个国家既要进口汽车,同时还要出口汽车?
4. 什么是规模经济?

轮胎小镇：广饶

在汽车消费越来越普及的时代,人们能够想起许多著名的"汽车城",然而,如果问及汽车轮胎主要产自哪里,恐怕多数人并不知晓。山东省东营市广饶县,这个听起来有些陌生的地方,就是中国最大的轮胎出口基地。

截至2022年底,广饶县共有规模以上橡胶轮胎企业46家,子午胎综合产能达到1.76亿条,约占全省的一半、全国的1/4;6家企业入围2022年全球轮胎75强,占全国总数量的17.6%。一个既不是原材料主产地又不是交通枢纽的小县城为何能够形成庞大的轮胎产业规模? 其原因就是外部规模经济的力量。自1968年起,广饶县就开始以家庭为单位利用小胶炉生产黑色胶管,作为谋生手段。中国启动市场化改革之后,家庭作坊逐渐整合为完整的生产线,产生了一大批橡胶企业。随着市场规模扩大,纺丝、钢丝、热电等相关生产部门在广饶县建立起来,橡胶企业也开始向轮胎产业延伸,从农用轮胎到子午胎、工程胎,最终形成完整的产业集群。

类似的故事在中国的许多地方都有发生,如佛山的陶瓷、义乌的袜子、温州的鞋业等。

资料来源：马会.小县城的"世界轮胎之都"梦[N].中国经济时报,2014-05-28(4).

问题思考

分析广饶轮胎小镇发展成功的原因。

考核点

外部规模经济理论

自我评价

学 习 成 果	自 我 评 价
了解新贸易理论的产生背景,辨别其"新"在何处	□很好□较好□一般□较差□很差
熟悉产业内贸易理论的内涵、特征、产生原因	□很好□较好□一般□较差□很差
清楚产业内贸易理论对发展中国家的启示	□很好□较好□一般□较差□很差
掌握规模经济的含义以及规模经济与市场结构的关系	□很好□较好□一般□较差□很差
了解新贸易理论的局限性	□很好□较好□一般□较差□很差

即测即练

关键术语

产业内贸易(intra-industry trade)
产业间贸易(inter-industry trade)
规模经济(economies of scale)
外部规模经济(external economies of scale)
内部规模经济(internal economies of scale)
不完全竞争市场(imperfectly competitive market)
完全竞争市场(perfectly competitive market)
垄断竞争市场(monopolistic competition market)

课后习题

1. 简述第二次世界大战之后,国际贸易活动出现的新现象。
2. 产业内贸易指数值的大小说明了什么问题?
3. 为什么各个国家既要进口汽车,同时还要出口汽车?
4. 什么是规模经济?

轮胎小镇:广饶

在汽车消费越来越普及的时代,人们能够想起许多著名的"汽车城",然而,如果问及汽车轮胎主要产自哪里,恐怕多数人并不知晓。山东省东营市广饶县,这个听起来有些陌生的地方,就是中国最大的轮胎出口基地。

截至2022年底,广饶县共有规模以上橡胶轮胎企业46家,子午胎综合产能达到1.76亿条,约占全省的一半、全国的1/4;6家企业入围2022年全球轮胎75强,占全国总数量的17.6%。一个既不是原材料主产地又不是交通枢纽的小县城为何能够形成庞大的轮胎产业规模?其原因就是外部规模经济的力量。自1968年起,广饶县就开始以家庭为单位利用小胶炉生产黑色胶管,作为谋生手段。中国启动市场化改革之后,家庭作坊逐渐整合为完整的生产线,产生了一大批橡胶企业。随着市场规模扩大,纺丝、钢丝、热电等相关生产部门在广饶县建立起来,橡胶企业也开始向轮胎产业延伸,从农用轮胎到子午胎、工程胎,最终形成完整的产业集群。

类似的故事在中国的许多地方都有发生,如佛山的陶瓷、义乌的袜子、温州的鞋业等。

资料来源:马会.小县城的"世界轮胎之都"梦[N].中国经济时报,2014-05-28(4).

问题思考

分析广饶轮胎小镇发展成功的原因。

考核点

外部规模经济理论

自我评价

学　习　成　果	自　我　评　价
了解新贸易理论的产生背景,辨别其"新"在何处	□很好□较好□一般□较差□很差
熟悉产业内贸易理论的内涵、特征、产生原因	□很好□较好□一般□较差□很差
清楚产业内贸易理论对发展中国家的启示	□很好□较好□一般□较差□很差
掌握规模经济的含义以及规模经济与市场结构的关系	□很好□较好□一般□较差□很差
了解新贸易理论的局限性	□很好□较好□一般□较差□很差

即测即练

第 4 章 新新贸易理论

学习目标：
1. 了解新新贸易理论产生的背景及主要内容；
2. 清楚传统贸易理论、新贸易理论与新新贸易理论的区别；
3. 掌握异质企业贸易模型、企业内生边界模型的主要内容；
4. 理解新新贸易理论的突出贡献。

苹果的差异化战略：让消费者为高价格买单

苹果公司作为一家非常具有创新精神的跨国企业，推出了划时代的产品 iPhone，但 iPhone 的售价可不便宜，一直处在手机行业的金字塔尖。

苹果公司在每个领域内只做一两款产品，从而保证每一款产品都具备完善精致的特性。苹果公司对细节的苛求，追求极致的工匠精神，使其产品成为该领域的明星产品。虽然产品可选择性不那么丰富，但是苹果公司力求做到产品出类拔萃。苹果公司生产线上大多产品价格比市场上同类产品高出许多，价格的差异不仅提高单位产品的利润幅度，同时又为产品的独一无二性作出解释，使消费者不再敏感于价格的高低，不会将产品价格高作为其选购的顾虑因素。

资料来源：王新梦. 苹果公司差异化战略[J]. 财经界, 2014(18): 141.

4.1 新新贸易理论产生的背景及主要内容

规模经济理论最突出的缺陷在于，它忽略了微观企业在生产率和规模等方面存在的差异，从而假设所有企业都是一样的。然而，大量的经验研究对这一假设提出了挑战，于是新新贸易理论便产生了。

4.1.1 新新贸易理论产生的背景

传统贸易理论包括比较优势理论和要素禀赋理论。如表 4-1 所示，传统贸易理论所讨论的国际贸易只有产业间贸易，即传统贸易理论只考虑了不同产业间产品的交换，没有对单独企业进行研究。在新古典贸易理论中，大多数研究都假定规模报酬不变，一般均衡模型只是限定了企业所在产业部门的规模,企业的规模则是模糊的。新贸易理论主要研究的是规模报酬递增和不完全竞争条件下的产业内贸易,虽然赫尔普曼-克鲁格曼差异产品模型对企业的规模作出了限定,但为简化起见,选用的是典型企业,也不考虑行业差异。实证研究表明,考虑企业的差异对于理解国际贸易至关重要,同一产业部门内部企业的差异可能比不同产业部门的差异更加显著,而且现实中并非所有的企业都会从事出口,无论是在企业规模方面还是在企业生产率方面,企业都是异质的。新新贸易理论将研究重点放在异质性企业上,考虑从企业层面异质性来解释更多新的企业层面的贸易现象和投资现象。

表 4-1 新新贸易理论与传统贸易理论和新贸易理论的基本比较

内容	传统贸易理论	新贸易理论	新新贸易理论
基本假设	同质企业、同质产品、完全竞争市场、无规模经济	同质企业、差异产品、不完全竞争市场、规模经济	异质性企业、差异产品、不完全竞争市场、规模经济
主要结论	贸易是按照比较优势和资源禀赋差异进行的,解释了产业内贸易的情况	市场结构差异和规模经济存在以及产品差异化扩大了贸易,解释了产业内贸易的情况	企业的异质性导致企业的不同贸易决策选择;主要解释公司内贸易和产业内贸易,也解释了产业间贸易

传统贸易理论和新贸易理论同样不涉及企业的边界问题,忽视了企业内贸易的国际维度。跨国公司在全球经济中的重要性与日俱增,企业国际化过程中复杂的一体化战略选择,以及中间投入品的贸易在全球贸易中的份额不断上升,使研究国际贸易和国际投资中企业的组织形式与生产方式选择变得非常重要。新新贸易理论较好地将产品组织理论和契约理论融入贸易模型,在企业全球化生产这一研究领域作出了重大理论突破。

传统贸易理论、新贸易理论都将产业作为研究单位,而新新贸易理论则将分析变量进一步细化到企业层面,采用更为符合现实的企业异质性假设,从而开拓国际贸易理论和实证研究新的前沿。新新贸易理论将贸易理论从国家层面、产业层面深入到微观企业层面,更关注企业的异质性与出口和FDI(国际直接投资)决策的关系,以及企业在国际生产中对每种组织形式的选择。

4.1.2 新新贸易理论的主要内容

1. 新新贸易理论的两个分支

新新贸易理论更关注企业的异质性与出口和FDI决策的关系,关注企业在国际生产中对每种组织形式的选择。新新贸易理论有两个分支:一个是梅里兹为代表的学者提出的异质企业贸易模型(也被称为梅里兹模型),另一个是安特拉斯(Antras)为代表的学者提出的企业内生边界模型,二者同时研究是什么决定了企业会选择以出口方式还是以FDI方式进入海外市场。

以梅里兹(2003)为代表的异质性企业贸易理论在克鲁格曼模型的基础上,引入企业生产率的异质性和固定进入成本这两个变量,试图解释在同一个行业内,拥有不同生产率的企业在利润最大化时的不同选择,即为什么有的企业会从事出口,而另一些又没有,进

拓展阅读 4-1
Melitz 模型在中国
主要制造业的理论
扩展及经验分析

而分析了贸易自由化对行业生产率的微观影响机制。

以安特拉斯(2003)为代表的企业内生边界理论在契约不完全的前提下,研究企业如何选择自身的产业组织形式,即跨国公司的内生边界问题,从而解释是什么因素决定了企业在公司内贸易、市场交易以及外包等形式上作出选择。

名人堂

马克·梅里兹,1989年获得哈佛大学政治经济学学位,1992年获得罗伯特·史密斯商学院的工商管理学学位,2000年获得密歇根大学博士学位。其研究生产对全球化及其对总体贸易和投资模式的影响。他的研究已经由斯隆基金会和美国国家科学基金会资助。其主要论著有《国际经济学》(与莫瑞斯·奥博斯弗尔德、保罗·克鲁格曼共同撰写)、《贸易对产业内重新配置和产业总量生产率的影响》。

2. 新新贸易理论的贸易基础和贸易利益

1) 贸易基础

新新贸易理论认为,由于企业的异质性存在,贸易会导致市场份额在产业内企业间的重新配置,高生产率企业将拥有更大的市场份额,而那些最低生产率的企业则被迫退出市场,从而提高行业生产率,使那些在封闭经济中本可以继续生产的企业也被迫退出市场。

2) 贸易利益

因为贸易会导致市场份额在产业内企业间的重新配置,进而提高行业生产率,所以它可以提高社会福利水平;即使可能导致国内企业的减少,也不影响国内消费者的福利,因为国外市场可以提供价格更低且种类更丰富的产品。

4.2 异质企业贸易模型

自1985年新贸易理论被赫尔普曼和克鲁格曼提出后,国际贸易理论的前沿研究长期未能有大的突破。直到2003年,哈佛大学的梅里兹在杂志 *Econometrica* 上发表了《贸易对产业内重新配置和产业总量生产率的影响》一文,提出了异质企业贸易模型,终于打破了国际贸易研究的长期停滞,新新贸易理论也应运而生。

4.2.1 企业异质性

企业异质性就是企业之间是不一样的,这是一个既简单又比较抽象的概念。如果把它形象化,企业异质性就体现在企业规模、生产率、组织结构、工资水平、产品质量、企业历史、资本密集度、所有权等多个方面。

4.2.2 异质企业贸易模型的假设条件

梅里兹(2003)的异质性企业模型以克鲁格曼(1979,1980)的垄断竞争模型为基础,首次引入企业生产率的异质性,在需求函数方面,则采用了不变替代弹性(CES)的效用函数。该模型核心假设如下:

(1) 存在两个对等的国家,两国均有一个生产部门、一种生产要素 L,同时存在贸易成本和沉没成本。

(2) 企业将分化为 X 型企业(export firms)、D 型企业(domestic firms)和 N 型企业(non-producers)。其中,X 型企业的生产率最高,其将在国内市场销售并同时出口国际市场;D 型企业的生产率居中,其只能在国内市场销售;而 N 型企业因其生产率最低、成本过高而被淘汰出市场。

(3) 梅里兹模型还假定效率最高的 X 型企业能通过国内、国际市场的激烈竞争,而那些效率低下的企业只能被淘汰出局,整个行业的效率都会因国际贸易的自由化而得到提升。

4.2.3　异质企业贸易模型的主要内容

异质企业贸易模型的企业异质性主要是指企业生产率、专用性技术、产品质量的差异,尤其是企业生产率的差异。异质企业贸易模型就是探讨异质性企业如何从事国际贸易,贸易对企业的生产率增长和福利究竟会产生哪些影响等问题。其主要内容如下。

(1) 异质企业贸易模型指出,企业的国际化策略是选择出口、FDI,或是只在国内市场销售。各个产业都是由生产率水平不同的异质性企业组成。其中生产率水平最高的企业会选择 FDI 以出口,或者既从事内销又从事出口,而生产率最低的企业则会被挤出市场,生产率居中的企业只能选择在国内市场销售。

(2) 异质企业贸易模型将企业异质性的原因主要归结为生产效率的差异,并将竞争性技术、国际贸易成本、具备异质性技术水平的工人这三个因素归结为企业的异质性的原因,满足这三个因素的企业的产品或服务就具有异质性贸易优势。该模型还很好地解释了不断增加的技术溢价给异质性企业带来的额外收益。

4.2.4　异质企业贸易模型的结论

由封闭经济到开放经济,企业对未来利润的预期改变,会使更多企业进入某一行业,由于要素市场的价格上升,市场竞争加剧,优胜劣汰的过程就体现为自我选择效应与资源再配置效应,具体表现如下。

(1) 生产率最低的企业由于入不敷出,只能退出行业。

(2) 生产率居中的企业只能从事内销。

(3) 生产率最高的企业既从事内销又从事出口,而且资源会从生产率低的企业向生产率高的企业流动,从而实现资源的优化配置。

与此同时,贸易也会使一国的总体福利水平得到提高,主要有两个来源:一是外国厂商的进入,可以满足消费者的多样性偏好;二是优胜劣汰过程使行业的进入门槛提高,进而解释了即使单个企业的生产率保持不变,行业生产率或者一国总体生产率依然能够得到提高的内在机制。

4.3　企业内生边界模型

安特拉斯提出了企业内生边界模型,用来解释企业在进入时选择的方式。在梅里兹提出异质企业贸易模型后,安特拉斯和赫尔普曼将组织结构差异带来的企业边界模型和强调生产率差异的异质企业贸易模型相结合,提出了一个新的企业内生边界模型来解释为什么海外生产通常发生在企业边界之内,而不是通过交易、外包或许可的方式进行。新的企业内生边界模型考虑一个南北两国贸易的情况,并假定企业会选择不同的组织方式的产权结构和不同的生产地,这些差异反映了企业异质性的存在。通过与异质企业贸易模型类似的均衡分析方法,新的企业内生边界模型发现,生产率差异影响了企业进入国际市场的决策。

拓展阅读4-2 产品多元化企业的竞争

4.3.1 企业内生边界模型的基本思想

安特拉斯通过对美国进口行业的实证分析发现,企业内部进口占美国进口的比例很大,出口企业往往有较高的资本和技术密集度,且在国际贸易中有独特的技术或组织优势。而其对美国出口行业的调查发现,企业内出口占美国出口的比例也很大,美国出口企业的资本技术密集度相比进口企业而言更高。这表明,企业的异质性(资本、技术和契约制度)在企业国际化过程的决策中发挥重要作用。实际上,出口企业尤其是跨国公司采用企业边界内贸易的重要原因还在于降低市场交易成本,当然也可以是出于保护技术或管理优势的垄断或规避风险和管制需要。在安特拉斯和赫尔普曼共同建立的模型中,他们将企业进行的国际一体化战略视为企业对内生组织边界的自发选择,也就是说,拥有异质性要素的企业会更根据自身的特点选择不同的生产要素和技术方式,进而选择不同的组织或契约制度。一般而言,具有技术密集型特征的企业往往倾向于采用内部一体化或垂直一体化,相应的贸易模式更多采用母公司与子公司之间或者子公司与子公司之间的内部贸易,而对市场有较少的依赖。这就有助于解释为什么发达国家的跨国公司的资本、技术垄断越来越集中,以及为什么发展中国家的公司贸易一体化程度远远落后于发达国家等问题。

4.3.2 企业内生边界模型的主要内容

企业内生边界模型从单个企业的组织选择问题入手,将贸易理论与企业组织理论相结合,探讨企业的异质性对企业边界、外包和内包战略选择的影响,即企业配置资源的选择。外包是指企业利用外部资源为企业内部的生产和经营服务,不管企业外部的资源是在一国内部还是外部。内包是相对外包而言的,是指企业终止将

拓展阅读4-3 内生企业边界模型推理

业务外包的决定而转为企业内部执行。企业内生边界模型假设世界仅有两个对称的南北国家,只有两个行业,两种中间投入品方式的国际贸易,而且中间投入品的相对重要性是由行业的劳动资本密集度决定的。由于企业异质性的存在,不同企业会选择不同的企业组织形式,具有不同的所有权结构,也会选择不同地点(主要是指一国内部或者海外)组织中间品生产。同时假定企业面临的两种组织形式为垂直一体化和外包,因为组织形式的不同,它们会产生不同的固定成本,并且南北两国也存在差异,南方国家的固定成本大于北方国家,同时垂直一体化组织形式下产生的固定成本要大于外包组织形式下的固定成

本。企业就面临四种决策形式,即国内一体化生产、对外直接投资、国内外包、国外外包。国内一体化生产与对外直接投资是指中间投入品生产整合,国内外包与国外外包是指公司内贸易以及中间投入品外包生产。

安特拉斯研究发现,美国1/3的出口和40%以上的进口由美国公司或者其他跨国公司与其附属公司的公司内贸易组成。在不同的行业,资本密集度越高的出口行业,其公司内贸易进口份额占全美总进口份额的比例也越高。在不同的国家,公司内贸易进口份额占全美总进口份额的比例越高,出口国家的资本劳动比例也越高。根据这些观察到的现象,他提出:为什么资本密集型商品交易多发生在产业边界内而劳动密集型商品交易却大部分是正常交易?为什么资本丰裕的国家公司内贸易进口的比例更高?他通过一系列的理论推导论证发现:资本密集型产业在企业边界内不完全契约产权模型中一体化的利得大于一体化的成本,而且从基于不完全竞争和产品差异化假设的国际贸易一般均衡分析得出,越是资本丰裕的国家,在资本密集型商品的进口中越是占据更大份额。

这个模型的基本框架包括以下几点。

(1) 最终产品生产商需要从供应商那里获得大笔的中间投入品,生产的投入需要一定资本和劳动的非收缩性投资与关系专用型投资。关系专用型投资,是指合作成员为了使双方的合作关系强化而进行的相关投资。

(2) 最终产品生产商承担部分非收缩性投资和关系专用型投资,但是在资本投资中的费用分摊相对劳动投资更重要。

(3) 事前合同的缺失意味着对贸易条件的谈判只能发生在中间投入品生产和生产成本产生之后。这样一个双面套牢的问题将最终导致资本和劳动两方面投资的不足。

(4) 市场存在两种组织形式:垂直一体化和外包。垂直一体化也叫纵向一体化,纵向一体化是企业在前后两个可能的方向上扩展现有经营业务的一种发展战略。所有权在这里定义为剩余控制权。企业劳动投资在一体化组织中比外包更低效,但资本投资在一体化组织中却更高效。所以只有当劳动投资比资本投资在生产中更重要时,企业才会选择外包的组织形式进行生产。

(5) 该模型的部分均衡包含在不完全竞争和产品差异化的一般均衡分析中,一些国家专营特定多种中间产品并将其出口到世界市场。资本丰裕的国家相对于劳动力丰裕的国家更倾向于生产较多资本密集型商品。

(6) 公司内部资本密集型产品进口的份额占总进口份额的比例是劳动资本要素投入比的递增函数。

4.3.3 企业内生边界模型的结论

对本国企业来说,高生产率的企业选择在外国生产中间产品,而低生产率企业只能在本国生产产品。在一国内部企业的组织形式选择上,低生产率企业倾向于外包形式,高生产率企业倾向于垂直一体化形式;而在跨国外包地选择上,低生产率企业选择本国,高生产率企业选择外国。同时,该模型还发现,行业特征依赖于生产率分散程度,生产率越分散的行业,越依赖进口中间产品,并且行业内部服务密集程度越高,行业也越倾向于一体化。

4.4 新新贸易理论的价值及不足

4.4.1 新新贸易理论的价值

1. 对前期贸易理论的继承和发展

由于社会的发展,每隔一段时期经济学家都会发现并提出一个新的贸易理论,作为对旧贸易理论的补充,这种变革不是对旧贸易理论的彻底否定,而是一种继承与发展。

每种贸易理论都有其特定的研究范围,新新贸易理论也是这样。新新贸易理论将研究重点放在了企业层面,发现企业异质性是衡量贸易发生的重要因素。为了解释企业层面出现的新贸易现象,新新贸易理论结合产业组织相关理论进行大量的研究。实证研究表明,相比产业的差异,产业内的不同企业差异更加明显,也验证了新新贸易理论将企业异质性作为研究对象具有积极的意义。此外,从企业内生边界的角度来看,之前的贸易理论都没有提到企业的组织形态,或者说,前期的贸易理论只重视国家或行业间的局部均衡问题。而新新贸易理论突破了这一约束,对企业异质性和组织形式等都进行了探讨。

新新贸易理论从企业微观层面进行研究,该理论的这种视角推动了贸易理论的进一步发展,也为国际贸易理论提供了新的思路。

2. 新新贸易理论的突出贡献

对国际贸易来说,新新贸易理论开启了一个新的研究领域,其发展与贡献主要有以下四个方面。

第一,新新贸易理论的提出,是对传统贸易理论局限性的一个弥补。尤其是该理论从异质性企业层面,分析了企业异质性对贸易产生的影响,将贸易理论研究从宏观延伸到微观。

第二,新新贸易理论提出了异质企业贸易模型,认为企业的差异主要体现为生产力的差异,该理论对提高企业或者整个行业的生产率具有积极的作用。

第三,新新贸易理论从企业微观层面进行研究,这种研究视角推动了贸易理论的进一步发展。

第四,为了更好地阐述新新贸易理论,研究人员将空间经济学引入其中,不仅使新新贸易理论具有更强的解释力,而且将空间经济学拓展到一个新的领域。

4.4.2 新新贸易理论的不足

任何一个理论都存在不足的地方,新新贸易理论的不足体现在以下几个方面。

第一,对于很多现实问题,新新贸易理论的解释力度依然有限,还需要研究人员进行大量的研究来完善该理论。例如,在考虑企业差异时,其只选择了较少的解释变量,通常都是归结为生产率方面的差异,使模型对实际问题的解释能力有限。

拓展阅读 4-4　全球化背景下新新贸易理论发展动态研究

第二，新新贸易理论中的一些假定在现实中很少存在。例如，该理论认为自由贸易环境是不存在摩擦的。自由贸易政策虽然被各国所提倡，但在具体执行过程中，各国都会设置一些贸易壁垒来保护本国的利益。

第三，新新贸易理论欠缺对产品差异的分析。这种产品差异十分常见，主要表现为质量的高低、功能的强弱、技术含量的先进程度等。

第四，新新贸易理论中的企业内生边界模型虽然强调企业组织形式的影响，并对公司内贸易现象进行了一定程度的解释，但该模型缺少对平衡企业内外部贸易问题的讨论。

本章小结

21世纪初诞生的新新贸易理论突破了新古典贸易理论和新贸易理论以产业为对象的研究范畴，将分析变量进一步细化到企业，以异质性企业的贸易投资作为研究重点。企业异质性有两种形式：由于产业内部不同企业生产率的差异而产生的异质性以及企业组织形式差异而产生的异质性，这两种异质性紧密相连。新新贸易理论通过异质企业贸易模型的建立，阐明了现实中只有部分企业选择出口和对外直接投资的原因；通过企业内生边界模型的建立和拓展，将产业组织理论和契约理论的概念融入贸易模型，很好地解释了公司内贸易模式，并在企业全球化生产研究领域进行了理论创新。

框架体系

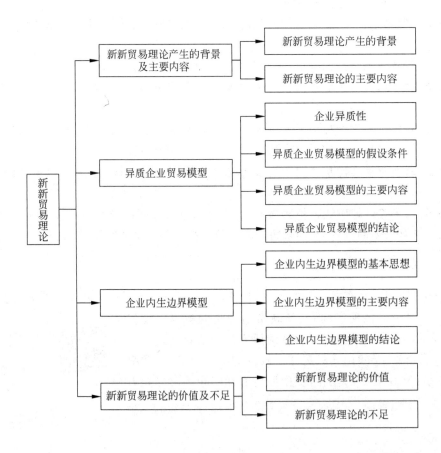

关键术语

新新贸易理论(New New Trade Theory)
企业异质性(firm heterogeneity)
企业内贸易(intra-firm trade)
异质企业贸易模型(Heterogeneous Firm Trade Model)
企业内生边界模型(Endogenous Boundary Model of the Firm)
同质产品(homogeneous products)
差异产品(differentiated products)

课后习题

1. 什么是企业间贸易？
2. 企业异质性的表现有哪些？
3. 简述新新贸易理论的主要内容。
4. 试述新新贸易理论、新贸易理论与传统贸易理论的区别。

福田汽车出口市场多元化发展

从异质性企业贸易理论视角看，福田汽车出口市场多元化的快速发展，主要归因于其多年来在技术创新和质量提升方面的不懈努力。

生产率差异是决定企业贸易模式的关键因素。企业根据生产率高低依次作出进入国际市场、国内市场和退出市场等企业决策与选择，其中，生产率最高、次高的企业分别以 FDI 和出口方式进入国际市场。1996 年成立以来，尤其是 1998 年上市以来，福田汽车以产品技术创新为核心，坚持走技术创新、市场创新、机制创新和管理创新之路，成长为中国商用车自主品牌和自主创新的中坚力量。不仅如此，在全面发展商用车的同时，福田汽车注重利用商用车全系列发展形成的资源和优势延伸开发关联产业，汽车与新能源汽车、工程机械、新能源、金融、现代物流、信息技术服务这六大产业共同构成了优势互补、资源共享、相互支撑的黄金产业链。因此，福田汽车的劳动生产率不断提高，其国际化经营能力持续增强，这为其出口市场多元化的快速发展奠定了坚实的基础。

随着经济社会的发展，产品质量取代生产率成为决定企业贸易模式的关键因素。福田汽车以精益制造为抓手，创建名牌工程、质量工程，其产品质量持续提升，核心竞争力不断加强：一是整车可靠性提升，减少了重大、安全性质量问题的发生，提升了福田公司各品牌市场占有率。如 2012 年相比 2004 年，产品实物质量故障率下降了 60%，市场质量持续提升；各品牌装调质量 Audit 评审扣分值平均大幅下降，制造过程装调质量不断提升。二是福田汽车重点产品取得出口免验资格，提升了整个企业的诚信度。2013 年，福田汽车成为"国家级出口产品质量安全示范区示范企业"。福田汽车是国内第三家获得出口免验产品资质的汽车企业,并且是截至2013年获得免验车型最多的企业。因此,福田汽车出口市场多元化发展的"奇迹"也就不足为奇了,其未来美好蓝图也大有希望。

资料来源:郑珂,马向东.福田汽车出口市场多元化发展及启示——基于异质性企业贸易理论视角[J].生产力研究,2013(12):165-168.

问题思考

1. 决定企业贸易模式的关键因素有哪些?
2. 福田汽车成功的原因有哪些?

考核点

异质性企业理论

自我评价

学 习 成 果	自 我 评 价
了解新新贸易理论产生的背景及主要内容	□很好□较好□一般□较差□很差
清楚传统贸易理论、新贸易理论与新新贸易理论的区别	□很好□较好□一般□较差□很差
掌握异质企业贸易模型、企业内生边界模型的主要内容	□很好□较好□一般□较差□很差
理解新新贸易理论的突出贡献	□很好□较好□一般□较差□很差

即测即练

第二篇

国际贸易政策前沿

第 5 章

一般贸易政策制定研究前沿

学习目标：
1. 了解国际市场与国内市场失灵的主要表现形式；
2. 掌握利益集团影响国际贸易的方式；
3. 知悉利益集团的概念；
4. 通晓关税传导与汇率传导原理；
5. 理解最佳关税理论的支撑条件；
6. 明晰最佳关税理论的基本内容。

 全球视角

在有些情况下，如果我们不以国际经济的眼光来探讨政策问题的话，我们告诉学生的就会是一些"错误"的答案。

——约瑟夫·斯蒂格利茨，1993

我们的晚餐并非来自屠宰商、酿酒师和面包师的恩惠，而是来自他们对自身利益的关切。

——亚当·斯密，1776

理论和实证的研究都提出了这样的问题：政府管制究竟在多大程度上能够实现既定的目标，而正是为了这些目标才颁布管制措施的。

——斯蒂芬·布雷那和保尔·麦克韦，1987

对外贸易政策是指一国政府根据本国的政治经济利益和发展目标而制定的在一定时期内的进出口贸易活动的准则。它集中体现为一国在一定时期内对进出口贸易所实行的法律、规章、条例及措施等。它既是一国总经济政策的重要组成部分，也是一国对外政策的重要组成部分。

5.1 市场失灵理论

5.1.1 理论内涵及其产生与发展

市场经济条件下，市场交易活动必须遵循等价交换的原则。等价交换，是指当某个人提供了某一种商品，那么他一定能得到一定的收益；同样地，如果某个人得到了某一种商

拓展阅读 5-1　市场失灵外部性理论

品,那么他一定付出了一定的代价,且得到的收益或者付出的代价可以通过价格的形式体现出来。作为理性经济人,当某人对某一公共产品有需求时,他很可能隐瞒自己的偏好而不承担或者少承担公共产品的成本,因为公共产品的非竞争性和非排他性,只要有人购买了这个产品,无论他是否购买,他都能免费消费这个产品。也就是说某人获得了收益,但是却没有付出,或者购买公共产品的那个人无法从其购买后使用该产品的人那里获得额外的收益,这与市场的等价交换原则是相违背的,因此该公共产品不能称为"商品"。市场失灵理论认为:完全竞争市场结构是资源配置的最佳方式,但在现实经济中,完全竞争市场结构只是一种理论上的假设,其前提条件过于苛刻,现实中是不可能全部满足的。

市场失灵理论的产生与发展,经历了两个重要阶段。

一是19世纪末期威廉姆·斯坦利·杰文斯、卡尔·门格尔、里昂·瓦尔拉斯的边际革命。他们运用边际效用价值理论和一般均衡理论等构建的微观经济学基础,把市场现象归结为个人选择的结果,并着重解释了在资源稀缺和技术约束条件下,市场如何趋同于协调和均衡。

知识延伸

边际革命

19世纪70年代,边际效用学派的出现是经济学中爆发了一场全面革命的标志。这场革命被称为边际革命。边际革命使经济学从古典经济学强调的生产、供给和成本,转向现代经济学关注的消费、需求和效用。边际革命持续到20世纪初,相继二三十年。边际效用学派的代表人物是英国经济学家杰文斯、洛桑学派的法国经济学家瓦尔拉斯和奥地利学派的门格尔。他们在19世纪70年代初先后出版了各自的代表作,并不约而同地讨论了同一个问题,即价值由什么决定。

二是福利经济学(Welfare Economics)的产生。福利经济学分为新、旧两种。旧福利经济学在新古典传统的框架内为市场评价寻找社会福利的标准。但社会的生产是由私人来进行,生产的数量是由私人根据自己的边际成本来决定,所以,旧福利经济学便通过私人边际成本与社会边际成本的一致来作为最优的标准。只有在这样的标准下,市场失灵的评价才能摆脱一般的道德伦理标准,而回到经济理论本身,尤其是回到由边际革命所产生、马歇尔所完成的经济理论的一般范式。新福利经济学则在批判和吸收旧福利经济学的基础上,以帕累托最优为研究的核心,从社会福利的角度来考察市场经济制度的优点和缺点,并把市场缺陷作为重要的研究领域。除了进一步推进对外部性的研究以外,市场失灵理论更深一步展开对公共产品的研究。在帕累托标准不断具体化的过程中,对于市场失灵的评价体系也在逐渐建立。如果说垄断还是通过市场行为产生,外部性则逐渐涉及市场力量所达不到的部分领域,而公共产品更是出现在市场交易之外。可以说,市场失灵理论逐渐向自由价格体系所能支配的经济生活之外的领域开拓。

知识延伸

福利经济学

福利经济学是研究社会经济福利的一种经济学理论体系。它是由英国经济学家霍布斯和庇古于20世纪20年代创立的。庇古在其代表作《福利经济学》《产业变动论》《财政学研究》中提出了"经济福利"的概念,主张国民收入均等化,且建立了效用基数论等。

福利经济学的主要内容是"分配越均等,社会福利就越大",主张收入均等化,由此出现了"福利国家"。随着国家在国民收入调节过程中作用的加强,国民收入呈现均等化趋势。福利经济学研究的主要内容有:社会经济运行的目标,或称检验社会经济行为好坏的标准;实现社会经济运行目标所需的生产、交换、分配的一般最适度的条件及其政策建议等。

帕累托最优状态标准

在资源配置中,如果至少有一个人认为方案 A 优于方案 B,而没有人认为方案 A 劣于方案 B,则认为从社会的观点看亦有方案 A 优于方案 B。这就是帕累托最优状态标准,简称为帕累托标准。利用帕累托最优状态标准,可以对资源配置状态的任意变化作出"好"与"坏"的判断:如果既定的资源配置状态的改变使至少有一个人的状态变好,而没有使任何人的状态变坏,这种状态称为帕累托改进。

5.1.2 国际市场失灵

国际市场失灵(international market failure)主要表现为贸易中垄断力量和跨境外部性(cross-border externalities)的存在。

1. 贸易中的垄断力量

大国有能力影响世界市场的价格,可以通过征收关税,使外国出口商降低税前价格,从而改善自己的贸易条件,提高本国的福利水平。这表明大国在国际贸易中具有市场垄断能力(monopoly power),并能利用这种能力为自己谋利。因此,对大国而言,其最佳政策之一就是征收关税,以发挥这种垄断能力的作用。这就是大国征收关税的原因之一。

2. 跨境外部性

跨境外部性是指进出口活动会给一个国家带来外部影响。而贸易政策是解决这种外部影响的有效方法。

跨境外部性的第一个表现是,进口国家消费某些进口产品可能会给国民带来损害。这些产品包括安全、质量指标不合格的食品、玩具等。进口国政府可以通过采用特定贸易政策如技术性贸易壁垒(规定进口产品的安全、质量标准)来解决这一外部性问题。这是技术性贸易壁垒政策产生的主要原因。

拓展阅读 5-2 碳关税的实质

跨境外部性的第二个表现是,出口国家生产某些产品可能对进口国家产生一定的损害。例如,如果出口国家某些产品的生产以破坏环境为代价,造成严重环境问题(如碳排放引起的温室效应、雾霾、河流污染等),不仅对出口国家造成损害,甚至可能给其他国家也带来损害。进口国政府可以通过采用特定贸易政策如"碳关税"(对进口产品按照其生产过程中的碳排放量征收关税)来解决这一外部性问题。这是"碳关税"政策产生的背景与主要原因。

5.1.3 国内市场失灵

国内市场失灵(domestic market failure)主要表现在公共产品的提供和国内外部性(domestic externalities)两个方面。

1. 公共产品的提供

公共产品既包括基础设施等有形产品,也包括医疗保险等无形服务。由于公共产品投入大、回报周期长甚至无回报,市场机制在公共产品提供方面往往失灵,即私人企业一般不太愿意投资公共产品,因此,公共产品的提供是政府的基本职责。而政府提供公共产品需要税收的支持,需要较宽的税基。关税是税收的重要形式,特别是对于很多小国而言,由于其他税种的税收收入有限,关税是其重要的税收来源。这是很多小国关税较高的原因。

拓展阅读5-3 市场失灵的案例

2. 国内外部性

国内外部性是指政府的一些经济行为会对国内的其他经济主体产生正面或负面的外部影响。如果这种外部性是正面的,政府可以采取特定政策(如提供补贴等)来进行鼓励;如果这种外部性是负面的,政府可以采取特定政策(如征税等)来加以限制。

5.2 国内政治压力理论

国内政治压力(domestic political pressure)之所以会影响一国贸易政策的制定,原因在于国际贸易会影响一个国家内部的收入分配。在赫克歇尔-俄林模型中,国际贸易使一个国家充裕性的要素获益,而稀缺性的要素受损。在特定要素模型中,国际贸易使出口行业所有要素获益,而进口行业所有要素受损。因而,不同的利益群体对贸易政策会有不同的诉求。

一般情况下,国际贸易从总体来说对一个国家是有利的。在国家内部不同利益群体受贸易影响不同的情况下,一国政府要推动自由贸易,最简单的办法就是一次性转移支付(lump-sum transfers),即对在国际贸易中获益的群体征收税收,来补贴在国际贸易中受损的群体,以此达到帕累托改进。但一次性转移支付也存在自身的问题:一是管理成本,政府要收集相关信息,包括获益者收益是多少、受损者损失是多少,从而决定征税与补贴的数额;二是信息收集过程中,获益者可能少报收益,受损者可能多报损失,从而导致道德风险。

由于一次性转移支付存在的问题,政府一般较少选择这一方式,而是通过被动接受各个利益群体的诉求或游说,来决定其采取的贸易政策。

关于国内政治压力对贸易政策的影响方式,即不同利益群体如何影响贸易政策的制定,有两个代表性的理论:一是中间选民理论(Median Voter Theorem),二是压力集团理论即利益集团理论。

5.2.1 中间选民理论

中间选民理论来源于理性选择,自从阿罗不可能定理提出后,基于个人偏好的政策形成问题一直困扰着理论界。20世纪80年代后,人们开始基于不同的政治框架来研究集体选择问题。经典的微观经济理论告诉我们,社会中每一个理性的个人都有自己的偏好,他的行为(消费选择)是他在收入约束下效用最大化的结果。

名人堂

肯尼斯·约瑟夫·阿罗(Kenneth J. Arrow)1921年8月23日出生于美国纽约。在纽约市社会科学学院,阿罗经过4年的学习,于1940年获得了学士学位。紧接着他又考进哥伦比亚大学继续深造,仅用1年的时间就获得了哥伦比亚大学文科硕士学位。在学习中他认识到:研究现代经济必须有深厚的数学基础。因此,阿罗一直没有放松学习数学,他攻读了微积分、线性代数等高等数学课程。

阿罗于1951年出版了《社会选择与个人价值》一书,在此书中,他提出了"不可能性定理"。他用数学推理得出这样的论断:如果由两个以上偏好不同的人来进行选择,而被选择的政策也是超过两个,那么就不可能作出大多数人都感到满意的决定。因此,在每个社会成员对一切可能的社会经济结构各有其特定的偏好"序列"的情况下,要找出一个在逻辑上不与个人偏好序列相矛盾的全社会的偏好序列是不可能的。他提出的"不可能性定理"是对福利经济学的革新,是新福利经济学的重要组成部分。

阿罗不可能性定理是指不可能从个人偏好顺序推导出群体偏好顺序。阿罗认为,个人偏好顺序和群体偏好顺序都应符合两个公理与五个条件。这两个公理是:①完备性公理。对任意两个决策方案 X 和 Y,要么对 X 的偏好甚于或无差异于 Y,要么对 Y 的偏好甚于或无差异于 X。②传递性公理。对任意三个方案 X、Y 和 Z,若对 X 的偏好甚于或无差异于 Y,而对 Y 的偏好甚于或无差异于 Z,则对 X 的偏好甚于或无差异于 Z。这五个条件:一是个人偏好的充分自由性;二是社会价值观与个人价值观相一致;三是无关备选对象的独立性,即关于一对社会目标的社会偏好序不受其他目标偏好序变化的影响;四是社会偏好的非独裁性,社会选择的结果依赖于全社会个体的偏好序集合,而非某一个人或者某一个小集团的偏好;五是社会偏好的非强加性。

1. 中间选民理论的基本假设

该理论有如下三个基本假设。

(1) 只考虑一种政策,如一个国家的关税税率等。

(2) 选民有单峰偏好(single-peaked preference)。从单个选民的角度看,每个选民最偏好的政策即最佳政策只有一个;从社会整体看,某一群体最偏好的政策即最佳政策(该群体中最多人数偏好的政策)也只有一个。以美国为例,假设美国选民有两类:一类是熟练劳动力,另一类是非熟练劳动力。如图5-1所示,两条曲线分别为两类劳动力的关税偏好分布曲线。可以看出,他们对关税税率分别有一个单峰偏好:每类劳动力的最佳关税(该群体中最多人数偏好的关税)只有一个,即两条曲线各自的最高点。相对于其他国家,美国是熟练劳动力充裕的国家。根据赫克歇尔-俄林模型,熟练劳动力在国际贸易中获益,所以他们支持自由贸易,支持低关税,其最佳关税较低;非熟练劳动力在国际贸易中受损,因此他们反对自由贸易,支持高关税,其最佳关税较高。

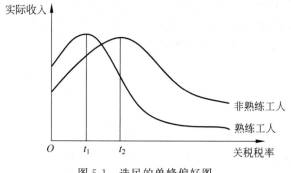

图 5-1　选民的单峰偏好图

(3) 政治家的唯一目标是当选,而当选的前提是多数人支持其政策主张。

2. 中间选民理论的基本结论

该理论的基本结论是:政治家会选择中间选民所偏好的关税水平。

如图 5-2 所示,向右上方倾斜的曲线为选民的政治支持线,其横坐标是将所有选民按其心目中的最佳关税从低到高进行排序,对应的纵坐标是其心目中的最佳关税。中间选民为位置处于正中间的选民,其心目中的最佳关税为 t_M。该选民左边的一半选民的最佳关税低于 t_M,而他右边的另一半选民的最佳关税高于 t_M。

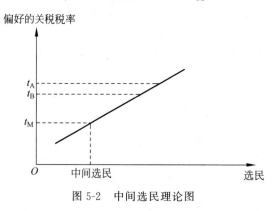

图 5-2　中间选民理论图

政治家会选择中间选民心目中的最佳关税 t_M。假设政治家 A 提出的关税主张是 t_A,政治家 B 提出的关税主张为 t_B,后者比前者更接近中间选民的关税主张 t_M。那么,政治家 B 会获得更多的选民支持。这是因为,偏好的关税水平低于 t_B 的选民(包括偏好的关税水平低于 t_M 的选民,占全体选民的一半)都会支持他,而偏好的关税水平介于 t_A 与 t_B 之间的选民也有一半支持他,这些选民已经超出全体选民的一半。因此,政治家 B 会赢得超过一半的选民的支持而当选。以此类推,两个政治家会竞相将其关税主张向中间选民靠拢。最后的结果是两人都选择中间选民偏好的关税。此时,两人的主张都不再发生变化,达到稳定均衡。很容易看出,任何一个政治家如果偏离这一主张,无论是将关税主张上调或下调,则另一个坚持这一主张的政治家,都会获得一半以上的选民支持而赢得选举。因此,中间选民偏好的关税,会成为政治家乃至政府选择的关税。

中间选民理论不仅可以解释国内贸易政策的内生性,而且可以解释国际贸易政策合作。任何一国的单边贸易政策都不仅仅局限于影响本国国内的经济参数并产生分配效应,同时通过贸易条件、贸易流量等因素影响贸易伙伴国的经济参数和福利水平,极易引发伙伴国相应的贸易政策变动。因此,在现代贸易世界,纯粹的单边贸易政策很难行得通,它的结果不是诱发贸易战,就是导致贸易政策合作。贸易战会造成两败俱伤,因此,理性的政府往往通过贸易政策合作获取双赢的结果,在贸易联系日益密切的今天,贸易政策合作也就成为大势所趋。

一国在什么条件下才会参与贸易政策合作呢?传统贸易理论认为,各国通过操纵贸易条件以最大化本国福利会造成世界福利损失。因此,在传统贸易政策合作理论中,减少或消除该效率损失就是双边(或多边)合作的动机。与传统贸易合作理论不同,从中间选民理论角度来看,贸易政策的形成不是政府追求社会福利最大化的结果,而是选民在单峰偏好约束下投票选举的结果,反映的是以中间选民为代表的多数选民的政策偏好。由于国内均衡政策水平恰好是中间选民的政策选择水平,相对于单边贸易政策,贸易政策合作只有在增进本国中间选民福利时,合作政策才能得到中间选民的赞成,贸易政策合作才是可行的;然而,在一国可行的政策合作在伙伴国那里未必可行。如果政策合作以所有合作方的合作意愿为必要条件,那么该合作组织(或条约)存在的前提就是它能同时增进每一合作方中间选民的福利。

中间选民理论的政策含义是:一个政策是否会被采用,取决于它取悦了多少选民;一个政策如果能使多数选民获益,就会被采用。但这一理论,在很多情况下不符合现实:国际贸易中的多数政策,包括关税、出口补贴、配额等,都会提高国内价格,只对生产者即少数人有利,而对消费者即多数人不利。这就催生了利益集团理论(Theory of Interest Group)。

5.2.2 利益集团理论

利益集团理论是西方公共选择学派的一个理论分支。利益集团又称压力集团,就是"那些具有某种共同的目的,试图对公共政策施加影响的个人的有组织的实体"。利益集团的成员可以是普通公民、非营利性组织、公共部门组织,也可以是寻利的厂商。不同的利益集团在其规模、资源、权利和政治倾向等方面存在明显的差别。

1. 利益集团的内涵

利益集团的存在是一种由来已久的政治现象,这一概念最早出现于政治学领域,后又被经济学、社会学等学科广泛使用,但迄今为止,学术界就利益集团的内涵还未达成统一的界定。在利益集团的内涵界定中,几位学者的观点得到了多数人的认同。美国人詹姆斯·麦迪逊被公认为研究利益集团的"第一个重要的美国理论家",他把利益集团界定为"为了某种共同的利益的冲动所驱使而联合起来的一些公民,不管他们所占全部公民的多数或少数,而他们的利益是损害其他公民的权利和社会的永久的和总的利益"。在他看来,利益集团作为局部利益是和公共利益相悖的,对其他公民的权利是有害的。与之相反,同为美国人的阿瑟·本特利和戴维·杜鲁门却对利益集团作出了不同的界定。阿瑟·本特利将利益集团看作政治生活的一种客观现象,并首次提出了有关政治过程研究的团体理论,认为利益集团是政治生活的"原材料",社会是集团的复杂组合,政治过程是集团利益互动的结果。戴维·杜鲁门认为"利益集团是一个持有共同态度的群体,它通过影响政府而向社会中其他群体提出一定的利益要求或其他声明"。

各种政治集团只有获得影响政府内决策中心的渠道,才能有效地实现自己的目标,因此大部分政治集团研究都是围绕着影响渠道展开的,包括:分析有些集团比其他集团获得更多的影响渠道的原因,分析诸如集团的统一,组织的好坏,集团的领导和经济实力,以及集团成员的地理分布等因素对一个政治集团获得影响渠道所起的作用。由于所有利益集团都在谋求获得影响渠道,政治集团分析还可以比较各个集团影响渠道的多寡和类型,从而进一步比较各个政治集团的影响能力和影响效果。

2. 利益集团存在的原因

利益集团为什么会存在?围绕该问题主要有三种解释。

第一种是以大卫·特鲁曼(David Truman)和罗伯特·道尔(Robert A. Dahl)等为代表的传统利益集团理论。其认为,集团(或组织)的存在是为了增进其成员的利益(特别是不能通过纯粹的个人行动获得的利益),具有共同利益的个人或企业组成的集团,通常总是具有进一步增进这种共同利益的倾向。个人可以通过代表其利益的集团来实现或增进他的个人利益。"这实际上是个人行动的目的是追求自身利益最大化(理性经济人)命题的推广"。其直接推论就是集团成员会从自身利益出发采取一致的集体行动。该理论进一步认为,社会中的每一个人总是归属于某一个或几个利益集团,这些目的各异的利益集团间的相互竞争所施加的压力汇总起来就决定了社会政治活动的进行。

第二种则是以曼瑟尔·奥尔森(Mancur Olson)为代表对上述观点提出质疑。他在1965年出版的《集体行动的逻辑》一书中指出,有理性、寻求自身利益的个人不会采取行动来实现他们共同或集团的利益,因为集团利益的公共物品性质会导致集团成员普遍的"搭便车"行为。于此原因,奥尔森认为集团规模大小与个人行为和集团行动的效果密切相关,小集团的行动比大集团更有效。

第三种是罗伯特·萨利兹伯里(Robert Salisbur)等提出的政治企业家理论,他们把利益集团的组织者视作政治企业家。他们认为,集团提供给成员的利益可分为三种:物质利益、观念利益和团结一致的利益。奥尔森模型强调的是物质利益而忽视了后两种非物质利益。在萨利兹伯里看来,政治企业家之所以愿意作为集团行动的组织者,是因为政治企业家不但可以从集体行动中获得物质利益,而且可以从集体行动过程中获得成就感、名声和荣誉等非物质利益。

由于一个集团通常只代表整个社会中的一小部分成员的利益,所以,奥尔森认为:"各种社会组织采取集体行动的目标几乎无一例外的都是争取重新分配财富,而不是为了增加总的产出——换句话说,他们都是'分利集团'(或者,用一句比较文雅的语言,都希望'坐享其成')。"因此,各利益集团都会在各自的势力基础上展开分利竞争,通过各种"院外活动"影响政府官员决策为本集团争取最大利益。

3. 利益集团影响国际贸易的方式

由于利益集团的特殊性,利益集团往往在政治中充当投票者、捐献者、信息传播者、支持者、游说者等角色。所以一般情况下,利益集团对贸易政策进行干预和影响主要通过政治支持、投票、信息传播、政治捐献等手段来实现。

1) 政治支持

可以说利益集团对政治的影响是多种多样的,政府也绝对不能忽视利益集团带来的政治影响力,并且利益集团通常通过对政府提供政治支持,来得到政府帮助,从而影响国际贸易政策。往往政府又为了得到最大化的政治支持,所以在消费者和利益集团间,通常会选择利益集团。政府在得到利益集团的政治支持后,对待利益集团多会采取贸易保护政策。

2) 投票

美国党派之争、竞争选举比较频繁,通过调查分析就可以看出,美国的选举受利益集团影响颇深,普通利益集团在选举中,会用投票来支持对自己有利的候选人。当选人在得到利益集团的投票支持下完成竞选后,在政策实施上会倾向于为自己投票的利益集团。

时任美国总统奥巴马于2010年宣布了《金融改革法》,学者分析表明,在《金融改革法》立法时充满矛盾,各大利益集团纷纷走上台面,发表了反对或支持的言论,可见《金融改革法》的本质就是各个利益集团及政府争斗的结果。国会按照政党意识进行投票,国会议员作为一个个体,虽然属于政党,但政党忠诚于党派倾向主义是主流却不绝对,所以议员必须顾及利益集团的利益,可以说利益集团在投票上带来的政治影响巨大。

3) 信息传播

在政治舞台中,可以说利益集团占有重要的地位,利益集团作为信息传播者,利益信息也影响着政治,一般利益集团通过传播信息造成的影响和结果,来对政策和政治进行影响。

通常利益集团传播的消息对政治和社会都有影响。假设在选举期间,利益集团公开发布对某候选人的支持,普通民众由于多对政治局势不了解和不专业,往往会有随大流的现象。在利益集团消息的影响下,他们普遍会投票给利益集团所宣传的这位候选人,这样利益集团的行为就对投票构成了影响。利益集团还经常通过游说方式进行消息传播从而影响政策,利益集团的普遍游说方式,即通过公开演讲发表立场,进行政治干涉;还有一些极端的利益集团采取示威游行等方式,对政府施加压力,影响政治决策。

当权政府在制定贸易政策前,都会进行考察和考证,用大量的事实依据来判断经济局势状态,以此来保障所出台的决策的正确性,往往政府在专业性、时间、财力、物力上,都受到制约,很难对当前国际经济状况作出精准的判断。由于利益集团在国际经济活动中具有一定的代表性和专业性及影响力,因此能够掌握第一手的国际经济市场信息。作为消息的传播者,利益集团出于自身利益考虑,可以用这些消息来影响政府政策的制定。此外,出于互惠互利延长政治寿命原则,利益集团一般会提供真实消息给政府,所以这些宝贵的信息和情报也就成了利益集团与政府谈判的筹码。

4) 政治捐献

以美国为例,在美国开展选举和其他政治活动时,利益集团通常为了达到自己的目的,

拓展阅读5-4 利益集团对贸易政策影响的模型研究

对政府提供政治捐献支持,出资帮助对自己有利的候选人进行政治活动,并且在美国,这种行为在法律上是被认可的。很多学者研究表明,利益集团的政治捐献多提供给支持的政党和候选人,其目的自然是提高利益集团本身支持的政党或候选人的当选率,间接地利用当选者对国际贸易政策造成影响,制定对自身有利的贸易政策。即便利益集团所支持的政党或候选人并不受欢迎,在利益集团投入政治捐献后,也可说服民众,以此来赢得选举,最终达到利益集团的目的。

现实生活中,利益集团实力参差不齐,所能提供的政治捐献的数目也不统一,个体利益集团是无法以此类手段来影响选举结果的,而且政治捐献是一种持续性的行为,需要在当选后继续进行,所以说能够对选举结果产生重大影响的利益集团属于少数派,但是利益集团带来的影响绝不能忽视。

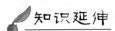知识延伸

保护待售模型

通过相关分析,有学者提出了保护待售模型,分析结果表明,利益集团所提供的政治捐献集中在已当选的党派,显然是想要通过政治捐献影响决策者对贸易政策的制定,但是利益集团基本不会为了某党派的连任提供政治捐献,因为连任除了需要政治捐献外,更需要得到民众支持。一般来说,在利益集团为当权政府提供政治捐献后,其就能够享受到关税保护。

利益集团对经济和政治的影响:以美国烟草业为例

19世纪末,美国大多数州都通过了禁止向未成年人出售卷烟的法律,卷烟业的巨头努力阻止在人口稠密的东部各州以及卷烟消费量很大的南部各州通过类似的法律,并在相当大的程度上获得了成功。20世纪,烟草制品的添加料及加工等问题,一直游离于美国政府的严控范围之外。1965年,一个非常有利于烟草业的标签法案由美国众议院商业委员会通过。1969年,标签法法案更是给烟草业利益集团提供了保护伞,该法案的第五部分(b)做了如下规定:"对于该项法律条款所涉及的香烟的有文广告及促销活动,均不得在健康和吸烟问题上运用州法律做出任何规定或禁令。"20世纪60—70年代,大量有关保护消费者利益的法案都不包括香烟。1984年,标签法法案中列入关于烟草公司递交香烟添加剂清单的规定。

烟草业利益集团对行政机构的影响。1982年3月,时任健康与卫生部部长助理的爱德华·勃兰特博士出席众议院的一个分委员会,考虑支持联邦贸易委员会提出的扩大对吸烟的警告范围,在会议上他证实里根政府对该项措施给予高度的重视。次日,烟草业游说议员者就开始指责白宫,提醒说他们已得到总统的许诺去放手干。6天后,在参议院的一个委员会议论相同的反吸烟法案时,勃兰特从他原本就模糊不清的赞同立场后退了。白宫对此项新的警告标志法案没有表示正式的态度,而是搁置若干年。除此之外,在美国的历史上,我们还可以发现多位洁身自好、坚决反对吸烟的政府官员在与烟草集团的斗争

中败下阵来,遭受被免职和被迫辞职的命运。

烟草业对立法操纵的努力。烟草业通过院外游说对立法者施加政治影响,这仅是一种最广为人知的策略。其还有其他途径影响决策者,包括宴请、咨询费、演讲酬金和慈善捐款。在烟草业付出的大量金钱中也许最少的花费是捐赠的选举资金;其目的是确保院外活动者的游说对象在国会投赞成票或者听取意见。据报道,政治行动委员会在1991—1992年的选举期间捐献了250万美元给国会议员。同一时期,菲利普·莫里斯集团单独向在华盛顿活动的院外活动者捐赠了大约125万美元,烟草协会总部的75名工作人员和另外125名有联系的各州院外人士,每年花费500万~1 000万美元。在加利福尼亚1989—1990年的州议会选举期间,烟草公司向那些在萨克拉门托州议会大楼里活动的24名院外人士提供了400万美元的竞选礼物和经费。巨额活动资金也被用于应对所面临的紧急挑战,如1994年为避免在密歇根州将烟草税增加两倍,烟草公司花费了330万美元。

由于提供了可供利用的资源,烟草业的院外活动者可以奢侈享受历时3~4天、耗资3 000~5 000美元的免费度假,如每年在加利福尼亚棕榈泉的豪华高尔夫球场的"立法会议",其中只有1~2个小时用于研究政治问题,众议院政策委员会1993年收到烟草业的15.5万美元;拉美政策委员会和参议院雇用儿童看护中心收到大量礼物。烟草界也把目标对准政府等地方立法部门的朋友和敌人,并对他们进行相应的奖赏和惩罚。例如,其为加利福尼亚议会议长和烟草盟友威廉·布朗支付飞机与汽车旅行的费用;同时,其发动了一场罢免一位阿尔布开克市议员的运动,因为这位议员在新墨西哥最大城市发起通过了一项限制吸烟的法律。

在争取公职人员支持的同时,烟草界竭力拉拢自己在政治、文化和思想界的盟友,这些盟友包括反政府的自由主义者、工会、堕胎权利的倡导者以及美国公民自由联盟。美国公民自由联盟宣称,尽管该组织在1987—1992年接受了烟草公司50万美元的捐款,但它没有受到烟草公司的影响。不过,这个被认为最讲原则的组织曾派代表去国会委员会游说,旨在反对一项拟议中关于禁止香烟广告的法案。该组织指出,没有证据表明广告会鼓励吸烟而禁止广告就会减少吸烟。

资料来源:杨帆,余蕊.利益集团对经济和政治的影响:以美国烟草业为例[J].学习与实践,2008(9):60-67.DOI:10.19624/j.cnki.cn42-1005/c.2008.09.009.

5.3 国际政治压力理论

贸易政策的国际政治压力理论,聚焦于国家之间贸易政策博弈的结果与选择。大国征收关税时,会改善自己的贸易条件,从而提高自己的福利水平。但这一好处是以出口国贸易条件恶化、福利降低为代价的,因而会招致出口国的反对与政治压力甚至报复,引发贸易战。为了避免贸易战的爆发,世界各国会开展贸易政策对话与谈判,相互降低贸易保护程度。其具体表现为:一个国家在国际贸易谈判(trade negotiations)中,在部分行业的关税减免上作出让步,换取其他国家在其他行业的关税减免上作出让步。

5.3.1 贸易战和贸易谈判

可以用博弈论的基本原理来解释贸易谈判的必要性与作用。如表 5-1 所示,假设美国与日本各自有两种贸易政策选择:一是自由贸易,二是贸易保护。如果两个国家都选择自由贸易,则每个国家的获利均为 10;如果两个国家都选择贸易保护,其获利均为 -5;如果美国选择自由贸易,而日本选择贸易保护,则日本获利为 20,美国获利为 -10;反过来,如果日本选择自由贸易,而美国选择贸易保护,则美国获利为 20,日本获利为 -10。

表 5-1 贸易战与贸易谈判

美国＼日本	自由贸易	贸易保护
自由贸易	10, 10	-10, 20
贸易保护	20, -10	-5, -5

如果美、日双方不进行沟通、谈判,各自从自己的角度作出政策选择,结果是什么呢?我们先看美国的最佳政策选择:如果日本选择自由贸易,那么美国选择自由贸易时获利为 10,选择贸易保护时获利为 20,因此美国会选择贸易保护;如果日本选择贸易保护,那么美国选择自由贸易时获利为 -10。选择贸易保护时获利为 -5,因此美国还是会选择贸易保护。由此可见,无论日本采取什么政策,美国的最佳政策选择都是贸易保护。基于同样的分析,无论美国采取什么政策,日本的最佳政策选择也都是贸易保护。因此,该政策博弈的纳什均衡(Nash equilibrium)是:美国与日本均选择贸易保护,双方获利均为 -5。也就是说,双方爆发贸易战,并给双方带来损失。

但是,如果美、日双方进行沟通、谈判,约定双方均选择自由贸易,则这一新的政策组合给双方带来的获利均为 10。显然,这样一个合作性均衡,对双方来说都要优于非合作情况下的纳什均衡。

从上面的分析可以看出,如果世界各国不开展贸易谈判,各自从自身利益出发选择自己的贸易政策,其后果可能是双方均选择贸易保护,爆发贸易战,损害双方利益;相反,如果它们开展贸易谈判,均选择自由贸易,则会有效避免贸易战的爆发,使双方均获利。

知识延伸

纳 什 均 衡

纳什均衡是指博弈中这样的局面,对于每个参与者来说,只要其他人不改变策略,他就无法改善自己的状况。纳什证明了在每个参与者都只有有限种策略选择并允许混合策略的前提下,纳什均衡定存在。以两家公司的价格大战为例,价格大战存在两败俱伤的可能,在对方不改变价格的条件下,既不能提价,否则会进一步丧失市场;也不能降价,因为

会出现赔本甩卖。于是两家公司可以改变原先的利益格局,通过谈判寻求新的利益评估分摊方案。相互作用的经济主体假定其他主体所选择的战略为既定时,选择自己的最优战略的状态。

5.3.2 优惠性贸易协定

1. 关于优惠性贸易协定的基本事实

优惠性贸易协定(Preferential Trade Agreements,PTA)是指非全球性的、两个或多个国家(地区)之间通过贸易谈判而签署的贸易协定。与 WTO 框架下全球性的贸易协定相同的是,这些协定也以降低关税与非关税壁垒、促进贸易自由化为目标。不同的是,这些协定是非全球性的:一般情况下是地区性的,有时也涉及不同地区的国家(地区),但牵涉的国家(地区)没有全球性贸易协议那么广。关于优惠性贸易协定的一些基本事实如下。

(1) 普遍性:WTO 成员几乎全都参与了一个或多个优惠性贸易协定。

(2) 数量:在 1948—1994 年,GATT(关税及贸易总协定)秘书处收到了来自世界各国(地区)的 124 个优惠性贸易协定的通知;自 1995 年 WTO 成立并取代 GATT 后,WTO 又新收到 130 个优惠性贸易协定的通知;除此之外,还有 70 个优惠性贸易协定,由于是 WTO 的非成员方签订的,因而并未通知 WTO。

(3) 重要性:世界贸易的主体发生在签订优惠性贸易协定的国家(地区)之间。

2. WTO 关于优惠性贸易协定的基本规则

贸易条约和协定是两个或两个以上的主权国家为确定彼此间的经济关系,特别是贸易关系方面的权利和义务而缔结的书面协议;按协议的对象不同,可分为各种具体形式的协定和条约。

(1) GATT/WTO 的最惠国待遇原则(Most-Favored-Nation Clause,MFN Clause)禁止成员采取歧视性贸易政策:一个成员对另一个成员给予的贸易政策优惠必须对其他成员适用。优惠性贸易协定的签署方(很多是 WTO 成员)相互之间给予贸易政策优惠,但对非签署方(很多也是 WTO 的成员)不适用,从总体上看不符合最惠国待遇原则。

(2) GATT 第二十四条(也为 WTO 所继承)允许两种类型的优惠性贸易协定,可以突破最惠国待遇原则而存在。

关税同盟(Customs Union):成员互相给予低关税甚至零关税,但对外部非成员采取统一的高关税。例如,欧盟(EU)、南方共同市场(MERCOSUR,巴西、阿根廷、乌拉圭、巴拉圭四国于 1991 年组成)等。

自由贸易区(Free Trade Area):成员内部互相给予零关税,但各自独立设定对外部非成员的关税。例如北美自由贸易区(NAFTA,美国、加拿大、墨西哥三国于 1994 年成立)等。

(3) 签署优惠性贸易协定的国家(地区)之间的贸易必须实质性自由,但对其他国家(地区)的贸易壁垒不能提高。

3. 贸易创造与贸易转移

优惠性贸易协定的签署,可能会带来两种贸易效应:一是贸易创造,即贸易总量上升；二是贸易转移(trade diversion)，即部分贸易的对象发生转移，从协定的非签署国转变为协定的签署国。贸易转移是一个年轻的概念，最早是由加拿大经济学家雅各布·瓦伊纳(Jacob Viner)在19世纪50年代初提出的，全称是"贸易创造与贸易转移理论"。该理论是分析自由贸易区和关税同盟得失的有效工具。

瓦伊纳认为：关税同盟不一定意味着向自由贸易过渡，因为它在伙伴国之间实行自由贸易，而对外部世界实行保护贸易。这种自由贸易和保护贸易相结合的格局会产生两种效果：贸易创造和贸易转移。关税同盟内部实行自由贸易，使国内成本高的产品为伙伴国成本低的产品所替代，原来由本国生产的产品现在在伙伴国进口，由此新贸易被"创造"出来了。本国可以把原来生产高成本产品的资源转向生产低成本的产品而得益。同时，关税同盟对外实行统一关税，对第三国的歧视导致从外部进口减少，转为从伙伴国进口，使贸易方向发生转变，产生贸易转移。原来从外部世界进口成本低的产品改为从伙伴国进口成本较高的产品，造成了一定的损失。

4. 关于优惠性贸易协定的其他问题

优惠性贸易协定还有以下几个方面值得关注。

其一，优惠性贸易协定对一国出口与对外投资的影响。一国的水平型对外投资(对外投资企业在国外生产与国内母公司相同的产品，在外国本地市场销售)是对外出口的一种替代，是一种间接性出口；对外贸易可变成本(如运费、关税等)高于在外设立企业的固定成本时，企业选择间接出口即水平型对外投资，反之则会选择直接出口。优惠性贸易协定的签署减少了对外贸易可变成本(关税)，因而会促进一国直接出口，而削弱间接出口即对外水平型投资。

其二，优惠性贸易协定对多边合作的建设性作用与阻碍性作用。优惠性贸易协定是部分国家之间的贸易合作，它对更广范围、包含更多国家的多边合作乃至全球贸易合作，可能存在正反两方面的作用：一是正面促进作用(building block)，这是因为它使更多国家看到了合作的好处，而且为多边合作积累了经验；二是负面障碍作用(stumbling block)，这是因为它带来的好处，可能会降低各国参与多边合作的积极性。

其三，以政治性贸易转移为目标的优惠性贸易协定。有的国家会基于政治上的考虑，与其政治盟友签署优惠性贸易协定，从而将其与非政治盟友之间的经贸往来，转为其与政治盟友之间的经贸往来。

其四，优惠性贸易协定对国内改革的锁定与促进作用。一个国家与其他国家签署优惠性贸易协定，与其他国家建立更紧密的经贸往来，就可以通过扩大对外开放来促进对内改革，促使国内体制与国际接轨，锁定国内已有改革成果，促进国内体制的进一步改革。

其五，优惠性贸易协定对一国和平与安全的促进作用。一国与他国签署优惠性贸易协定，有利于促进它们之间的政治关系，缓和它们之间的政治矛盾，从而推动两国关系的和平发展，保障国家的安全。

5.4 关税传导和汇率传导理论

国际贸易政策中最常用、最重要的是关税政策。关税政策是一种价格性的贸易政策，也就是说，它直接影响贸易价格，间接影响贸易流量。因此，在对关税影响的相关研究中，关于关税对贸易价格影响的研究是基础。关税对贸易价格的影响，核心是关税传导问题。关税传导，是指当一国关税发生变化时，这一变化会在多大程度上传导到本国的消费者价格上。

拓展阅读 5-5　关税传导与汇率传导的综合研究

汇率问题在国际贸易与国际金融领域都非常重要。汇率的变化也直接影响国际贸易的价格与流量。汇率传导，是指当一国货币与他国货币的汇率发生变化时，这一变化会在多大程度上传导到本国的消费者价格即本币价格上。在完善的市场经济体制下，汇率是由市场机制的作用直接决定的。虽然政府可以运用各种政策手段来间接影响汇率，但汇率本身并非政府直接运用的政策手段。

5.4.1　关税传导的不完全性

关税传导的不完全性，是指当一个进口国提高某种商品的进口关税时，外国出口商为了维持在进口国市场上的销售，会通过降低这种商品的税前价格，吸收部分关税变化，从而使本国消费者面临的税后价格的提高幅度小于关税的提高幅度，降低对消费者需求的负面影响。也就是说，关税变化没有完全传导给本国消费者承担，而是由外国出口商与本国消费者共同承担；两者承担的总和为关税变化总量，即关税传导与关税吸收的总和为关税变化幅度的 100%。因此，关税传导的不完全性与外国出口商的关税吸收联系在一起，是一个问题的两个方面。

关税传导的不完全性意味着，一国提高关税时，会降低进口商品的税前价格，从而改善本国的贸易条件，提高本国的福利水平。这被称为关税的"贸易条件效应"。这一效应是"最佳关税理论"的基础。

应该指出的是，关税传导的不完全性及与此相关的关税吸收、"贸易条件效应"，只对进口大国成立。对于进口小国而言，如果它提高关税，由于其市场规模较小，外国出口商不会降低该商品的税前价格来吸收关税，而会将关税直接加到不变的税前价格上，将关税完全传导给本国消费者承担。因此，关税吸收为零，而关税传导为关税变化幅度的 100%，即关税完全传导。在这种情况下，由于不存在关税吸收，进口国家提高关税不会改善本国的贸易条件，即关税的"贸易条件效应"不存在。

关税降低带来的效果与关税提高带来的效果是类似的，即进口大国降低关税时，外国出口商会通过提高商品的税前价格，吸收部分关税变化，从而使国内消费者面临的商品税后价格的下降幅度，低于关税的下降幅度。也就是说，关税降低带来的好处，没有完全传导给本国消费者，而是由外国出口商与本国消费者共同享受。关税降低可能提高进口商品的税前价格，因此可能导致进口国家贸易条件恶化。

5.4.2　汇率传导的不完全性

汇率传导的不完全性与关税传导的不完全性的原理类似，是指当一个进口大国的汇率（单位外币兑换本币的数量）上升（即外币升值、本币贬值）时，外国出口商为了维持在本国市场上的销售,会通过降低这种商品的外币价格,吸收部分汇率变化,从而使本国消费者面临的本币价格的上升幅度小于汇率的上升幅度,降低对消费者需求的负面影响。也就是说,汇率变化没有完全传导给本国消费者承担,而是由外国出口商与本国消费者共同承担;两者承担的总和为汇率变化总量,即汇率传导与汇率吸收的总和为汇率变化幅度的100%。因此,汇率传导的不完全性与外国出口商的汇率吸收联系在一起,是一个问题的两个方面。这一现象在国际金融相关文献中也被称为"按市定价"(pricing to market),即外国出口商针对本国市场情况调整其价格。

但是,汇率传导的不完全性与关税传导的不完全性对进口国家贸易条件和福利的影响很不相同。这是由于,贸易条件是一国出口商品价格与进口商品价格之比;进口国家关税变化只影响其进口商品价格,而汇率变化既影响其进口商品价格,也影响其出口商品价格。以上面的汇率上升为例。当汇率上升即本币贬值时,本国出口商会通过提高本国出口商品的本币价格吸收一部分汇率变化,从而使外国消费者面临的外币价格的下降幅度小于汇率的上升幅度即本币贬值幅度。这是出口价格中的汇率传导不完全性。

综合考虑汇率上升对本国贸易条件的影响,有两种思路。

(1) 如果进口汇率传导幅度大于出口汇率吸收幅度(即 p 上升幅度大于 px 上升幅度),则本国贸易条件恶化;反之,本国贸易条件改善。

(2) 如果出口汇率传导幅度大于进口汇率吸收幅度(即降低幅度大于降低幅度),则本国贸易条件恶化;反之,本国贸易条件改善。

上述两种思路得出的结论本质上是相同的。第一种思路下本国贸易条件恶化的条件为:进口汇率传导>出口汇率吸收。由于汇率传导与汇率吸收之和为1(100%),该不等式可以改写为:1−进口汇率吸收>1−出口汇率传导。而这一不等式又可进一步改写为:出口汇率传导>进口汇率吸收。最后这个不等式即为第二种思路下本国贸易条件恶化的条件。因此,这两种思路下本国贸易条件恶化的条件完全相同,可简化为:在汇率传导幅度较大、汇率吸收幅度较小时,本币贬值导致本国贸易条件恶化。这一条件的本质是:本币贬值带来的坏处大于其带来的好处,因此本国贸易条件恶化。

汇率下降(即外币贬值、本币升值)所导致的结果,与上面讨论的相反,但原理类似。

5.4.3 关税传导和汇率传导不完全的原因

关税传导和汇率传导不完全,主要是因为当本国关税或者汇率发生变化时,外国出口商可以通过调整其出口价格(税前价格或外币价格)吸收部分关税或汇率变化。而外国出口商之所以能调整其出口价格,不外乎以下两个方面的原因。

一是调整其成本。企业调整成本的原因可能是多样的。例如,商品产量的变化可能导致成本调整。当进口国家关税提高或汇率上升时,外国出口商的出口额会下降,产量也随之下降。如果企业边际成本随产量上升,产量的下降会导致其边际成本下降,最终导致其出口价格下降,从而吸收部分关税或汇率变化。

商品质量的变化也可能导致成本调整。当进口国家关税提高或汇率上升时,外国出口商的数量会减少,市场竞争程度有所下降,因此企业可能降低出口商品的质量,从而降低出口成本,最终降低出口价格,从而吸收部分关税或汇率变化。

二是调整其单位利润,即加价(mark up)。企业加价调整完全是其主动操作的结果。进口国家关税提高或汇率上升时,为了减小对进口国家进口需求的影响,外国出口商可能主动降低加价,从而降低出口价格,吸收部分关税或汇率变化。

应该说明的是,成本调整在不完全竞争和完全竞争条件下均可能发生,但加价调整只可能在不完全竞争的条件下发生(完全竞争条件下企业加价为零,没有调整空间)。

5.5 最佳关税理论

最佳关税亦称"最优关税""最适关税",是指使本国福利达到最大的关税水平。确定最佳关税的条件是进口国由征收关税所引起的额外损失(或边际损失)与额外收益(边际收益)相等。

5.5.1 最佳关税理论的支撑条件

最佳关税理论以贸易条件效应为基础,与关税传导不完全性(即关税吸收)密切相关。贸易条件效应(terms of trade effect)是指建立关税同盟后,同盟内国家向同盟外国家进出口商品的贸易条件所发生的变化,征收关税对进口国贸易条件的影响。一般来说,关税同盟的贸易转移会具有大国效应,即同盟内国家减少从同盟外国家的进口导致外部世界市场的供应价格下降。这样,同盟成员国的贸易条件就可能会得到改善。由于贸易条件改善,同盟成员国的社会福利也得以增加。

在固定条件不变的情况下,进口国可以用同等数量的出口货品换回较多的进口货品,从而改善进口国的贸易条件,进口国由此可以增加其社会福利。如果关税税率提高,贸易条件将继续改善,进口国得到的利益也会增加。贸易条件改善的速度呈递减趋势并受出口国供给弹性的影响。关税税率变化使进口国边际利益增加等于边际利益减少时的关税就是最佳关税。最佳关税与出口国供给弹性成反比。出口国供给弹性越小,最佳关税越大。相反,出口国供给弹性越大,最佳关税越小。贸易小国的进口数量在国际市场上的比重很小,不能改变贸易条件,其所面临的供给弹性无穷大。故贸易小国没有最佳关税。最佳关税是一种基于出口国不征收报复关税的理论假设。实际上,进口国追求最佳关税的努力不可避免地招致出口国的报复,最后形成关税战。

大国对进口产品征收关税时,出口国家的企业会适当降低其产品的税前价格,从而吸收部分关税,使产品的税后价格(进口国家消费者承担的价格)的上升幅度低于关税上升幅度(即关税传导不完全),减小了关税对进口国需求量的负面影响。关税吸收降低了进口国家的进口价格(税前价格),改善了进口国家的贸易条件,增进了进口国家的福利。但同时,关税的征收也给进口国家带来了两个方面的效率损失:一是国内企业在过度贸易保护下,低效生产带来的效率损失;二是国内消费者减少消费且承担的价格提高带来的效率损失。这两个方面的效率损失都是由关税传导即征收关税后产品的税后价格上升带来的。进口国家征收关税对该国福利的净影响，取决于关税吸收导致的贸易条件效应、福利增加与关税传导带来的效率损失、福利减少的比较。

基于关税对福利水平的上述影响，可以得出一个基本结论：进口国家征收关税带来的贸易条件效应越大，即该国通过征收关税迫使外国出口商降低税前价格、吸收关税的幅度越高，该国通过征收关税带来的福利增加就越大，那么该国就越应该制定高关税，该国的最佳关税水平就应该越高。这是最佳关税理论的理论基础。

5.5.2 最佳关税理论的基本内容

在什么情况下，进口国家征收关税带来的贸易条件效应越大，即该国通过征收关税迫使外国出口商降低税前价格、吸收关税的幅度越大呢？

拓展阅读 5-6 怀疑或支持最佳关税理论的相关研究

从自由贸易条件下的垄断企业与进口的关系可以看出，进口国面临的出口供给曲线越陡峭，外国出口商的关税吸收幅度越大，征收关税带来的贸易条件效应越大。而出口供给曲线越陡峭，意味着出口供给弹性越低，即出口价格下降后，出口量的下降幅度越小。在这种情况下，进口国就越有能力迫使出口国降低税前价格来吸收关税，但不在很大程度上影响其出口数量，也就是说，进口国的市场操控能力越强。

最佳关税理论的基本思想是：进口国面临的出口供给弹性越低，其市场操控力越强，越有能力迫使出口国降低税前价格来吸收关税，从而改善自己的贸易条件、增进自己的福利，因而其最佳关税水平就越高。简而言之，进口国家的最佳关税水平，与该国面临的出口供给弹性成反比。

最佳关税理论的上述理论基础与基本思想，很早就被经济学家提出。罗伯特·托伦斯(R. Torrens)认为，在进口国征收关税时，如果外国出口商为了不失去进口国市场而降低产品税前价格(贸易条件效应)，那么征收关税可以给进口国带来益处。这是关于关税的贸易条件效应的最早研究。只要进口国家面临的出口供给不是完全弹性的(即出口供给曲线不是完全水平的)，进口国家就可以从征收关税中获益。这是关于最佳关税理论的最早阐释。

最佳关税理论与加入 WTO 之前的关税设定表现在：加入 WTO 之前，不受 WTO 规则约束的国家(地区)在单方面设置关税时，自觉运用了贸易条件效应与最佳关税理论为自己牟利。具体而言：在加入 WTO 之前，相对于供给弹性高的商品而言，一个国家(地区)对缺乏弹性的商品设置的进口关税高 9 个百分点；相对于常用的政治经济学变量，国家(地区)的市场控制力更能解释关税的变化；美国不受 WTO 规则约束的贸易政策，在美国市场控制力更强的行业中更高。

最佳关税理论模型

消费者 h 的效用函数为

$$U = c_0^h + \sum_g u_g(c_g^h)$$
$$\text{s.t.} \ c_0^h + p_g c_g^h \leqslant I^h$$

其中，c_0^h 为计价商品的消费量；c_g^h 为商品的消费量；p_g 为商品 g 的价格；I^h 为消费者收入。

社会福利函数是个人间接效用函数的总和，包含收入和消费者剩余：

$$W = \sum_h \left[I^h + \sum_g \Psi_g(p_g) \right]$$

其中，消费者剩余为 $\sum_g \Psi_g(p_g) = \sum_g [u_g(c_g(p_g)) - p_g c_g(p_g)]$，利用 Grossman 和 Helpman(1994,1995)的内生贸易政策模型中的一些标准假设，可以将社会福利函数简化为

$$W = 1 + \sum_g [\pi_g(p_g) + r_g(p_g) + \Psi_g(p_g)]$$

其中，$\pi_g(p_g)$ 为每种商品生产过程中除劳动力之外的特定生产要素获得的准租金；$r_g(p_g)$ 为每种商品的关税收入。

市场出清条件为本国的进口需求等于外国的出口供给：

$$m_g[(1+\tau_g)p_g^*] = m_g^*(p_g^*)$$

$$\tau_g p_g^* \frac{\mathrm{d}m_g}{\mathrm{d}\tau_g} - m_g \frac{\mathrm{d}p_g^*}{\mathrm{d}\tau_g} = 0$$

其中，m_g 为本国进口需求；$p_g = (1+\tau_g)p_g^*$ 为国内价格；p_g^* 为国外价格；τ_g 为关税；m_g^* 为外国出口供给。

政府选择适当的关税水平来实现社会福利最大化，其一阶条件为

$$\tau_g p_g^* \frac{\mathrm{d}m_g}{\mathrm{d}\tau_g} - m_g \frac{\mathrm{d}p_g^*}{\mathrm{d}\tau_g} = 0$$

等式左边第一项代表了关税对进口的负向影响而产生的国内市场扭曲，第二项代表了关税的贸易条件效应。如果一个国家没有市场控制能力（小国），其面临的出口供给弹性无穷大，那么外国出口商的关税吸收为零（$\mathrm{d}p_g^*/\mathrm{d}\tau_g = 0$），最佳关税水平为零。更一般地说，从上式可以得出最佳关税为出口供给弹性的倒数，即

$$\tau_g^{\mathrm{opt}} = \omega_g = [(\mathrm{d}m_g^*/\mathrm{d}p_g^*)(p_g^*/m_g^*)]^{-1}$$

$$\tau_g^{\mathrm{GH}} = \omega_g + \frac{I_g - \alpha}{a + \alpha} \frac{z_g}{\sigma_g}$$

即使政府的目标函数不是社会福利最大化，最佳关税和出口供给弹性倒数之间的正向关系依然成立。例如，Grossman 和 Helpman 将他们的政治献金模型扩展到大国情况。在这一模型中，政府的目标函数是社会福利与政治献金的加权平均。政府设定适当关税以追求这一目标的最大化。在这种情况下，最佳关税为

$$\tau_g^{\mathrm{GH}} = \omega_g + \frac{I_g - \alpha}{a + \alpha} \frac{z_g}{\sigma_g}$$

公式的最后一项反映的是利益集团的游说对最佳关税的影响,其中,a 为政府目标函数中社会福利的权重。若 a 无穷大,我们就得到上面的基本模型中社会福利最大化情况下的最佳关税。即使政府目标函数中给予社会福利的权重为零,即 $a=0$,公式的第二项仍然是有限的,最佳关税与出口供给弹性倒数之间的正向关系依然成立。a 越小,利益集团游说对关税的影响越大,关税水平越高。

公式中的 I_g 为表示行业 g 是否有政治组织即游说集团的虚拟变量。存在政治组织即游说集团的行业比无政治组织的行业所受关税保护程度更高,这是显而易见的。α 为所有游说集团所代表的选民比例。在政治上有组织的行业,这一比例越高,不同游说集团之间的游说作用相互抵消的可能性就越大,导致各行业的关税保护程度降低。z_g 为国内产品销售量与进口量的比率,即进口渗透率的倒数。在政治上有组织的行业,关税与这一比率成正比,是由于国内产品销售量越高,关税给国内生产要素所有者带来的收益就越大,其越会游说政府采取高关税。σ_g 为进口需求弹性。在政治上有组织的行业,关税与这一弹性成反比,是由于这一弹性越大,关税产生的扭曲效应与效率损失就越大,政府越会从社会福利角度降低关税保护。由于 z_g/σ_g 这一比率在其他政治经济学模型中也出现过,因此在回归分析中也将这一变量作为控制变量。

政 治 献 金

政治献金,是指从事竞选活动或其他政治相关活动的个人或团体,接受来自外部对其无偿提供的动产、不动产、不相当对价给付、债务免除或其他经济利益。例如,免费提供竞选办事处之使用或者赠送饮料给拟参选人等情形,均属政治献金的范畴。但是上述政治献金不包含政党党费、政治团体会费或义工服务。

出口供给弹性和进口需求弹性的估计

采用下面的方程组来估计出口供给弹性与进口需求弹性:

$$\Delta^{k_{ig}} \ln s_{igvvt} = -(\sigma_{ig}-1)\Delta^{k_{ig}} \ln s_{igvvt} + \varepsilon^{k_{ig}}_{igvt}$$

$$\Delta^{k_{ig}} \ln s_{igvvt} = \frac{\omega_{ig}}{1+\omega_{ig}} \Delta^{k_{ig}} \ln s_{igvt} + \delta_{igvvt}$$

其中,第一个方程代表的是国家 i 对产品 g 中种类 v 的最优需求,第二个方程代表的是该国在该产品种类上面临的剩余出口供给。s_{igvt} 是商品 g 的种类 v 在国家 i 的份额。$\Delta^{k_{ig}}$ 代表将相应变量针对时间与国家 i 进口的产品 g 的一个基准种类 k_{ig} 进行差分。回归方程进行估计,可以得到出口供给弹性倒数(ω_{ig})与进口需求弹性(σ_{ig})的相互关系,但不足以得出两者的确切数值。

5.5.3 不同国家的最佳关税

下面用最佳关税理论分析小国与大国的最佳关税。

当进口国是小国时,其面临的出口供给曲线是水平的,即出口供给弹性无穷大;出口价格的轻微降低,都会导致出口数量急剧减少甚至为零。在这种情况下,进口国根本没有能力通过征收关税迫使外国出口商降低税前价格,从而改善自己的贸易条件、增加自己的福利。因此,关税给小国带来的只有效率损失。在这种情况下,最佳关税为零。

相反地,当进口国是大国时,其面临的出口供给曲线是倾斜的,即出口供给的弹性是有限的:出口价格的降低,会导致出口数量在一定程度上减少。在这种情况下,进口国有一定能力通过征收关税迫使外国出口商适当降低税前价格,从而改善自己的贸易条件、增加自己的福利。这种福利增加可以弥补关税给大国带来的效率损失。在这种情况下,最佳关税为正。

一个极端的情况是,某个进口大国面临的出口供给曲线是垂直的,即出口供给的弹性为零:出口价格无论如何降低,出口数量都不会减少。在这种情况下,进口国有无限能力通过征收关税迫使外国出口商降低税前价格,从而改善自己的贸易条件、增加自己的福利。这种福利增加会远远高于关税给大国带来的效率损失。在这种情况下,最佳关税为无穷大。

供 给 曲 线

供给曲线是以几何图形表示商品的价格和供给量之间的函数关系,简单地说,是指把价格与供给量联系在一起的曲线。供给指的是个别厂商在一定时间内、在一定条件下,对某一商品愿意出售并且有商品出售的数量。供给曲线向右上方倾斜,是因为在其他条件相同的情况下,价格越高意味着供给量越多。

本章小结

国际贸易政策制定的基础理论认为,一国政府之所以要制定贸易政策,其原因主要有以下四个方面:一是国际市场失灵,二是国内市场失灵,三是国内政治压力,四是国际政治压力。

国际市场失灵主要表现为国际贸易中垄断力量和跨境外部性的存在。国内市场失灵主要表现在公共产品的提供和国内外部性两个方面。

国内政治压力中,利益集团的存在是一种由来已久的现象,利益集团又称压力集团,就是"那些具有某种共同的目的,试图对公共政策施加影响的个人的有组织的实体"。利益集团的成员可以是普通公民、非营利性组织、公共部门组织,也可以是寻利的厂商。不同的利益集团在其规模、资源、权利和政治倾向等方面存在明显的差别。

国际政治压力,聚焦于国家之间贸易政策博弈的结果与选择。大国征收关税时,会改善自己的贸易条件,从而提高自己的福利水平。最佳关税理论以贸易条件效应为基础,与关税传导的不完全性(即关税吸收)密切相关。进口国家征收关税带来的贸易条件效应越大,即该国通过征收关税迫使外国出口商降低税前价格,吸收关税的幅度越高,该国通过征收关税带来的福利增加就越大,那么该国就越应该制定高关税,即该国的最佳关税水平就应该越高。

框架体系

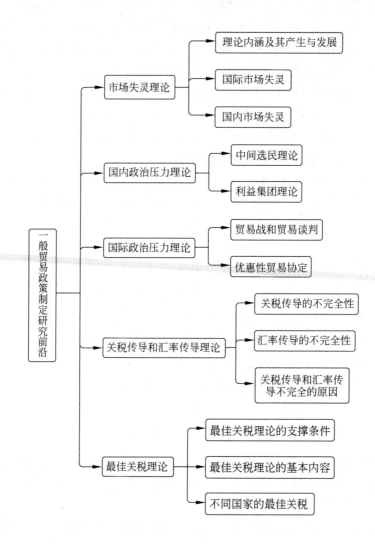

关键术语

国际市场失灵（international market failure）
垄断能力（monopoly power）
跨境外部性（cross-border externalities）
国内市场失灵（domestic market failure）
公共产品（public goods）
国内外部性（domestic externalities）
利益集团（interest group）
压力集团（pressure group）
政治献金（political contributions）

关税战（tariff war）
最佳关税（best tariff）
贸易条件效应（terms of trade effect）
社会福利（social welfare）
供给弹性曲线（supply elasticity curve）
最惠国待遇原则（Most-Favored-Nation Clause，MFN Clause）

课后习题

1. 市场失灵理论有哪些表现形式？
2. 利益集团与政府组织和政党有什么区别？
3. 利益集团产生的原因有哪些？
4. 最佳关税理论的基本内容是什么？
5. 最佳关税理论对于国家之间的贸易有何影响？

欧美与中国汽车零部件关税纠纷案

2006年3月30日，欧盟、美国分别致函中国常驻WTO代表团，提出在WTO争端解决机制下的磋商请求，要求中国尽快修改汽车零部件关税政策，放开零部件市场。2006年4月13日，加拿大也提出了类似要求。

2006年8月初，中方曾经作出一定让步。8月4日，海关总署、商务部、财政部与国家发展和改革委员会发出公告，宣布《构成整车特征的汽车零部件进口管理办法》中构成整车特征的三个标准中的第三个标准，推迟两年实施，即推迟到2008年7月1日实施。然而，这一让步并没有让有关国家满意。

2006年9月16日，欧盟、美国和加拿大联合向WTO提出申诉，要求WTO专门成立专家组，对中国零部件关税政策进行调查，这是美欧加首次联合要求WTO对中国单一政策展开调查。

2008年9月15日，中国决定就WTO专家组关于欧盟、美国、加拿大起诉中国汽车零部件进口管理措施一案的裁决结果提出上诉，要求WTO上诉机构重新对此案进行审理，并作出公正裁决。

2008年12月15日，WTO上诉机构公布了最终裁决报告。报告维持了WTO专家组的裁决结果，认为中国《管理办法》违反了国民待遇，但是否定了专家组认为中国对成套散件和半成套散件按整车征税的做法违反"入世"承诺的裁决。

资料来源：黄卫平，陈秋云. 欧美与中国汽车零部件关税纠纷案例分析[J]. 涉外税务，2009（1）：68-71.

问题思考

1. 为何欧盟、美国、加拿大相继提出"要求"，希望中国尽快修改汽车零部件关税政策,放开零部件市场?

2. 国内汽车行业的发展在此次贸易争端败诉后有什么影响?

考核点

最佳关税理论内容与实践

自我评价

学 习 成 果	自 我 评 价
了解国际市场与国内市场失灵的主要表现形式	□很好□较好□一般□较差□很差
掌握利益集团影响国际贸易的方式	□很好□较好□一般□较差□很差
知悉利益集团的概念	□很好□较好□一般□较差□很差
通晓关税传导与汇率传导原理	□很好□较好□一般□较差□很差
理解最佳关税理论的支撑条件	□很好□较好□一般□较差□很差
明晰最佳关税理论的基本内容	□很好□较好□一般□较差□很差

即测即练

第6章 特殊贸易政策制定研究前沿

学习目标：
1. 比较安全保护政策与反倾销、反补贴政策的异同；
2. 清楚战略性贸易政策的含义和适用条件；
3. 了解反倾销、反补贴政策的含义及其动因；
4. 知悉反倾销政策在产品层级和企业层级对发起国的影响。

全球视角

平等和效率（的冲突）是最需要加以慎重权衡的社会经济问题，它在很多的社会政策领域一直困扰着我们。我们无法按市场效率生产出馅饼之后又完全平等地进行分享。

——阿瑟·奥肯，1975

具有讽刺意味的是，在欠发达国家国内逐步开放的同时，世界市场仍旧是受限制的。如果世界市场不取消贸易保护主义限制，发展中国家的产品卖到哪儿去。

——威廉·德雷伯三世，1992

6.1 安全保护与反倾销和反补贴的异同及其措施

安全保护是本国在某一时间内由于进口大量增长（并非不公平贸易造成）、对国内企业造成严重损害，对本国企业采取的贸易保护措施，又称贸易救济措施（safeguard remedies）。与反倾销税和反补贴关税（countervailing duties）一样，安全保护也是建立在其他国家行为基础之上的一项贸易保护政策。

6.1.1 安全保护与反倾销和反补贴的共同点与区别

安全保护与反倾销和反补贴的共同点是：它们的前提均为外国企业在本国市场的出口导致本国企业受到了实质性损害。

它们的区别表现在两方面。

第一，从外国企业对本国市场出口增加的角度来说，运用安全保护措施的门槛比运用反倾销、反补贴措施的门槛更低，条件更宽松：反倾销与反补贴中，外国企业对本国市场出口增加是不公平贸易造成的（即外国企业在本国市场上的售价低于公平价格，或者受到其政府的补贴资助)。而安全保护措施,只要求本国进口增长的客观事实存在,并不要求不公平贸易的存在。也就是说,进口增长的原因可能完全是公平贸易的结果。例如,外国在该行业的生产技术发生了突飞猛进的进步,导致其价格降低很快或产品质量提高很快,从而使其对本国出口大量增加;又如,本国该行业企业在某段时间受到不利的外部冲击(如进口原材料价格上升导致产品价格上升等),从而使其产品竞争力降低、进口大量增加。

第二,从外国企业对本国市场出口导致本国企业受到实质性损害的因果关联度的角度来说,运用安全保护措施的门槛比运用反倾销、反补贴措施的门槛更高,条件更严格:1979 年东京回合谈判结束之前,一国若想运用反倾销,必须证明外国出口企业的倾销行为是造成本国企业受到实质性损害的最主要原因,而在东京回合谈判之后,该条件放宽了,进口国政府只需证明外国出口企业的倾销是造成本国企业受到实质性损害的原因之一即可,并不需要证明其是最主要的原因。但一国政府要采取安全保护条款,必须证明进口量的增长是导致本国企业受到实质性损害的最主要原因,或者至少与其他原因同等重要。这与东京回合谈判之前反倾销的前提条件相同,比现在反倾销的前提条件更加严格。

世界贸易组织也对此作出了补充规定。在美国,1974 年贸易法案中的 201 条款(Trade Act of 1974, Section 201)对安全保护进行了规范。

6.1.2 安全保护的具体措施及其特点

安全保护的具体措施,又称贸易救济措施,既可能是提高关税,也可能是实行进口配额。两者可以单独或同时实行。安全保护的具体措施具有以下几个特点。

(1) 安全保护措施的实行是选择性的。当一国发现其他国家对本国的出口增长对本国造成了实质性损害后,该国是否采取安全保护措施,由该国政府自行决定,通常视损害的严重程度而定。在美国,是否选择采取这一措施由总统的行政命令决定。

(2) 安全保护措施的强度以遏制进口增长势头为限,不能过高。这是为了防止有的国家过度使用该措施。

(3) 安全保护措施的使用时间也存在限制,最长不得超过 5 年。并且,采用贸易救济措施超过 3 年的国家,需要对其他国家提供一定的补偿,如降低本国其他行业的关税等。这是因为,安全保护的前提并非不公平贸易,采取这一措施的国家实际上对其他国家造成了损害,因此有必要进行适当补偿,并限定该措施的使用时间,以防止有关国家滥用这一措施。

(4) 安全保护措施必须满足最惠国待遇原则。最惠国待遇条款的核心为无歧视原则,即享受最惠国待遇的各国必须受到同等对待。如果一国运用安全保护的救济措施(如临时提高关税、采用进口配额等),必须对所有国家都适用,而不能只针对一个或若干个特定的对象国。这与反倾销、反补贴针对特定目标国(进行倾销、提供补贴的国家)完全不相同。当然,一国政府遵循最惠国待遇原则运用贸易救济措施时,可以对与本国签订了优惠性贸易协定的国家例外,即不实行这一措施。例如,如果美国运用安全保护救济措施,提高某一行业对世界各国的关税,但与其签订了北美自由贸易协定的加拿大和墨西哥则可以不在这一范围内,仍然保留零关税。

6.2 战略性贸易政策的基本内容及其适用条件

6.2.1 战略性贸易政策的基本内容

战略性贸易政策(Strategic Trade Policy)是指一国政府为了帮助本国企业在国际市场上获得竞争优势,对特定企业给予的特殊补贴政策。这一政策是经济学家斯潘塞与布兰德于20世纪80年代共同提出的。其核心内容是:某些行业中只有少数几家企业展开实质性竞争,行业中存在超额垄断利润,竞争的结果将决定谁会获得这些利润;在这种情况下,一国政府可以通过对本国企业提供补贴的方式帮助其获得竞争优势,阻止外国竞争性企业进入市场,使本国企业获得超额利润,这部分收益可能会大于政府的补贴成本,因而会提高本国的福利(以外国福利损失为代价)。

战略性贸易政策建立在新贸易理论的基础之上,并为解决新的国际贸易模式提出了政策建议,它已经不仅仅是简单意义上的贸易政策了,而是贸易措施与产业措施的结合。战略性贸易政策远不同于传统的贸易保护政策,它是一种积极的贸易保护政策。

拓展阅读6-1　战略性贸易政策理论

关税、补贴、出口税收、进口替代等各种贸易保护措施和各种产业措施都可以成为战略性贸易政策的选择,但是只提倡适度保护,政策实施选取的产业一般是垄断租金聚集的寡头垄断产业,并且是容易产生巨大的外部经济效应,可以带动相关产业发展,自身很快获得规模经济、降低成本、提高竞争优势的新兴产业。在适当的时候,战略性贸易政策甚至提倡降低贸易壁垒,并开放成熟的产业,有选择地实行贸易自由化,从而使国家获得更多福利。所谓"战略",则来源于寡头垄断企业间的战略性关系,企业的损失和收益受到具有战略性关系的其他企业的影响,政府在制定贸易政策时总是把外国企业或政府的反应考虑在内,因此战略性贸易政策最终通过与他国企业间的这种零和博弈来达到增进本国福利的目标。

战略性贸易政策的效果分析建立在对寡头厂商行为分析的基础之上,具体运用了博弈论和信息经济学的分析方法。1944年,冯·诺依曼与奥斯卡·摩根斯特恩合著的《博弈论与经济行为》标志着现代系统博弈理论的初步形成。在此之前的1838年古诺模型、1883年伯特兰德模型(Bertrand model)都为博弈论和对不完全竞争市场中的经济行为的研究奠定了基础。伯特兰德模型和古诺模型是博弈论中的经典模型。伯特兰德竞争中,每个厂商都在它对另一厂商选择的价格预测既定的情况下作出自己的价格选择,为获得利润最大化,每个厂商都会把价格定得低于对方,厂商之间进行价格博弈,直到价格等于边际成本为止;古诺竞争中,每个厂商预测对方的产量时,在假定对方产量不变的基础上确定使自己利润最大化的产量,厂商进行产量博弈。1950年和1951年,纳什的两篇关于非合作博弈论的重要论文彻底改变了人们对竞争和市场的看法,他证明了非合作博弈及其均衡解,即著名的纳什均衡,从而揭示了博弈均衡与经济均衡的内在联系。纳什的研究奠定了现代非合作博弈论的基石。

古诺模型

古诺模型又称古诺双寡头模型(Cournot duopoly model)或双寡头模型(duopoly model)。古诺模型是早期的寡头模型。它是由法国经济学家古诺于1838年提出的。古诺模型是纳什均衡应用的最早版本,古诺模型通常作为寡头理论分析的出发点。古诺模型的结论可以很容易地推广到3个或3个以上寡头厂商的情况。

伯特兰德模型

伯特兰德模型是由法国经济学家约瑟夫·伯特兰德(Joseph Bertrand)于1883年建立的。古诺模型和斯塔克尔伯格模型都是把厂商的产量作为竞争手段,是一种产量竞争模型,而伯特兰德模型则是价格竞争模型。

名人堂

约翰·冯·诺依曼(John von Neumann),1903年12月28日—1957年2月8日,美籍匈牙利数学家、计算机科学家、物理学家,是20世纪最重要的数学家之一。冯·诺依曼是罗兰大学数学博士,是现代计算机、博弈论、核武器和生化武器等领域的科学全才之一,被后人称为"现代计算机之父""博弈论之父"。冯·诺依曼1944年与奥斯卡·摩根斯特恩合著的《博弈论与经济行为》,是博弈论学科的奠基性著作;其余主要著作有《计算机与人脑》《量子力学的数学基础》《经典力学的算子方法》《连续几何》等。

奥斯卡·摩根斯特恩(Oskar Morgenstern),1902年1月24日生于西里西亚的戈尔利策,1977年7月26日卒于新泽西州普林斯顿。摩根斯特恩在维也纳大学讲授经济学,1935年获教授学衔。1938年纳粹德国吞并奥地利后,摩根斯特恩被迫离开维也纳来到美国,1944年获得美国国籍。他在普林斯顿大学教经济学,并在那里度过了他的后半生,1941年获教授衔。他很热心于将数学应用于经济学,更广义地说,应用于人类的各种战略问题,包括商业、战争以及科学研究,以便获得最大利益和尽可能地减少损失。他认为这些原理也同样适用于哪怕简单得像抛掷硬币这样的游戏,因而提出了对策论(博弈论)。

经济人出于利己思想经常会采取损人也不利己的策略。囚徒困境(Prisoner's Dilemma)便描述了经典的纳什非合作博弈均衡,在现实中非合作的情况要比合作情况普遍。战略性贸易政策建立在寡头垄断市场竞争的基础之上,寡头厂商的决策问题正是博弈问题,博弈的特点在于参与者存在相互依赖性,一个参与者的利益不仅与自己的决策有关,很大程度上还依赖于其他所有参与者的决策,寡头厂商之间的竞争行为正是相互博弈最终达成均衡的过程。在寡头厂商的博弈中,帕累托最优产生于该产业达到某种共谋的结果(无论是否协议的共谋),并且产生利润最大化之时,而这对于整个社会来说却并非最优。多数情况下,寡头厂商间将达到一种非合作均衡。战略性贸易政策正是国家通过干预手段使本国寡头厂商和外国寡头厂商通过非合作博弈最终达到一种有利于本国利益的贸易均衡。

囚 徒 困 境

  囚徒困境是博弈论的非零和博弈中具代表性的例子,反映个人最佳选择而非团体最佳选择。或者说在一个群体中,个人作出理性选择却往往导致集体的非理性。虽然困境本身只属模型性质,但现实中的价格竞争、环境保护等方面,也会频繁出现类似情况。

  1950年,美国兰德公司的梅里尔·弗勒德(Merrill Flood)和梅尔文·德雷希尔(Melvin Dresher)拟定出相关困境的理论,后来由顾问艾伯特·塔克(Albert Tucker)以囚徒方式阐述,并命名为"囚徒困境"。两个共谋犯罪的人被关入监狱,不能互相沟通情况。如果两个人都不揭发对方,则由于证据不确定,每个人都将坐牢1年;若一人揭发,而另一人沉默,则揭发者因为立功而立即获释,沉默者因不合作而入狱10年;若互相揭发,则因证据确实,二者都判刑8年。由于囚徒无法信任对方,因此倾向于互相揭发,而不是同守沉默,最终导致纳什均衡仅落在非合作点上的博弈模型。

  囚徒困境的主旨是囚徒们虽然彼此合作、坚不吐实,可为全体带来最佳利益(无罪开释),但在对方的表现不明的情况下,由于出卖同伙可给自己带来利益(缩短刑期),且同伙把自己招出来可给他带来利益,因此彼此出卖虽违反最佳共同利益,反而是自己最大利益所在。但实际上,执法机构不可能设立如此情境来诱使所有囚徒招供,因为囚徒们必须考虑刑期以外之因素(出卖同伙会受到报复等),而无法完全以执法者所设立之利益(刑期)作为唯一考量的因素。

  在寡头厂商博弈过程中,信息将影响和改变博弈的结果。在战略性贸易政策的实施过程中,当一家寡头厂商对自己的价格或产量作出决策时,可能已经知道其对手所做的选择,先行选择产量的寡头厂商称为斯塔克尔伯格领导者,先行选择价格的寡头厂商称为价格领导者;如果一家寡头厂商作出决策时不知道其对手所做的选择,寡头厂商将猜测对方的决策并同时选择价格或产量,因此将出现产量领导、价格领导、联合定产和联合定价四种可能。战略性贸易政策意味着政府比寡头厂商先行,政府通过政策干预使寡头厂商改变决策,从而产生完全不同的效果。一国的战略性贸易政策的承诺或威胁将影响参与竞争的寡头厂商的决策,进而影响到其他寡头厂商的决策;同时,一国政府的政策承诺或威胁也可能同时影响本国寡头厂商和外国寡头厂商的行为,从而使它们同时作出决策。经典的克鲁格曼波音空客案例分析了布兰德-斯潘塞战略性贸易政策模型,假设波音公司(以下简称"波音")的飞机先行进入市场,空中客车公司(以下简称"空客")由于无利可图将不会跟进,但如果欧洲政府承诺给予空客补贴,空客会选择进入市场,而波音将蒙受损失。在一个简单的一国政府和两国寡头厂商的战略性贸易政策模型中,政府也可以充当斯塔克尔伯格价格领先者,预测寡头厂商对于政府的政策选择所作出的反应,从而确定自己的决策,两国寡头厂商作为跟随者也可以预测政府的政策以确定自己的反应策略。另外,政府威胁和承诺的可信度也将大大影响寡头厂商博弈的结果,假设波音在市场中占主导,而空客是新进入者,一旦空客进入,美国再给波音补贴,将发生一场代价高昂的价格战,说明美国的补贴政策是不明智的。明智的做法是在空客进入之前,美国威胁要给予波音补贴,其目的是使空客害怕,如果威胁可信,将阻止空客的进入以保证波音的利润,甚至于威胁并不付诸实施。这也可以体现出战略性贸易政策优于传统贸易保护的地方,传统的贸易保护只考虑到事后反应,而战略性贸易政策则认识到事前的威慑作用,这正是信息经济学在战略性贸易政策中运用的成功之处。

6.2.2 战略性贸易政策的适用条件

1. 产业条件约束

战略性贸易政策的实质是产业组织理论在国际经济政策领域的延伸、发展和应用。美国经济学家蒂森(Tyzon)在其论文《管理贸易:选择次佳中的最好》中阐明了美国战略性贸易政策的目标:"保护美国某些与知识、技术密切联系的产业在全球范围内的生产与就业,而这些产业能够产生经济效益以外的战略效益和社会效益。"蒂森进一步将这些产业定义为:半导体产业、电脑产业、航空工业,以及尖端通信工业等高科技产业。如果扶持一个产业对整个国家有利,这个产业除了具有外溢效应、规模经济并易于形成自然垄断外,还应该具有以下特点。

(1) 本国产业面临外国厂商的激烈竞争或潜在竞争时,产业或潜在产业所获得的额外收益(利润或工人能得到更多的回报)必须超过补贴的成本,以保证对本国产业的补贴能够迫使外国竞争对手削减其生产能力计划和产出。

(2) 与出口相关的国内产业应该比外国竞争产业更集中或同样集中,以保证补贴造成的价格下降幅度保持在最低水平从而提高本国福利水平。

(3) 产业没有强大的工会,工人收入至少部分地取决于利润分成,且关键投入品的供给可变,以保证国内的扶持政策不致引起要素价格上升过高。

(4) 产业相对于外国竞争有相当大的成本优势,且增加生产会带来相当大的规模经济或学习效应,以保证扶持政策更有效。

(5) 以研发成本和资本成本为主要组成部分的产业,国内新技术向国外竞争厂商的外溢最少,且政府干预有助于把国外技术转移给本国厂商,以保证其成为研发补贴政策较好的扶持目标。

2. 制度条件约束

不完全竞争和规模经济只是战略性贸易政策实施的必要条件,除此以外,战略性贸易政策的实施还有诸多限制条件,只有当各种条件都满足时,战略性贸易政策才能行之有效。

(1) 信息不完全引起政府决策失误。一国政府制定战略性贸易政策的前提条件是收集和掌握必要的、完整的信息,并能明智地驾驭和使用这些信息,否则将无法制定恰如其分的干预政策。以波音与空客的竞争为例,实行干预政策的政府必须对航空产业的组织结构和市场竞争方式作出正确评估,对制造新式飞机面临的市场需求和可能带来的利润心中有数。不管是本国厂商决定单独生产,还是外国竞争厂商决定加入市场,在任何一种情况下只要出现计算错误,哪怕是极小的错误,都将使该国经济无法获得预想的收益,而只会不断地恶化。再者,战略性贸易政策要求政府事先作出补贴承诺,即使事后亏损也不得改弦易辙,而一般情况下,政府很难获得决策所必需的全部信息,一旦政府判断有误、补贴失当,便会引起资源错置、效率降低。由此可见,信息不完全是推行战略性贸易政策的一大障碍。

(2) 自由进入会导致垄断利润消失。实施战略性贸易政策还必须考虑市场的组织结构。从市场结构特征来看,如果规模经济程度非常高,只能允许一家企业盈利,那么生产补贴或出口补贴可能有助于实现转移他人利润的初衷;但若世界市场可以同时容纳若干生产厂家,且各国都允许企业自由进入,则竞争机制便会自动消除企业梦寐以求的那部分经济利润,战略性贸易政策的效用就要大打折扣,甚至完全失效。

(3) 争夺资源有损于其他工业部门发展。一国政府利用补贴政策支持某一工业部门,往往是以损害国内其他工业部门为代价的。这是因为,在资源有限的条件下,政府不可能对所有的部门实行补贴,这种补贴意味着资源的再分配,得到补贴的出口部门必然会从其他一些部门抽取资源。补贴优惠虽然降低了特定产业的边际成本,但却提高了其他产业的边际成本,因而会阻碍其他产业的发展。如果被抽走资源的部门中存在具有潜在优势而未被充分认识的目标产业,当各行各业都试图寻求政府扶助时,如果被抽走资源的部门中存在具有潜在优势但是未被充分认识的目标产业,便无法得到先反应的支持。

(4) 轮番报复引致两败俱伤。根据博弈论研究的结果,如果有两个国家对相同的战略性产业实行对等的扶植政策,必然会产生过度竞争,导致囚徒困境的出现,战略性贸易政策自然无法有效地推行。在现实经济生活中,一国实施战略性贸易政策不能不引起对方国家的强烈反应乃至报复,如果各国轮番采取贸易保护主义的报复措施,那就不仅会抵消战略性贸易政策的功效,使可能猎取的转移利润和获得的规模经济化为泡影,而且会因报复性措施的实行造成国际贸易的剧烈萎缩,降低世界福利水平;实施国在提高社会经济附加成本(指补贴)的同时减少国民收入,降低国民福利水平。

所有这些,均构成了战略性贸易政策付诸实施的充分条件。其中任何一个方面出现偏差,都有可能削弱战略性贸易政策的实施绩效,甚至抵消这一政策的绩效或带来相反的结果。

战略性贸易政策的新发展

战略贸易政策的理论主张受到来自贸易政策、政治经济观点的批评,这些批评与发展经济学的新古典政治经济学思路有相同的"基因"。战略性贸易政策突出"战略"的用意在于限制其用途,而近几年诸如压力集团和利益集团模型(pressure group or interest group model)、加法机模型(adding machine model)社会现状模型(status quo model)社会变迁模型(social change model)、比较成本模型(comparative costs model)及对外政策模型(foreign policy model)等理论的引入与日益完善却缩短了发达国家与发展中国家的距离;发展中国家普遍存在的大量寻租行为和直接非生产性寻利活动显然适合战略性贸易政策的滋生。战略贸易政策在贸易的政治经济学、不确定性、不完全承诺和不完全信息四个方面取得了新的研究进展。

近来,战略贸易政策研究的一个重要新进展是引入不确定性。这一新进展更符合发展中国家经济运行中充满风险和不确定性的现实。在确定性模型中,贸易政策常被限定在线性税收或补贴上,公司被假定只进行价格博弈或数量博弈。不确定性引入战略贸易政策的一个重要结果是扩展了政府政策空间和企业战略空间,为我们在更加现实的基础上讨论战略贸易政策提供了可能。

1. 需求不确定性

在需求不确定性方面,R. 库柏和 R. 瑞茨曼(R. Copper and R. Reizman,1989)首先把需求市场的不确定性引入 J. A. 布兰德和 B. J. 斯彭斯的模型,考察了政府在税收补贴和数量控制两种方法之间的选择。他们证明了在需求不确定的 J. A. 布兰德和 B. J. 斯彭斯模型中,直接的数量控制优于线性税收或补贴政策。如果市场需求稳定,出口配额为最优政策;如果市场需求波动,出口补贴就变为最优政策。

沿着 R. 库柏和 R. 瑞茨曼的思路,L. 阿文(L. Arvan,1991)把行动时序因素引入模型,在排除政府进行数量限制的政策选择后,他假定政府要么在观察到需求随机扰动前宣布补贴政策,要么在市场不确定因素消除之后宣布补贴政策。在这些假定下,他证明了企业数量较少的国家倾向于在随机扰动前宣布补贴政策,并取得领先者地位;企业数量较多的国家则在市场不确定因素消除之后宣布补贴政策,并取得领先者地位。

R. 什瓦库马(R. Shivakumar,1993)综合上述三人的研究成果,证明了最优政策选择取决于随机扰动和企业数量。丘东晓(Qiu,1995)也证明,在需求不确定和非常数边际成本的 J. A. 布兰德和 B. J. 斯彭斯模型中,采用非线性的政策是最优的。政府采用非线性的政策工具不但可以保证本国企业的领导者地位,还可以改变垄断竞争行为,使之有利于本国企业的发展。

M. 阿南和 S. H. 蒋(M. Anamand and S. H. Chiang,2000)进一步把需求不确定的 J. A. 布兰德和 B. J. 斯彭斯模型扩展到多个出口市场的环境中。他们证明了在这一环境下,战略出口政策依赖于市场的相对变动性和市场之间的相关性。具体地讲,当两个市场正相关时,对需求变动较大的市场征收出口税,同时对另一个市场实行出口补贴的政策是最优的。进一步,如果古诺博弈被伯特兰德博弈所替代,对变化更大的市场进行出口补贴就变成最优的政策选择。在这一模型中,允许国内市场和国外市场相关,对战略贸易政策有重要的含义。因此有可能证明,当国内市场相对更不稳定且市场之间是正相关时,政府可能需要以相反的方向干预,而并不必然像标准模型建议的那样,在本国市场上补贴本国企业,或是对外国企业征收关税。

2. 有关均衡的不确定性

为了克服寡头理论中多重均衡的不确定问题,P. D. 克伦佩勒和 M. A. 迈耶(P. D. Klemperer and M. A. Meyer,1989)对不确定条件下的博弈提出了一个新的均衡概念。D. 劳塞尔(D. Laussel,1992)吸收了 P. D. 克伦佩勒和 M. A. 迈耶新模型的基本思想及方法并把其战略贸易政策新进展与发展中国家贸易政策应用于战略贸易政策问题的研究。

D. 劳塞尔假定企业受到供给函数约束,而不是传统假定中单一的价格或数量约束。在需求不确定时,他证明了最优边际补贴率会随出口递减。在 D. 劳塞尔的模型中,国内外企业有相同的不变边际成本。因此,在没有政府干预时,运用 P. D. 克伦佩勒和 M. A. 迈耶均衡解的概念,市场博弈将导致两个企业选择完全弹性的价格-数量清单,价格等于边际成本,利润为零。

同样运用这一均衡解的概念,S. 格兰特和 J. 奎金(S. Grant and J. Ouiggin,1997)证明了在政府间的政策博弈中,当出口垄断是在国家层面,而不是在企业层面出现时,贸易干预的均衡模式是由模型的参数内生决定的。S. 格兰特和 J. 奎金假定:政府选择出口税或者进口税作为贸易工具,企业作为价格接受者采取行动。他们的研究显示出 P. D. 克伦佩勒和 M. A. 迈耶均衡解的概念如何被用来内生化竞争性政府采用的贸易限制形式,也就是说,均衡的贸易政策形式来源于模型基本的经济初始条件,如消费者的偏好、企业的技术以及国家的禀赋,而不是通过规范政策博弈的具体战略空间来展开分析。

总之,在不确定的条件下,无论是补贴还是税收,无论是线性还是非线性,无论是数量控制还是价格控制,都取决于一个国家的实际情形,特别是对发展中国家来讲,合理的贸易政策只能是一个国家具体条件下的产物。

战略性贸易政策在各个国家和地区的应用

1. 美国

美国曾经凭借自由贸易政策在世界经济中占据绝对优势的地位。随着欧洲和日本的崛起,美国开始转向应用战略性贸易政策。战略性贸易政策甚至成为其在倡导自由贸易的同时进行贸易保护的一个冠冕堂皇的借口。美国在全面实施"国家出口战略"的同时,还选择了部分产业作为其扶持的重点。例如,在高新技术产业,美国通过放宽出口限制,尤其是放宽对科技产品的出口限制等措施,获得了快速发展,其产值占 GDP(国内生产总值)的比例从 1990 年的 6.1%、1995 年的 7.6%,提高到 2000 年的 10%。高新技术产业通过技术溢出效应,向相关产业扩散技术,推广管理经验,带动了各相关产业的技术进步和协调发展,推动了美国经济和就业的增长。同时,在传统产业,美国政府积极引用"301 条款"和"超级 301 条款",迫使别国开放市场,并以反补贴、反倾销、保障措施等形式,限制进口,保护了本国市场及相关产业发展。战略性贸易政策措施的实施,有效地保护了美国国内市场,为其钢铁等吸收大量人员就业的夕阳产业争取到调整的时间,并促进了其高技术产业的发展及出口的增长。

2. 欧洲

欧洲早在欧洲共同体时期,由于意识到自身与美国的技术差距和竞争关系,就曾运用产业政策试图改变旧有分工格局,形成对本国有利的新的均衡。20 世纪 60 年代,欧洲在飞机产业再次成功地实践了战略性贸易政策。飞机产业具备不完全竞争、规模经济、外部经济和学习曲线等特征,是非常"标准"的战略性产业。此前,美国在飞机产业一枝独秀。欧洲先是通过英法两国政府提供财政支持共同开发协和型超声速飞机,实现了技术外溢;而后通过欧洲九国政府大量补贴空客的研发经费,提供出口信贷,并在制造过程中的其他方面提供帮助。最终,空客在飞机产业成功地成为可与波音和麦克唐纳·道格拉斯公司竞争的寡头之一。其在世界市场中的份额从 20 世纪 70 年代初的 3%提高到 1979 年的 30%。

3. 日本

日本在 20 世纪 70 年代,即根据本国经济发展战略,将钢铁、基础化学、石油精炼等基础原材料和电机、汽车、造船、电子机械等高附加值制造业等确定为战略产业部门。20 世纪80年代，日本将发展尖端技术部门为主的知识密集型产业作为其实施战略性贸易政策的重点，旨在研究开发知识密集型产品，提高其在出口商品中的比重。例如，在具有外部经济的半导体产业，日本政府采取封闭政策和对通用研究项目进行金融资助等政策予以扶持，其结果是推动了产业发展，并由美国的追随者转变为领先者。总体而言，日本政府通过实施战略性贸易政策，加快了电子、石油化工、原子能、汽车等新兴产业的发展，并帮助这些产业保持其在国际竞争中的相对优势，从而有效地促进了日本经济的快速增长。

6.3　产品层级与企业层级的反倾销对发起国的影响

6.3.1　产品层级反倾销对发起国的影响

反倾销措施在企业层级与产品层级方面，特别是对行业与产品贸易量有较大的影响。从反倾销措施对于反倾销发起国贸易量的影响来看，在一个国家针对其他国家发起反倾销之后，这一措施对反倾销发起国的影响主要表现在两个方面：一方面，它们从反倾销目标国的进口量减少，称为"贸易破坏效应"（trade destruction effect）；另一方面，它们从非目标国（即第三国）的进口量增加，称为"贸易转移效应"。

反倾销措施的效果是指反倾销的直接效果，即贸易破坏效应，反倾销导致发起国从目标国的进口量减少。不仅反倾销税（anti-dumping duties）的征收会对贸易量产生影响，而且反倾销过程中的其他步骤也会对贸易量产生影响。

（1）反倾销调查（anti-dumping investigation）会在调查期间导致反倾销发起国从目标国的进口量减少，而从调查开始到确定征收反倾销税期间减少的进口量几乎为确定征收反倾销税后进口减少量的一半。正由于此，对政府提出反倾销调查申请的企业分成两类：一类是结果寻求者，即寻求最终征收反倾销税以限制进口的企业；另一类是过程寻求者，即寻求反倾销调查过程本身对进口的限制作用的企业。

（2）即使反倾销终止，以反倾销目标国的企业承诺不再倾销、提高售价为交换条件，也会导致发起国从目标国的进口量减少，而本国进口竞争企业的产量增加，这一效应与征收反倾销税的效应相当。

（3）如果反倾销在决定尚未作出时就被撤回（withdrawn），则对贸易量产生的影响不是很显著。

反倾销导致的发起国从目标国进口量的减少，在很大程度上被其从非目标国的进口量的增加替代了，这就表明，除非反倾销发起国同时对生产同种产品的多个国家发起反倾销，否则反倾销对保护国内市场所起的作用是很有限的。20世纪80年代美国反倾销案例的急剧上升，并非外国企业的降价倾销行为，而更多是美国企业为了补偿反倾销措施作用的有限性（只针对特定国家实施）而作出的战略性选择。

快速发展的反倾销措施，其不仅仅是为了保护那些实质上受倾销损害的本国企业，同时也被滥用于保护本国出口商。许多反倾销措施的使用国，同时也是被反倾销措施制裁的国家，其反倾销措施属于报复性行为。反倾销措施对于反倾销发起国从目标国与非目标国的进口产生的不同影响表现在无论是反倾销导致反倾销税的征收还是双方达成协议而终止,反倾销发起国从目标国的进口量3年内都会下降50%~70%;即使是反倾销请求最终被否决的案例,反倾销发起国从目标国的进口量也都会降低15%~20%;贸易量受到的影响大于价格受到的影响;反倾销发起国从非目标国的进口量增加。

6.3.2　企业层级反倾销对发起国企业的影响

1. 反倾销对发起国企业市场控制力与利润的影响

企业的市场控制力体现在其利润(成本加成)上。反倾销对发起国企业利润有正面显著影响。但是,一些反倾销保护后进口来源国转移(即进口来源国从反倾销目标国转向非目标国)比较强烈的行业除外。同时,利润的增长并非在反倾销调查后就立即发生,而只是在实际的反倾销措施采取之后才会发生。另外,随机选择的、没有受到反倾销影响的企业在同一时期内的利润并未上升。

2. 反倾销对发起国企业生产率的影响

第一,受到反倾销保护后,企业的平均生产率小幅提升,但仍然低于那些从未涉入反倾销案件的企业的生产率。由于贸易保护措施阻止了资源向生产率更高的部门流动,因此其并非提高企业生产率的有效工具。

第二,反倾销对企业生产率的影响因企业不同而不同:初始效率较低的本国企业从贸易保护中受益,生产率提高;而初始效率较高的企业却因为贸易保护而受损,生产率下降,这是反倾销带来的福利损失之一,其他损失包括本国消费者的福利损失等。

3. 反倾销对发起国企业实体生产率的影响

受反倾销保护的企业,其产品销售价格与利润都得到了不同程度的提高,从而导致企业的收入生产率(以企业销售收入为基础测算出的生产率)显著增长;但是,反倾销与企业收入生产率之间的这种正相关,可能具有误导性,企业的实体生产率(以企业产出的物理数量为基础测算出的生产率)实际上下降了。此外,反倾销使很多产量小的企业因为被保护而得以存续,继续生产其受保护的产品,不利于社会资源的优化配置。

6.4　反补贴的条件与措施

一国政府可能对其出口企业进行出口补贴,帮助它们在其他国家获得低价竞争优势,提高其出口量。对于进口国而言,出口国政府的补贴行为构成了不公平竞争。当这种行为对进口国企业造成实质性损害时,进口国政府可以对外国出口企业采取反补贴措施。因此,一国政府要对外国企业采取反补贴措施,必须符合两个条件:一是外国企业受到其政府的补贴;二是外国企业的销售行为给本国企业造成了实质性损害。这两个条件缺一不可。同时,与反倾销一样,只有在本国企业起诉外国出口企业因受到补贴而在本国市场低价销售、损害本国企业利益的情况下,本国政府才会展开反补贴调查。也就是说,反补贴也属于"民不告,官不办"的民法范畴。

反补贴措施一般表现为反补贴关税,反补贴关税的幅度,一般等于外国政府的出口补贴幅度。但是,由于多数国家的出口补贴信息并不透明,进口国政府需要对出口国政府的补贴幅度进行估计。

本章小结

安全保护是一国政府在短期内进口量急剧增加、导致本国企业受到损害时所采取的贸易保护政策。安全保护的具体措施，又称贸易救济措施，既可能是提高关税，也可能是实行进口配额。两者可以单独或同时实行。这种政策建立在特定条件基础之上，因此又称为"有条件的贸易保护"。

战略性贸易政策有其适用条件，即在规模经济和不完全竞争条件下，一国政府通过关税、出口补贴、R&D（科学研究与试验发展）补贴等战略措施，扶持本国战略性产业的发展，增强本国企业制造的产品在国际市场上的竞争力，从而占有更多的国际市场份额，最终实现本国社会福利水平的提高。战略性贸易政策理论动摇了在规模经济和不完全竞争条件下自由贸易政策的最优性，证明了政府干预的合理性和必要性。

一国政府要对外国企业采取反补贴措施，须符合两个条件：一是外国企业受到其政府的补贴；二是外国企业的销售行为给本国企业造成了实质性损害。这两个条件缺一不可。反补贴措施一般表现为反补贴关税，反补贴关税的幅度，一般等于外国政府的出口补贴幅度。但是，由于多数国家的出口补贴信息并不透明，进口国政府需要对出口国政府的补贴幅度进行估计。

框架体系

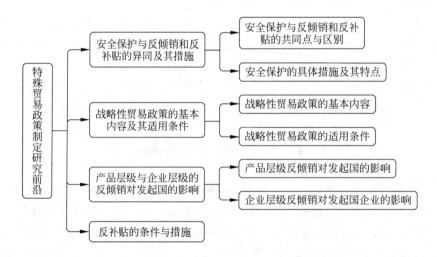

关键术语

贸易破坏效应（trade destruction effect）
贸易转移效应（trade diversion effect）
反倾销税（anti-dumping duties）
反倾销调查（anti-dumping investigation）
收入生产率（revenue productivity）

实体生产率(physical productivity)

反补贴关税(countervailing duties)

安全保护(safeguards)

战略性贸易政策(Strategic Trade Policy)

课后习题

1. 安全保护政策与反倾销、反补贴政策有哪些异同点？
2. 安全保护的具体措施有哪些？
3. 战略性贸易政策的主要内容是什么？其约束条件及相关应用有哪些？
4. 分析反倾销政策在产品层级和企业层级对发起国的影响。

美日半导体贸易摩擦

半导体工业始于1959年集成电路(integrated circuit, IC)的发明，起初该产业的进入成本相对较低，产品周期相对较长，企业规模适中，"学习效果"显著，集成电路容量每增加1倍，成本下降30%~40%。由于这些特点，美国政府以巨额军事合同支持半导体产业的发展。

但是从20世纪70年代中期起，半导体产业出现了一些变化。首先，产品创新减慢而竞争加剧，技术越来越复杂，资本投入越来越高，企业的"沉没成本"陡然增加。1975—1985年，生产成本增加了10~20倍。其次，1971年美国发明"动态随机存储器"(Dynamic Random Access Memory, DRAM)后，能否研发大容量内存芯片成为半导体企业做大做强的关键；最后，20世纪70年代末80年代初，由于实施了有效的战略性贸易政策，日本在半导体领域迅速崛起。为了在信息技术领域赶上美国，日本国际贸易和产业大臣在1976年开始了一个为期4年的"超大规模集成"(very large scale integration, VLSI)项目，其核心内容是政府供给或协调公共产品，如R&D基金、技术教育、生产和产品目标、价格控制，以及国内市场准入限制等。在资本和R&D费用上，日本开始超过美国。截至1979年底，日本的16k内存占有43%的美国市场份额；1981年，日本公司向美国市场提供了70%的64k内存；1984年和1985年，日本公司控制了256k内存市场的90%，并把美国公司完全挤出市场。日本公司在内存和其他商用芯片市场的统治地位对美国公司造成巨大压力。除了小公司继续生产特定型号的芯片外，生产商用芯片的大公司损失惨重，不得不停止制造内存芯片。日本的成功使它在1985年成为世界第二大半导体市场(35%)，仅稍稍落后于美国(38%)。到1987年，日本市场达到49%，超过美国的39%。同时，1985年，日本在美国市场的占有率增加到17%，而美国在日本的市场占有率10年内一直徘徊在10%左右，尽管美国公司增加了市场开发费用。

1985年，美国半导体产业协会(SIA)依据1974年贸易法提出"301条款"申请，起诉日本的不公平贸易政策，要求美国政府对日本公司进行报复，除非美国半导体产品在日本市场的占有率得到基本改善。这份申请指控日本公司为了占有市场份额,以低于成本的掠夺性价格销售产品,而本国市场却对外国产品关闭。SIA 的"301 条款"申请有两个"战略性"目标:一是保证美国在 20 世纪 90 年代初占有日本市场 20%的份额,这也是"新互惠主义"的基本特点之一,以政治决定的"成效导向"标准替代市场决定的"规则导向"标准,即不以事前竞争法规而以事后自己最终的实际出口量来决定外国市场的开放程度;二是促使日本停止在美国市场和第三国市场上倾销内存产品的行为。"它想要美国政府威胁制裁日本的倾销和不公平贸易实践,达到迫使日本开放市场之目的。"为了增加美国对日本贸易谈判筹码,英特尔等公司还单独起诉日本在美国市场上倾销可擦除可编程只读存储器(EPROM),声称如果日本不停止倾销和实行日本市场的自由化,它们就要求政府对其征收反倾销税,或者要求单独实行配额。由此可见,美国厂商已不单纯要求实行贸易保护,而是要求政府采取战略性行动。1987 年 4 月,美国政府对价值 3 亿美元的日本消费品和办公用品征收 100%的关税,到 1988 年底,由于在打开日本市场方面没有取得进展,美国仍然对大约价值 1.65 亿美元的日本产品征收 100%的关税。

资料来源:MILNER H. Resisting the protectionist temptation[J]. International organization,1986,41(4):639-665.

问题思考

探讨美日在半导体领域产生摩擦的原因及其解决的路径。

考核点

战略性贸易政策理论

自我评价

学习成果	自我评价
比较安全保护政策与反倾销、反补贴政策的异同	□很好□较好□一般□较差□很差
清楚战略性贸易政策的含义和适用条件	□很好□较好□一般□较差□很差
了解反倾销、反补贴政策的含义及其动因	□很好□较好□一般□较差□很差
知悉反倾销政策在产品层级和企业层级对发起国的影响	□很好□较好□一般□较差□很差

即测即练

第三篇

国际贸易现实与未来专题

第 7 章

"一带一路"建设

学习目标：
1. 了解"一带一路"产生的历史；
2. 明晰"一带一路"倡议提出的国内外背景；
3. 理解"一带一路"建设的原则和思路；
4. 掌握"一带一路"建设的机制及其重点。

 全球视角

明者因时而变，知者随事而制。

——桓宽，公元前 81

能用众力，则无敌于天下矣；能用众智，则无畏于圣人矣。

——陈寿，249

孤举者难起，众行者易趋。

——魏源，1826

通商者，相仁之道也，两利之道也；客固利，主尤利也。

——谭嗣同，1896

7.1 何谓"一带一路"

"一带一路"（the Belt and Road，B&R）是"丝绸之路经济带"（the Silk Road Economic Belt）和"21 世纪海上丝绸之路"（21st Century Maritime Silk Road）的简称。2013 年 9 月和 10 月，中国国家主席习近平在出访哈萨克斯坦和印度尼西亚时先后提出共建"丝绸之路经济带"和"21 世纪海上丝绸之路"的倡议。由此，"一带一路"建设正式提出。

如今的"一带一路"是现代版的古丝绸之路，起源于中国汉代，是连接亚洲、非洲和欧洲的古代陆上商业贸易路线。其最初的主要作用是运输古代中国出产的丝绸、瓷器、茶叶等商品，后来成为东方与西方在经济、政治、文化等方面进行交流的主要通道。

根据运输方式，丝绸之路分为陆上丝绸之路和海上丝绸之路。陆上丝绸之路，是连接中国腹地与欧亚诸地的陆上商业贸易通道。汉武帝派张骞出使西域形成其基本干道，以

首都长安为起点,经凉州、酒泉、瓜州、敦煌、阿富汗、伊朗、伊拉克、叙利亚等而达地中海,以罗马为终点。这条路被认为是连接亚欧大陆的古代东西方文明的交汇之路,而丝绸则是最具代表性的交易货物。在两汉时期,其又以南道、中道、北道三条路线划分为"绿洲丝绸之路""草原丝绸之路""西南丝绸之路"。

拓展阅读7-1 宁波舟山港简介

海上丝绸之路是指古代中国与世界其他地区进行经济文化交流交往的海上通道,萌芽于商周,发展于春秋战国,形成于秦汉,兴于唐宋,转变于明清,是已知最为古老的海上航线。中国海上丝绸之路分为东海航线和南海航线,主要以南海为中心。南海航线又称南海丝绸之路,其起点主要是广州、宁波和泉州。先秦时期,岭南先民在南海乃至南太平洋沿岸及其岛屿开辟了以陶瓷为纽带的交易圈,从中国经中南半岛和南海诸国,穿过印度洋,进入红海,抵达东非和欧洲,途经100多个国家和地区,成为中国与外国贸易往来和文化交流的海上大通道,并推动了沿线各国的共同发展。东海航线,也叫"东方海上丝路"。春秋战国时期,齐国在胶东半岛开辟了"循海岸水行",直通辽东半岛、朝鲜半岛、日本列岛直至东南亚的黄金通道。唐代,山东半岛和江浙沿海的中、韩、日海上贸易逐渐兴起。

知识延伸

认清与理解"一带一路"建设的内涵

"一带一路"倡议自提出以来,不断拓展合作区域与领域,尝试与探索新的合作模式,使之得以丰富、发展与完善,但其初衷与原则却始终如一。这是认知与理解"一带一路"倡议的基点与关键。

"一带一路"是开放性、包容性区域合作倡议,而非排他性、封闭性的中国"小圈子"。当今世界是一个开放的世界,开放带来进步,封闭导致落后。中国认为,只有开放才能发现机遇、抓住用好机遇、主动创造机遇,才能实现国家的奋斗目标。"一带一路"倡议就是要把世界的机遇转变为中国的机遇,把中国的机遇转变为世界的机遇。正是基于这种认知与愿景,"一带一路"以开放为导向,冀望通过加强交通、能源和网络等基础设施的互联互通建设,促进经济要素有序自由流动、资源高效配置和市场深度融合,开展更大范围、更高水平、更深层次的区域合作,打造开放、包容、均衡、普惠的区域经济合作架构,以此来解决经济增长和平衡问题。这意味着"一带一路"是一个多元开放包容的合作性倡议。可以说,"一带一路"的开放包容性特征是其区别于其他区域性经济倡议的一个突出特点。

"一带一路"是务实合作平台,而非中国的地缘政治工具。"和平合作、开放包容、互学互鉴、互利共赢"的丝路精神成为人类共有的历史财富,"一带一路"就是秉承这一精神与原则提出的现时代重要倡议。通过加强相关国家间的全方位多层面交流合作,充分发掘与发挥各国的发展潜力和比较优势,彼此形成了互利共赢的区域利益共同体、命运共同体和责任共同体。在这一机制中,各国是平等的参与者、贡献者、受益者。因此,"一带一路"从一开始就具有平等性、和平性特征。平等是中国所坚持的重要国际准则,也是"一带一路"建设的关键基础。只有建立在平等基础上的合作才能是持久的合作,也才会是互利的合作。"一带一路"平等包容的合作特征为其推进减轻了阻力、提升了共建效率,有助于国际合作真正"落地生根"。同时,"一带一路"建设离不开和平安宁的国际环境和地区环境,和平是"一带一路"建设的本质属性,也是保障其顺利推进所不可或缺的重要因素。这些就决定了"一带一路"不应该也不可能沦为大国政治较量的工具,更不会重复地缘博弈的老套路。

"一带一路"是共商共建共享的联动发展倡议,而非中国的对外援助计划。"一带一路"建设是在双边或多边联动基础上通过具体项目加以推进的,是在进行充分政策沟通、战略对接以及市场运作后形成的发展倡议与规划。2017年5月发布的《"一带一路"国际合作高峰论坛圆桌峰会联合公报》强调了建设"一带一路"的基本原则,其中就包括市场原则,即充分认识市场作用和企业主体地位,确保政府发挥适当作用,政府采购程序应开放、透明、非歧视。可见,"一带一路"建设的核心主体与支撑力量并不在政府,而在企业,根本方法是遵循市场规律,并通过市场化运作模式来实现参与各方的利益诉求,政府在其中发挥构建平台、创立机制、政策引导等指向性、服务性功能。

"一带一路"建设是促进人文交流的桥梁,而非触发文明冲突的引线。"一带一路"跨越不同区域、不同文化、不同宗教信仰,但它带来的不是文明冲突,而是各文明间的交流互鉴。"一带一路"在推进基础设施建设、加强产能合作与发展战略对接的同时,也将"民心相通"作为工作重心之一。通过弘扬丝绸之路精神,开展智力丝绸之路、健康丝绸之路等建设,在科学、教育、文化、卫生、民间交往等各领域广泛开展合作,"一带一路"建设民意基础更为坚实,社会根基更加牢固。法国前总理德维尔潘认为,"一带一路"建设非常重要,"它是政治经济文化上的桥梁和纽带,让人民跨越国界更好交流"。因而,"一带一路"建设就是要以文明交流超越文明隔阂、文明互鉴超越文明冲突、文明共存超越文明优越,为相关国家民众加强交流、增进理解搭起新的桥梁,为不同文化和文明加强对话、交流互鉴织就新的纽带,推动各国相互理解、相互尊重、相互信任。

资料来源:陈积敏.正确认识"一带一路"[J].商业观察,2018(7):72-75.

7.2 为何提出"一带一路"

7.2.1 "一带一路"建设的国内背景

1. 构建开放新格局,融入世界经济体系

中国经济和世界经济高度关联,国际金融危机爆发后,世界经济复苏艰难,而中国的稳定发展对国际投资贸易格局和国际经济规则有潜移默化的影响。中国提出"一带一路"建设构想,是为了满足中国顺应世界多极化、经济全球化潮流,加快扩大和深化对外开放步伐,深入融入世界经济体系,维护全球自由贸易体系和开放型世界经济的需求。

2. 推动亚欧区域合作,紧密周边关系

亚洲虽然经济迅速增长,但也面临诸多的问题,如发展不均衡、联系不紧密等,这对深化地区合作、地区安全极其不利。当前,亚洲正处在经济转型升级的关键阶段,如何适应经济变化和保持强劲的可持续增长是所有亚洲国家面临的迫切问题。开展"一带一路"建设有助于这些问题的解决。

此外,"一带一路"覆盖中蒙俄,横跨欧亚大陆,连通南亚、西亚、欧洲,是古代丝绸之路、海上丝绸之路的继承和发展,是构建我国周边倡议依托带的倡议性重要举措。"一带一路"是国际合作以及全球治理新模式的积极探索,是为世界和平发展增添新的正能量的宏伟蓝图。

3. 重塑中国区域发展格局,优化自身区域发展

改革开放以来,中国现代化建设取得举世瞩目的成就,但其间也出现了较为严重的区域经济发展不平衡问题。东部沿海地区率先得到发展,而中西部地区发展相对滞后。开展"一带一路"建设能够将中国西部地区的地理区位劣势扭转,由深处内陆变为新时期对外开放的前沿,而且能带动中国东部沿海城市和港口进行新一轮产业升级,推动中国城市群的进一步发展并推动区域经济的整合与合作。这样就会形成东西部两个对外开放高地的态势,使中国区域发展格局形成东西两翼带动中部崛起的总体发展架构,进一步缩小区域差异,助推各区域发展。

此外,开展"一带一路"建设,也是促进国内经济结构调整优化的需要。早在"九五"计划时期,我们就提出转变经济发展方式的要求,在WTO外需拉动和国内政府投资拉动背景下,虽然经济保持长期高速增长,但对转变发展方式的动力不足,导致结构调整的目标一直未实现。2008年全球金融危机以来,中国经济步入新常态,在新旧动能转化过程中,出现了部分产大于销的问题。这些产能中有很多属于传统优势产业领域,虽然在国内需求缩减,但是"一带一路"沿线的发展中国家对此有很大需求。中国可以通过"一带一路"将这部分优质产能转移出去,缓解国内转型压力。

4. 强化中国能源安全,为经济发展提供坚实支撑

"一带一路"沿线的中亚、中东等地区是中国重要的能源来源地,通过"一带一路"建设能够进一步促进中国能源来源的多元化,在很大程度上避免过度依赖海上运输这一单一运输模式。在当前南海问题错综复杂、中国能源安全面临严峻挑战形势下,开展"一带一路"建设对进一步加强中国能源安全具有重要意义。

5. 传递文化精神,将"中国梦""亚洲梦""欧洲梦"等有机地结合在一起

"一带一路"倡议将我国和平合作、开放包容、互利共赢的精神薪火相传,显示出中国"和"文化和包容文化的精神,可将"中国梦""亚洲梦""欧洲梦"等有机地结合在一起。"一带一路"倡议将在文明交流史上续写新的灿烂篇章。

7.2.2 "一带一路"建设的国际背景

1. 全球治理体系出现结构性问题,亟须找到新的破题之策

当今世界,挑战频发,风险日益增多,经济增长乏力,动能不足,金融危机的影响仍在发酵,发展鸿沟日益突出,"黑天鹅"事件频出,贸易保护主义倾向抬头,"逆全球化"思潮涌动,地区动荡持续,恐怖主义蔓延。和平赤字、发展赤字、治理赤字的挑战摆在全人类面前。现有的全球治理体系出现了结构性问题,亟须找到新的破题之策。作为一个新兴大国,中国有责任为完善全球治理体系贡献智慧与力量。"一带一路"倡议针对各国发展的现实问题和治理体系的短板,创立了亚洲基础设施投资银行、金砖国家新开发银行、丝路基金等新型国际机制,构建了多形式、多渠道的交流合作平台,这既能缓解当今全球治理机制代表性、有效性、及时性难以适应现实需求的困境,并在一定程度上扭转公共产品供应不足的局面,提振国际社会参与全球治理的士气与信心,同时又能满足发展中国家尤其是新兴市场国家变革全球治理机制的现实要求,是推进全球治理体系朝着更加公正合理方向发展的重大突破。

2. 世界需要新的经济增长点

当前,全球经济复苏乏力,发展中国家面临的发展形势尤为严峻,世界需要新的经济增长点来继续推动经济发展。在此背景下,推出"一带一路"能够在欧亚大陆迸发巨大经济需求,若今后能与 APEC(Asia-Pacific Economic Cooperation,亚太经济合作组织,以下简称"亚太经合组织")等平台实现深层次无缝对接,实现欧亚大陆甚至欧亚非大陆的经济整合,将能够持续推动中国及世界经济的发展。

3. "一带一路"沿线国家和地区逐渐成为全球经济增长和中国对外贸易的重心之地

近年来,相对于欧美等发达经济体的增长乏力,"一带一路"涉及的区域却依旧有较为强劲的增长势头。对于全球经济增长的贡献度,发展中国家远远大于发达国家。在对外贸易额方面,中国与"一带一路"沿线国家的贸易总额占中国贸易总额的比例也在不断增大。

4. "一带一路"沿线国家和地区对于基础设施建设有巨大的需求与市场潜力

改革开放以来,中国已经建成规模宏大且较为先进和完善的基础设施网络。在此过程中,中国的大规模装备制造业水平和基础设施建设能力有了极大的提高。然而,"一带一路"沿线有相当一部分国家和地区因基础设施落后、缺乏基本的硬件支撑,经济发展陷入瓶颈状况。推动"一带一路"建设,将会进一步带动和促进中国的资金、设备和技术向"一带一路"沿线国家和地区流动,达到双赢甚至多赢结果。

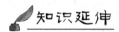知识延伸

直面新变局,"一带一路"前进脚步更坚实

回顾"一带一路"倡议问世的背景:

首先,着眼于中国与世界市场的开放和联结。这种联结方式与以往不同,过去是西方的资本、产业和技术进入中国,中国是被动接受的一方。经过一定时间的发展,中国开始以资金、技术及发展经验,对接世界其他地区的市场,帮助别人建设更好的基础设施。这成为一个新的发展方向。

其次,中国投资世界基础设施的条件已经具备。从 2000 年到 2010 年前后,中国基本建成国内基础设施网络,初步完成基础设施革命,在很多方面比美欧发达国家更先进、完善。对于中国的港口、高铁、公路、机场和通信网络建设,发达国家的企业家、专家和官员都由衷赞叹。这时候我们意识到,可以凭借自己的能力和技术,来帮助世界其他地区尤其是广大发展中国家解决基础设施建设需求。中国在这方面的资金、技术和经验以及人力资本已经配套并臻于成熟。

国际机构评估世界范围内的基础设施市场需求达到几百万亿美元,而这个领域的全球投资只有几千亿美元。西方资本、大企业和政客往往看不上基础设施市场,认为这是"费力不讨好",不仅收益率低,而且周期长;前期需要投入大量的人力、物力、财力,工程

难度极大、风险极高。迎着西方舆论质疑,"一带一路"建设扎实推进、日积月累,形成推动国家经济发展的金字塔"塔基"。这种发展和合作方式被越来越多国家所接受,世界市场开始出现巨大的转变。

2013年9月和10月,中国国家主席习近平先后提出建设"丝绸之路经济带"和"21世纪海上丝绸之路"的合作倡议;一条通过陆地延伸,一条通过海洋延伸。随着"一带一路"合作建设不断推进,这两条路线不仅向中国周边辐射,而且越走越远。截至2022年5月底,中国已与150个国家、32个国际组织签署200多份共建"一带一路"合作文件。这有力地证明,"一带一路"合作模式和发展方向是对的。美国提出"印太战略",其目的是保证自己在亚太发展中居于主导地位。之后美国又抛出"重建更好世界"和"全球基础设施和投资伙伴关系",不管这些计划最终能否实现,已经证明"一带一路"倡议目光远大。

资料来源:黄仁伟.直面新变局,"一带一路"前进脚步更坚实[N].环球日报,2022-07-22.

7.3 如何建设"一带一路"

7.3.1 "一带一路"建设的原则和思路

1. "一带一路"建设的原则

2015年3月,中国政府发布《推动共建丝绸之路经济带和21世纪海上丝绸之路的愿景与行动》,提出坚持共商、共建、共享三大基本原则,积极推动"一带一路"建设。

(1)共商:从中国倡议到全球共识。共商就是"大家的事大家商量着办",强调平等参与、充分协商,以平等自愿为基础,通过充分对话沟通找到认识的相通点、参与合作的交汇点、共同发展的着力点,包括:打造共商国际化平台与载体,强化多边机制在共商中的作用,建立"二轨"对话机制等。

拓展阅读7-2 丝路精神的内涵

(2)共建:共同打造和谐家园。共建就是各方都是平等的参与者、建设者和贡献者,也是责任和风险的共同担当者,包括打造共建合作的融资平台、积极开展第三方市场合作等。

(3)共享:让所有参与方获得实实在在的好处。共享就是兼顾合作方利益和关切,寻求利益契合点和合作最大公约数,使合作成果福及双方、惠泽各方。共建"一带一路"不是"你输我赢"或"你赢我输"的零和博弈,而是双赢、多赢、共赢,包括将发展成果惠及沿线国家、改善沿线国家民生、促进科技创新成果向沿线国家转移、推动绿色发展等。

2. "一带一路"建设的思路

"一带一路"是促进共同发展、实现共同繁荣的合作共赢之路,是增进理解信任、加强全方位交流的和平友谊之路。中国政府倡议,秉持和平合作、开放包容、互学互鉴、互利共赢的理念,全方位推进务实合作,打造政治互信、经济融合、文化包容的利益共同体、命运共同体和责任共同体。

"一带一路"贯穿亚欧非大陆,一头是活跃的东亚经济圈,一头是发达的欧洲经济圈,中间广大腹地国家经济发展潜力巨大。丝绸之路经济带重点包括中国经中亚、俄罗斯至欧洲(波罗的海),中国经中亚、西亚至波斯湾、地中海,中国至东南亚、南亚、印度洋。21世纪海上丝绸之路重点方向是从中国沿海港口过南海到印度洋,延伸至欧洲;从中国沿海港口过南海到南太平洋。

根据"一带一路"走向,陆上依托国际大通道,以沿线中心城市为支撑,以重点经贸产业园区为合作平台,共同打造新亚欧大陆桥、中蒙俄、中国—中亚—西亚、中国—中南半岛等国际经济合作走廊;海上以重点港口为节点,共同建设通畅、安全、高效的运输大通道。

"一带一路"建设是沿线各国开放合作的宏大经济愿景,需各国携手努力,朝着互利互惠、共同安全的目标相向而行。努力实现区域基础设施更加完善,安全高效的陆海空通道网络基本形成,互联互通达到新水平;投资贸易便利化水平进一步提升,高标准自由贸易区网络基本形成,经济联系更加紧密,政治互信更加深入;人文交流更加广泛深入,不同文明互鉴共荣,各国人民相知相交、和平友好。

7.3.2 "一带一路"建设的机制与重点

1. "一带一路"建设的机制

"一带一路"建设主要是利用现有双边、多边合作机制和现有活动平台,促进区域合作发展。

(1) 双边合作机制。开展多层次、多渠道沟通磋商,推动双边关系全面发展。推动签署合作备忘录或合作规划,建设一批双边合作示范。建立完善双边联合工作机制,推进"一带一路"建设的实施方案、行动路线图。充分发挥现有联委会、混委会、协委会、指导委员会、管理委员会等双边机制作用,协调推动合作项目实施。

(2) 多边合作机制。发挥上海合作组织(SCO)、《区域全面经济伙伴关系协定》(Regional Comprehensive Economic Partnership,RCEP)、亚太经合组织、亚欧会议(ASEM)、亚洲合作对话(ACD)、亚洲相互协作与信任措施会议(CICA)、中国—中东企业家合作论坛(ECFCME)、中国—海湾合作委员会(GCC)战略对话、大湄公河次区域(GMS)经济合作、中亚区域经济合作(CAREC)等现有多边合作机制作用,相关国家加强沟通,让更多国家和地区参与"一带一路"建设。

(3) 活动平台机制。发挥沿线各国区域、次区域相关国际论坛、展会等平台机制的作用,包括博鳌亚洲论坛、中国—东盟博览会、中国—亚欧博览会、欧亚经济论坛、中国国际投资贸易洽谈会、中国—南亚博览会、中国—阿拉伯博览会、中国西部国际博览会、中国—俄罗斯博览会、丝绸之路(敦煌)国际文化博览会、丝绸之路国际电影节和图书展,等等。

2. "一带一路"建设的重点

"一带一路"建设的重点是"五通":政策沟通、设施联通、贸易畅通、资金融通、民心相通。

(1) 政策沟通。加强政策沟通是"一带一路"建设的重要保障。加强政府间合作,积极构建多层次政府间宏观政策沟通交流机制,深化利益融合,促进政治互信,达成合作新共识。沿线各国可以就经济发展战略和对策进行充分交流对接,共同制定推进区域合作的规划和措施,协商解决合作中的问题,共同为务实合作及大型项目实施提供政策支持。

(2) 设施联通。基础设施互联互通是"一带一路"建设的优先领域。在尊重相关国家主权和安全关切的基础上,沿线国家宜加强基础设施建设规划、技术标准体系的对接,共同推进国际骨干通道建设,逐步形成连接亚洲各次区域以及亚欧非之间的基础设施网络。强化基础设施绿色低碳化建设和运营管理,在建设中充分考虑气候变化影响。抓住交通基础设施的关键通道、关键节点和重点工程,优先打通缺失路段,畅通瓶颈路段,配套完善道路安全防护设施和交通管理设施设备,提升道路通达水平。推进建立统一的全程运输协调机制,促进国际通关、换装、多式联运有机衔接,逐步形成兼容规范的运输规则,实现国际运输便利化。推动口岸基础设施建设,畅通陆水联运通道,推进港口合作建设,增加海上航线和班次,加强海上物流信息化合作。拓展建立民航全面合作的平台和机制,加快提升航空基础设施水平。加强能源基础设施互联互通合作,共同维护输油、输气管道等运输通道安全,推进跨境电力与输电通道建设,积极开展区域电网升级改造合作。共同推进跨境光缆等通信干线网络建设,提高国际通信互联互通水平,畅通信息丝绸之路。加快推进双边跨境光缆等建设,规划建设洲际海底光缆项目,完善空中(卫星)信息通道,扩大信息交流与合作。

(3) 贸易畅通。贸易合作是"一带一路"建设的重点内容。要着力解决投资贸易便利化问题,消除投资和贸易壁垒,构建区域内和各国良好的营商环境,积极同沿线国家和地区共同商建自由贸易区,释放合作潜力,做大做好合作"蛋糕"。沿线国家宜加强信息互换、监管互认、执法互助的海关合作,以及检验检疫、认证认可、标准计量、统计信息等方面的双多边合作,推动世界贸易组织《贸易便利化协定》生效和实施。改善边境口岸通关设施条件,加快边境口岸"单一窗口"建设,降低通关成本,提升通关能力。加强供应链安全与便利化合作,推进跨境监管程序协调,推动检验检疫证书国际互联网核查,开展"经认证的经营者"(AEO)互认。降低非关税壁垒,共同提高技术性贸易措施透明度,提高贸易自由化便利化水平。拓宽贸易领域,优化贸易结构,挖掘贸易新增长点,促进贸易平衡。创新贸易方式,发展跨境电子商务(以下简称"跨境电商")等新的商业业态。建立健全服务贸易促进体系,巩固和扩大传统贸易,大力发展现代服务贸易。把投资和贸易有机结合起来,以投资带动贸易发展。加快投资便利化进程,消除投资壁垒。加强双边投资保护协定、避免双重征税协定磋商,保护投资者的合法权益。拓展相互投资领域,开展农林牧渔业、农机及农产品生产加工等领域深度合作,积极推进海水养殖、远洋渔业、水产品加工、海水淡化、海洋生物制药、海洋工程技术、环保产业和海上旅游等领域合作。加大煤炭、油气、金属矿产等传统能源资源勘探开发合作,积极推动水电、核电、风电、太阳能等清洁、可再生能源合作,推进能源资源就地就近加工转化合作,形成能源资源合作上下游一体化产业链。加强能源资源深加工技术、装备与工程服务合作。推动新兴产业合作,按照优势互补、互利共赢的原则,促进沿线国家加强在新一代信息技术、生物、新能源、新材料等新兴产业领域的深入合作,推动建立创业投资合作机制。优化产业链分工布局,推动上下游产业链和关联产业协同发展,鼓励建立研发、生产和营销体系,提升区域产业配套能力和综合竞争力。扩大服务业相互开放,推动区域服务业加快发展。探索投资合作新模式,鼓励合作建设境外经贸合作区、跨境经济合作区等各类产业园区,促进产业集群发展。在投资贸易中突出生态文明理念,加强生态环境、生物多样性和应对气候变化合作,共建绿色丝绸之路。

(4) 资金融通。资金融通是"一带一路"建设的重要支撑。深化金融合作,推进亚洲货币稳定体系、投融资体系和信用体系建设。扩大沿线国家双边本币互换、结算的范围和规模。推动亚洲债券市场的开放和发展。深化中国—东盟银行联合体、上海合作组织银行联合体务实合作,以银团贷款、银行授信等方式开展多边金融合作。支持沿线国家政府和信用等级较高的企业以及金融机构在中国境内发行人民币债券。符合条件的中国境内金融机构和企业可以在境外发行人民币债券和外币债券,鼓励在沿线国家使用所筹资金。加强金融监管合作,推动签署双边监管合作谅解备忘录,逐步在区域内建立高效监管协调机制。完善风险应对和危机处置制度安排,构建区域性金融风险预警系统,形成应对跨境风险和危机处置的交流合作机制。加强征信管理部门、征信机构和评级机构之间的跨境交流与合作。充分发挥丝路基金以及各国主权基金作用,引导商业性股权投资基金和社会资金共同参与"一带一路"重点项目建设。

(5) 民心相通。民心相通是"一带一路"建设的社会根基。传承和弘扬丝绸之路友好合作精神,广泛开展文化交流、学术往来、人才交流合作、媒体合作、志愿者服务等,为深化双多边合作奠定坚实的民意基础。扩大相互间留学生规模,开展合作办学。沿线国家间互办文化年、艺术节、电影节、电视周和图书展等活动,合作开展广播影视剧精品创作及翻译,联合申请世界文化遗产,共同开展世界遗产的联合保护工作。深化沿线国家间人才交流合作。加强旅游合作,扩大旅游规模,互办旅游推广周、宣传月等活动,联合打造具有丝绸之路特色的国际精品旅游线路和旅游产品,提高沿线各国游客签证便利化水平。推动21世纪海上丝绸之路邮轮旅游合作。积极开展体育交流活动,支持沿线国家申办重大国际体育赛事。强化与周边国家在传染病疫情信息沟通、防治技术交流、专业人才培养等方面的合作,提高合作处理突发公共卫生事件的能力。为有关国家提供医疗援助和应急医疗救助,在妇幼健康、残疾人康复以及艾滋病、结核、疟疾等主要传染病领域开展务实合作,扩大在传统医药领域的合作。加强科技合作,共建联合实验室(研究中心)、国际技术转移中心、海上合作中心,促进科技人员交流,合作开展重大科技攻关,共同提升科技创新能力。整合现有资源,积极开拓和推进与沿线国家在青年就业、创业培训、职业技能开发、社会保障管理服务、公共行政管理等共同关心领域的务实合作。充分发挥政党、议会交往的桥梁作用,加强沿线国家之间立法机构、主要党派和政治组织的友好往来。开展城市交流合作,欢迎沿线国家重要城市之间互结友好城市,以人文交流为重点,突出务实合作,形成更多鲜活的合作范例。欢迎沿线国家智库之间开展联合研究、合作举办论坛等。加强沿线国家民间组织的交流合作,重点面向基层民众,广泛开展教育医疗、减贫开发、生物多样性和生态环保等各类公益慈善活动,促进沿线贫困地区生产生活条件改善。加强文化传媒的国际交流合作,积极利用网络平台、运用新媒体工具,塑造和谐友好的文化生态和舆论环境。

六 廊 六 路

"六廊六路"是"一带一路"建设的主要内容。"六廊"是指六大经济走廊:中蒙俄、新亚欧大陆桥、中国—中亚—西亚、中国—中南半岛、中巴、孟中印缅国际经济合作走廊;

"六路"是指铁路、公路、水路、空路、管路、信息高速路。

"一带一路"是和现有机制的对接与互补，而非替代。"一带一路"建设的相关国家要素禀赋各异，比较优势差异明显，互补性很强。有的国家能源资源富集但开发力度不够，有的国家劳动力充裕但就业岗位不足，有的国家市场空间广阔但产业基础薄弱，有的国家基础设施建设需求旺盛但资金紧缺。中国经济规模居全球第二，外汇储备居全球第一，优势产业越来越多，基础设施建设经验丰富，装备制造能力强、质量好、性价比高，具备资金、技术、人才、管理等综合优势。这为中国与其他"一带一路"参与方实现产业对接和优势互补提供了现实基础。"一带一路"的核心内容就是要促进基础设施建设和互联互通，对接各国政策和发展战略，以便深化务实合作，促进协调联动发展，实现共同繁荣。它不是对现有地区合作机制的替代，而是与现有机制互为助力、相互补充。实际上，"一带一路"建设已经与俄罗斯欧亚经济联盟建设、印度尼西亚全球海洋支点发展规划、哈萨克斯坦"光明之路"经济发展战略、蒙古国"草原之路"倡议、欧盟欧洲投资计划、埃及苏伊士运河走廊开发计划等实现了对接与合作，并形成了一批标志性项目，如作为新亚欧大陆桥经济走廊建设成果之一，中哈（连云港）物流合作基地初步实现了深水大港、远洋干线、中欧班列、物流场站的无缝对接。该项目与哈萨克斯坦"光明之路"发展战略高度契合。在与"光明之路"新经济政策的对接中，"一带一路"倡议有效推动了哈萨克斯坦乃至整个中亚地区的经济发展，为各国在经济、文化等领域的合作开辟了广阔空间，创造了更多机遇。

横跨欧亚大陆的集装箱运输

集装箱运输实际上仍然是跨欧亚大陆陆运货物的唯一运输方式。集装箱的使用有利于货物的保存，保证了标准尺寸，降低了包装成本，加快了货物装卸，统一了运输单据，促进了货物运输流量。

从欧盟到中国的铁路集装箱运输量已从2010年的1 300标准箱开始激增，到2018年底，中欧双方过境集装箱运量达到34万标准箱。在此期间，交通流量以每年30%～100%的速度增长。

多数货物都是沿着两条路线运输的。

第一条路线是欧亚中部走廊（中国—哈萨克斯坦—俄罗斯—欧洲，穿过哈萨克斯坦领土，然后到达俄罗斯，再到白罗斯，最后到波兰）。在哈萨克斯坦，有两个来自中国的入境点，即多斯特克（主要入境点）和霍尔果斯（交易量虽小，但仍在上升），路线总长度为7 000～7 500千米。与其他路线相比，它有许多优势：一是能够使用单一的运输方式（只有铁路运输）；二是最少数量的海关清关点（只有两个，中国—哈萨克斯坦和俄罗斯、白罗斯—欧盟）；三是由于该路线已用于双向运输，所以该路线的"传统"运输功能非常重要；四是与欧洲其他国家航运价格相比更具竞争力。

第二条路线是欧亚大陆的北部，从中国东北方向直接通往俄罗斯，或间接穿过蒙古，然后穿过俄罗斯全境，沿西伯利亚大铁路进入白罗斯，最后进入波兰。这条走廊较长，但在商业上也颇具吸引力，因为它起源于中国东北，途经俄罗斯若干发展中的工业中心，并受益于其优惠的价格优势。

资料来源：维诺库罗夫，郭舒，文君.横跨欧亚大陆的集装箱运输："一带一路"的成功案例[J].清华金融评论，2020（4）：101-103.

本章小结

"一带一路"是"丝绸之路经济带"和"21世纪海上丝绸之路"的简称。

"一带一路"建设的内涵既涉及经济、文化,也涉及政治、外交和安全领域。"一带一路"建设以政策沟通、设施联通、贸易畅通、资金融通、民心相通、产业合作为主要内容。"一带一路"建设的原则是"共商、共建、共享"。

"一带一路"建设主要是利用现有双边、多边合作机制和现有活动平台,促进区域合作发展。

"一带一路"建设的重点是五通:政策沟通、设施联通、贸易畅通、资金融通、民心相通。

框架体系

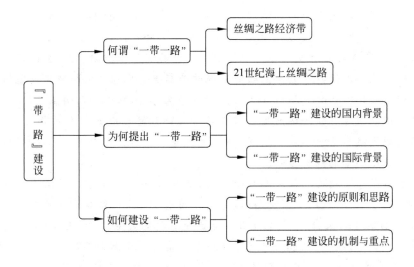

关键术语

一带一路(the Belt and Road)

丝绸之路经济带(the Silk Road Economic Belt)

21世纪海上丝绸之路(21st Century Maritime Silk Road)

经济走廊(economic corridors)

经济圈(economic circle)

丝路精神(the spirit of Silk Road)

人类命运共同体(A Community of Shared Future For Mankind)

亚洲基础设施投资银行(Asian Infrastructure Investment Bank)

中欧班列(China-Europe Freight Trains)

课后习题

1. "一带一路"的内涵是什么？
2. 简述"一带一路"倡议提出的背景。
3. 为了快速建设丝绸之路经济带，中国应该从哪些方面与丝绸之路经济带沿线国家加强合作？

希腊比雷埃夫斯港："一带一路"合作典范

比雷埃夫斯港（以下简称"比港"），地处巴尔干半岛南端、希腊东南部。它连接欧亚非三地，是"21世纪海上丝绸之路"的重要节点。比港拥有陆地面积272.5万平方米，岸线总长约24千米，是希腊最大的港口、地中海地区重要的集装箱港。

比港成为"一带一路"建设中连接陆海的又一重要支点。比港是由地中海前往大西洋、由红海前往印度洋以及由马尔马拉海前往黑海的优良中转港，是"21世纪海上丝绸之路"的重要一站，也是修建中的中欧陆海快线的南起点。中欧陆海快线是匈塞铁路的延长线和升级版，南起希腊比港，途经北马其顿斯科普里、塞尔维亚贝尔格莱德，北至匈牙利布达佩斯。与以往通过苏伊士运河抵达汉堡港或鹿特丹港后进入中东欧相比，中欧陆海快线将使货运时间减少7~11天。快线建成后，将进一步加强我国与中东欧各国的联通，深化我国与中东欧国家的经贸合作。

比港项目带来了良好的经济和社会效益，是"一带一路"促进共同发展的例证。中国远洋海运集团有限公司（以下简称"中远海运"）的投资运营大幅提升了比港在国际航运业的竞争力。2008年以来，比港集装箱吞吐量的全球排名大幅提升，从第93位跃升至2016年底的第38位；同期，集装箱处理量也从68万箱迅速增加到347万箱。截至2016年底，比港已占有希腊90%的集装箱进出口市场，成为地中海东部地区最大的集装箱港口。比港项目为希腊经济发展作出了实质性贡献，并为当地创造了大量就业岗位。中远海运提供的资料显示，截至2017年底，中远海运对希腊的直接经济贡献达7亿欧元，包括特许经营权费3.15亿欧元、雇员工资3.31亿欧元、缴纳税金5 700万欧元。在取得良好经济效益的同时，中远海运为当地直接创造工作岗位2 600个，间接创造岗位8 000多个。据希腊智库经济和工业发展研究基金会预测，比港项目2025年将可以拉动希腊GDP增长约0.8个百分点，2016—2025年将创造3.1万个新的就业岗位，带动公共债务减少2.3个百分点。

比港项目的顺利进行不仅深化了中希两国的海运合作，而且有利于促进两国在基础设施、能源、金融、科技、房地产、旅游等更多领域的合作。

资料来源：刘倩倩，蒋希蘅.中国国际发展知识中心"一带一路"可持续发展案例研究[N].中国经济时报，2019-11-01.

问题思考

"一带一路"建设如何实现共商、共建、共享?

考核点

"一带一路"建设的内容和原则

自我评价

学 习 成 果	自 我 评 价
了解"一带一路"产生的历史	□很好□较好□一般□较差□很差
明晰"一带一路"建设提出的国内外背景	□很好□较好□一般□较差□很差
理解"一带一路"建设的原则和思路	□很好□较好□一般□较差□很差
掌握"一带一路"建设的机制及其重点	□很好□较好□一般□较差□很差

即测即练

第 8 章

RCEP 与 CPTPP

学习目标：
1. 掌握 RCEP 规则的结构及其基本内容；
2. 知晓 CPTPP 规则的结构及其主要内容；
3. 了解 RCEP 与 CPTPP 规则的异同点。

全球视角

RCEP 将催生全球贸易新重心

作为目前全球最大的自由贸易区，RCEP 区域同时也是全球制造业的中心，通过自由贸易和规则制度安排形成稳定开放的产业链供应链合作关系。

RCEP 对国际贸易将产生巨大影响，该新兴集团的经济规模及其贸易活力，将使其成为全球贸易新的重心。

关税减让是 RCEP 的一项中心原则，其缔约方将通过逐步降低关税实现贸易自由化。许多关税将立即废除，其他关税将在 20 年内逐步降低。目前仍有效的关税将主要局限于战略部门的特定产品，如农业和汽车行业等。2019 年，RCEP 缔约方之间的贸易额已达到约 2.3 万亿美元。

RCEP 缔约方有望从该协定中获得不同程度的红利。关税减让预计对该集团最大经济体产生更高的贸易影响。随着 RCEP 缔约方一体化进程进一步推进，贸易转移效应可能会被放大，这是非 RCEP 缔约方不应低估的一个因素。

资料来源：杨海泉. RCEP 将催生全球贸易新重心[N]. 经济日报，2021-12-23.

8.1 RCEP 规则内容

RCEP 是 2012 年由东盟发起，历时 8 年，由包括中国、日本、韩国、澳大利亚、新西兰和东盟十国共 15 方成员制定的协定。RCEP 由序言、20 个章节和 4 个市场准入承诺表附件组成。

8.1.1 关税减让规则

1. 降税模式

如表 8-1 所示，RCEP 的降税模式主要包括四类：协定生效即降为零关税、过渡期降为零关税、部分降税、例外产品。过渡期的时间主要为 10 年、15 年和 20 年。

表 8-1 降税模式

模　式	内　容
协定生效即降为零关税	协定对缔约方生效后,原产货物立即执行零关税
过渡期降为零关税	原产货物的关税税率自协定生效之日起,经过一段过渡期线性或者是非线性的削减,从基准税率最终降至零
部分降税	原产货物的关税税率一定程度削减,但最终并不降至零
例外产品	协定生效后,免除任何削减或取消关税承诺的产品。在公布的 RCEP 关税承诺中,这类商品的协定税率都以字母 U 表示

2. 降税水平

RCEP 生效后,区域内 90% 以上的货物贸易将最终实现零关税,且主要是立刻降税到零和 10 年内降税到零,个别成员的个别产品降税到零的时间为 20 年。这使 RCEP 自贸区有望在较短时间兑现所有货物贸易自由化承诺。其中,中国承诺对 86%~90% 的产品完全开放,对东盟十国、澳大利亚、新西兰承诺的最终零关税税目比例均为 90% 左右。中国与 RCEP 缔约方立即零关税比例如表 8-2 所示。

表 8-2 中国与 RCEP 缔约方立即零关税比例

RCEP 缔约方	中国对缔约方立即零关税比例/%	缔约方对中国立即零关税比例/%	RCEP 缔约方	中国对缔约方立即零关税比例/%	缔约方对中国立即零关税比例/%
文莱	67.9	76.5	新加坡	67.9	100.0
柬埔寨	67.9	29.9	泰国	67.9	66.3
印度尼西亚	67.9	65.1	越南	67.9	65.8
老挝	67.9	29.9	日本	25.0	57.0
马来西亚	67.9	69.9	韩国	38.6	50.4
缅甸	67.9	30.0	澳大利亚	64.7	75.3
菲律宾	67.9	80.5	新西兰	65.0	65.5

8.1.2　原产地规则

1. 认定规则

原产地累积规则是 RCEP 达成的一项重要成果,也是货物贸易领域价值最大的成果。与多数自由贸易协定的双边原产地规则不同,RCEP 规定商品从成员 A 进入另一自贸伙伴成员 B,可以用协定中多个缔约方的中间品,来达到所要求的增值标准或生产要求,这样成员 A 享受成员 B 零关税的门槛可明显降低。RCEP 原产地规则中的引领性条款,明确了可视为原产货物的三种情形:完全获得或者原产的货物、完全由原产材料生产的货物、产品特定原产地规则(税则归类改变、区域价值成分不少于 40%、特定加工工序、选择性标准)。

2. 原产地证明程序

RCEP 第三章第十六条规定了 RCEP 原产地证明的两种类型:签证机构所签发的原产地证书及出口商出具的原产地声明(表 8-3)。原产地规则章节为决定哪些货物可享受及如何享受优惠关税待遇设立指导原则,使企业尤其是中小企业易于理解和应用协定。

表 8-3 货物原产地证明

类型	签发机构	要求
原产地证书	口岸签证机构	(1) 采用所有缔约方约定好的格式； (2) 载有唯一的原产地证书编号； (3) 英文填制； (4) 出口方签证机构签章
原产地声明	经核准出口商；出口商；进口商	(1) 符合最低信息要求； (2) 英文填制； (3) 签发者签名； (4) 出具日期

3. 进口通关程序

为便利贸易，RCEP 对进口通关程序进行了精简，具体可分为申请享受优惠关税待遇、核查、拒绝给予优惠关税待遇、文件保存四个流程（表 8-4）。

表 8-4 货物进口通关程序

程序	内容
申请享受优惠关税待遇	获得原产资格的货物可申请享受优惠关税待遇，也可进口后申请享受优惠，在法律规定的期限内申请退还该货物因未享受优惠关税待遇而多付的税款或保证金，进口商需要提供原产地证明和其他证明该货物具备原产资格的证据
核查	确定此货物是否具备符合原产规则
拒绝给予优惠关税待遇	核查出现问题的可以拒绝给予优惠关税待遇
文件保存	每一缔约方应当按要求保存相关记录文件； 相关记录可以依照缔约方法律法规存储于任何易于检索的介质中，包括数字、电子、光学、磁性或书面形式

4. 实施机制

RCEP 实施机制包含多方面内容，如对特定货物的待遇、缔约方之间的磋商、原产地电子信息交换系统、处罚、交流语言、联络点等。其实施机制内容较之前的协定有了明显的完善。这也为区域内各缔约方之间进行经贸合作提供了有力支撑和制度保障。

8.1.3 海关程序和贸易便利化规则

1. 预裁定制度

在货物入关前，缔约方可就税则归类、原产资格、完税事宜等问题进行预裁定，并设立框架机制保障预裁定的顺利执行，如图 8-1 所示。

2. 透明度规则

为提升政策法律法规的透明度、便利中小企业更加及时地了解相关法律法规政策，透明度规则作出了三方面的规定，如图 8-2 所示。

3. 海关合作

海关合作方面，RCEP 要求各海关之间加强沟通，共享海关管理发展的信息和经验，为保障货物的顺畅流动、共同提升贸易便利化水平提供制度保障和政策支持。截至 2022

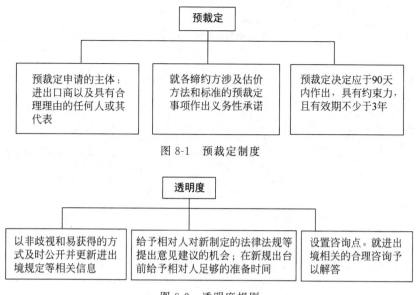

图 8-1 预裁定制度

图 8-2 透明度规则

年 3 月,我国与 RCEP 其他 14 个成员签订了 9 个双边行政互助协定。

8.1.4 服务贸易规则

1. 跨境服务贸易的开放模式

RCEP 在服务贸易领域提出了四种跨境服务贸易的开放模式:跨境交付、跨境消费、自然人临时移动、商业存在,如表 8-5 所示。

表 8-5 跨境服务贸易的开放模式

模 式	内 容
跨境交付	自一成员领土向任何其他成员领土提供服务(如信息咨询服务等)
跨境消费	在一成员领土内向任何其他成员的服务消费者提供服务(如旅游、教育等)
自然人临时移动	成员的服务提供者以自然人身份进入另一缔约方的领土内提供服务(如外教、医生等)
商业存在	服务提供者通过在其他成员处设立商业实体的方式提供服务(如设立金融、建筑、电信等)

2. 跨境服务贸易的开放水平

中国服务贸易开放承诺达到已有自贸协定的最高水平,在"入世"承诺开放约 100 个部门的基础上,新增了研发、管理咨询、制造业相关服务、空运等 22 个部门,并提高了金融、法律、建筑、海运等 37 个部门的承诺水平。其他 RCEP 成员也承诺提供更大的市场准入。为我企业"走出去"、进一步扩展区域产业链布局提供了广阔的市场空间。

8.1.5 自然人临时移动规则

自然人临时移动规则规定,在符合条件的情况下,相关人员可获得一定居留期限,享受签证便利,开展各种贸易投资活动(图 8-3)。RCEP 成员作出了较以往协定类似甚至更高水平的承诺,基本超过各成员在现有自贸协定缔约实践中的承诺水平。

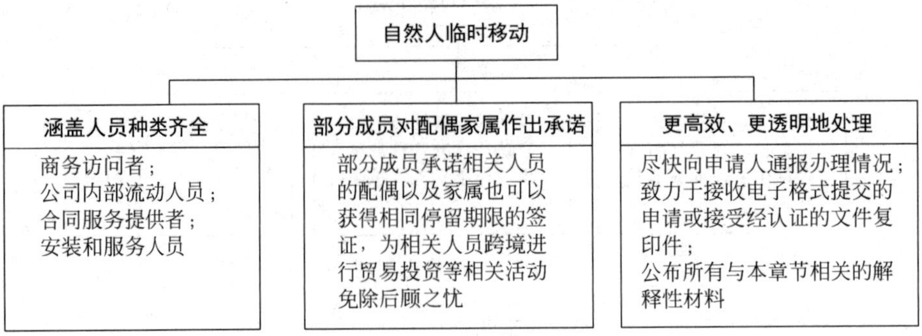

```
                    自然人临时移动
        ┌──────────────┼──────────────┐
   涵盖人员种类齐全   部分成员对配偶家属作出承诺   更高效、更透明地处理
   商务访问者;        部分成员承诺相关人员         尽快向申请人通报办理情况;
   公司内部流动人员;  的配偶以及家属也可以         致力于接收电子格式提交的
   合同服务提供者;    获得相同停留期限的签         申请或接受经认证的文件复
   安装和服务人员      证,为相关人员跨境进         印件;
                       行贸易投资等相关活动         公布所有与本章节相关的解
                       免除后顾之忧                释性材料
```

图 8-3 自然人临时移动规则

8.1.6 投资自由化规则

RCEP 的投资自由化规则主要包括国民待遇及最惠国待遇与禁止业绩要求(表 8-6)。

表 8-6 投资自由化规则

规则	内容
国民待遇及最惠国待遇	每一缔约方给予另一缔约方投资者和所涵盖投资的待遇应当不低于在类似情形下其给予本国(地区)投资者及其投资的待遇,即为国民待遇。 每一缔约方给予另一缔约方投资者的待遇以及涵盖投资的待遇应当不低于其在类似情形下给予任何其他缔约方或非缔约方投资者的待遇,即为最惠国待遇
禁止业绩要求	除柬埔寨、老挝和缅甸外,任何缔约方不得对投资者施加或强制执行部分要求或者以遵守部分要求作为获得或继续获得优惠的条件,上述不限于:达到一定水平或比例的当地含量;购买、使用其领土内生产的货物,或给予其领土内生产的货物优惠,或向其领土内的人购买货物等

1. 投资保护

投资保护主要包括公平公正待遇、征收、转移、损失补偿等方式(表 8-7)。

表 8-7 投资保护方式

方式	内容
公平公正待遇	每一缔约方应当依照习惯国际法外国人最低待遇标准给予涵盖投资公平公正待遇以及充分保护和安全
征收	缔约方不得对涵盖投资进行直接征收或国有化,或通过与之等效的措施进行征收或国有化。RCEP 规定了四种例外情况:为了公共目的、以非歧视的方式进行、依照第二款和第三款支付补偿、依照正当法律程序进行
转移	每一缔约方应当允许所有与涵盖投资有关的转移自由且无迟延地进出其境内; 每一缔约方应当允许与涵盖投资有关的转移以任何可自由使用的货币按照转移时现行的市场汇率进行
损失补偿	对于因武装冲突、内乱或者国家紧急状态使其领土内的投资遭受损失而采取或维持的措施,每一缔约方应当给予另一缔约方投资者或者其涵盖投资不低于在类似情形下给予以下投资者或其投资的待遇:该缔约方本国(地区)的投资者及其投资;任何其他缔约方或非缔约方投资者及其投资

2. 投资促进

缔约方应当通过一些方式努力促进和提高本地区作为投资地区的认知,具体见表8-8。

表8-8 投资促进方式

序号	方式
1	鼓励缔约方之间的投资
2	在两个或多个缔约方之间组织联合投资促进活动
3	促进商业配对活动
4	组织和支持举办与投资机会以及投资法律法规和政策相关的各种介绍会和研讨会
5	就与投资促进有关的其他共同关心的问题进行信息交流

3. 投资便利化

投资便利化主要包含争端预防和外商投诉的协调解决机制等内容。为促进投资便利化,RCEP列明了诸多方式,但这些方式都要在遵守法律法规的前提下进行。缔约方在认识到各缔约方投资便利化水平有较大差异的基础上,通过规定各项投资便利化措施(制度环境、金融效率、营商环境等)的综合改善,以期产生显著的投资创造效应。

8.1.7 知识产权规则

知识产权章是RCEP篇幅最长、内容最为详尽的一部分,同时也是中国迄今为止签订的自贸协定中对于知识产权保护最为全面的一次。RCEP知识产权内容与《与贸易有关的知识产权协定》(TRIPs)相比,具体内容出现诸多亮点,如延长著作权保护期、扩大专利保护范围、扩大商标申请范围等(表8-9)。

表8-9 知识产权规则

规则	内容
确定知识产权"两元"发展目标	深化经济一体化和合作; 充分考虑缔约方之间的经济发展水平和差异
平衡规定著作权主要制度	明确专有权、广播报酬的权利、著作权集体管理组织作用、有条件的限制
统一商标基础性标准	统一商标概念,统一规定集体商标、证明商标、地理标志得到保护,统一商标分类制度,统一商标注册和申请的主要流程
增效提速专利各项流程	细化可授予专利的客体,进行反面排除; 授予专利权人专利权,分为产品和服务两类; 审查、注册的程序事项要增效提速; 统一引入国际专利分类制度
规制商业不正当竞争	要求缔约方有效防范不正当竞争; 统一域名管理政策; 保护未披露的信息
知识产权的实施与救济	一般义务、民事救济、边境措施、刑事救济
七国适用RCEP部分条款有过渡期	柬埔寨、老挝、马来西亚、缅甸、菲律宾、泰国、越南七国适用10年或15年过渡期

8.1.8 电子商务规则

RCEP 的各缔约方达成了亚太区域首份内容全面、水平较高的多边电子商务规则成果,涵盖了促进电子商务使用和合作等相关内容(图 8-4)。各方就跨境信息传输、信息存储等问题达成重要共识。这是中国互联网监管理念的进步。这些内容将为各成员加强电子商务领域合作提供制度保障。

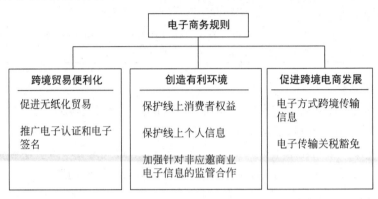

图 8-4　电子商务规则

8.1.9 竞争规则

关于竞争领域规则(表 8-10),RCEP 在促进反垄断、消费者保护等领域达到较高水平,对竞争立法、竞争执法合作以及消费者权益保护等重点内容作出了翔实规定,对执法规范化提出了明确、有约束力的要求。同时,对缅甸、柬埔寨、文莱、老挝等国进行国内立法和完善监管体系提供了过渡期,兼顾缔约方发展水平的差异性。

表 8-10　竞争领域规则

项　目	内　　容
目标与原则	促进市场竞争,提高经济效率和增加消费者福利
竞争领域立法	每一缔约方都应当制定与执行"禁止反竞争活动的法律和法规"
竞争法律实施	各缔约方应当有竞争法律领域的主管机关,并确保其决策的独立性、非歧视原则、正当程序的要求(公开、保障当事人权利;及时性)
区域执法合作	合作形式:在竞争执法活动可能对另一缔约方重大利益产生实质影响时进行通报;应重大利益受到实质影响一方的请求,对相关执法事项进行讨论;交换信息以便利执法;协调相关或相同反竞争行为的执法活动。共享机制:按程序和要求申请共享保密信息。技术合作:共享经验和非保密信息;顾问和专家之间的交流;培训竞争主管机关官员;竞争主管机关参与项目;其他
义务履行过渡期	对尚未拥有反垄断方面立法的国家(地区)给予 3~5 年的过渡期
消费者保护	禁止误导性做法、虚假或误导性描述

8.1.10 政府采购规则

中国首次将政府采购规则纳入多边协议,RCEP 的政府采购章不仅包含信息交流合作、提供技术援助、加强能力建设等内容,还增加了审议条款,以促进今后对本章内容的完善和丰富(图 8-5)。

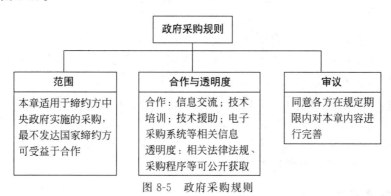

图 8-5　政府采购规则

8.1.11　争端解决领域规则

本章在争端领域有关场所的选择、争端双方的磋商、斡旋、调解或调停、设立专家组、第三方权利等方面做了明确的规定(表 8-11)。此外,本章还详细规定了专家组职能、专家组程序、专家组最终报告的执行、执行审查程序、赔偿以及中止减让或其他义务等内容,旨在为解决协定项下产生的争端提供有效、高效和透明的程序。RCEP 在已有协定的基础上有自己独特的创新内容,使其更具时效性,缔约方自主性也更高。争端解决领域规则所具备的灵活性对发展中国家和欠发达国家更为友好。这也为缔约方之间的经贸合作提供了强有力的支持和保障。

表 8-11　争端解决领域规则

争端解决方式	内　　容
调解	磋商:鼓励争端各方应尽一切努力通过善意磋商解决争端
	斡旋、调解或调停:争端解决的提到方式,可随时开始或终止
专家组审查	设立专家组:3 名专家组成员,以个人身份任职
	专家组程序:专家组通过协商一致方式作出裁定和决定,如不能取得一致,可以多数投票的方式作出裁定和决定;对未协商一致的事项,专家组成员可以匿名提出不同意见。在专家组发布最终报告前,专家组程序可以被争端各方中止或终止
	专家组报告:专家组向争端各方发布中期报告的时间点为:自其设立之日起 150 天内(紧急情况下为 90 天);发布最终报告的时间点为:中期报告发出之日起 30 天内。专家组的裁定和决定是终局的,对争端各方均有约束力
最终报告与执行审查	鉴于专家组最终报告的裁定和决定是终局的,并对争端各方具有约束力,被诉方应当调整不符合措施或履行本协定相关义务;如争端各方对执行事项存在分歧,应当为此目的重新召集专家组("执行审查专家组")向各争端方发布最终报告
第三方权利	如果专家组的裁定和决定未在合理的期限内得到履行,起诉方可采用补偿和中止减让或其他义务的临时措施
特殊情况和差别化待遇	应当考虑最不发达国家缔约方的特殊情况。起诉方采取上述措施时应当保持适当克制

8.2 CPTPP 规则内容

《全面与进步跨太平洋伙伴关系协定》(Comprehensive and Progressive Agreement for Trans-Pacific Partnership,CPTPP),是亚太国家组成的自由贸易区协定,是美国退出《跨太平洋伙伴关系协定》(TPP)后该协定的新名字。

TPP 于 2002 年酝酿,后由新西兰、新加坡、智利、文莱 4 个国家于 2005 年发起。2008 年,美国宣布加入,于 2017 年退出。后来,日本担当起主导的角色,并把名称改为 CPTPP。截至 2022 年,CPTPP 有包括日本、澳大利亚、文莱、加拿大、智利、马来西亚、墨西哥、新西兰、秘鲁、新加坡和越南在内的 11 个成员国。

8.2.1 降税模式

CPTPP 规则主要包含表 8-12 所示三种降税模式。

表 8-12 CPTPP 降税模式

降税模式	内容
协定生效立即减免	根据协定的规定,85% 以上的货物关税应在协议生效后立即减免
10 年内线性降税	根据协定的规定,部分关税可在规定的时间框架内减免
特殊情况	对于部分重要货物,仍征收出口关税

基于表 8-12 所示三种模式,最终自由化水平将接近 100%。此外,CPTPP 还采用"一个国家采用一张关税减让表"的模式。

CPTPP 第 2 章第 2.3 条规定:"每一缔约方应根据《1994 年关税与贸易总协定》第 3 条,包括其解释性说明,给予另一缔约方的货物国民待遇。"第 2.4 条规定:除非本协定中另有规定,否则每一缔约方应依照减让表,逐步取消对原产货物的关税。

CPTPP 的最终目标是,通过协定税率的适用,各成员平均实现零关税的税目数和贸易额占比约 99.5%,除日本(零关税产品税目数和贸易额占比均为 95%)外,其他成员零关税产品税目数和贸易额都在 99% 以上。

8.2.2 原产地规则

1. 认定规则

CPTPP 规定,原产地证书是货物原产地证明的唯一法定文件,在具体规范内容上,条文较为简单,主要包括以下三条:在一个或多个缔约方领土内完全获得或生产、完全在一个或多个缔约方领土内生产,仅使用原产材料、完全在一个或多个缔约方领土内使用非原产材料生产,只要该货物需满足附件 3-D(特定产品原产地规则)的所有适用要求,且该货物满足本章所有其他适用要求。

2. 原产地程序

CPTPP 在程序性规则中详细规定了进口商和出口商的义务:每一缔约方应规定进口商可根据出口商、生产商或进口商填写的原产地证书提出优惠关税待遇请求;原产地证书可由货物的生产商、进口商或出口商根据相关的信息进行填写,并无须遵循一定的格式。

3. 进口通关程序

CPTPP 第 3 章第 3.24 条规定,进口商应作出关于货物符合原产货物资格的声明,持有有效的原产地证书并提供副本和相关单据,若原产地证书根据错误信息提供,则进口商应改正进口单据并支付任何欠缴的关税和罚款。

8.2.3 海关程序和贸易便利化规则

1. 预裁定方面

CPTPP 第 5 章第 5.3 条规定了进口商、出口商或生产商应在货物进口前,就税则归类,依照《海关估价协定》的海关估价标准、CPTPP 第 3 章(原产地规则和原产地程序)以及其他事项,提出书面请求,作出书面预裁定。

2. 透明度方面

在透明度方面,CPTPP 要求提前公布拟采用的海关事务普遍适用的法律、法规及一般性行政程序和指南,并向利益相关人提供评论机会;每一缔约方应指定或设立一个或多个咨询点以处理利害关系人就海关事项提出的咨询,并应在线提供有关提出此类咨询的程序的信息。

3. 海关合作方面

CPTPP 海关合作规则如表 8-13 所示。

表 8-13 CPTPP 海关合作规则

序 号	规 则
1	在进出口规定和海关估价协定的实施和运用、进出口禁止或限制、违反海关法律行为的调查和预防等方面开展合作
2	在合理怀疑存在违法活动时,请求提供特定保密信息
3	在最佳实践和风险技术管理、国际供应链标准执行、简化海关程序、提高海关人员业务技能、改善法律法规执行情况等方面提供技术性建议和协助
4	设立海关合作联系渠道,包括建立联络点,快速和安全地交换信息

8.2.4 服务贸易规则

1. 跨境服务贸易的开放模式

CPTPP 跨境服务贸易的开放模式如表 8-14 所示。

表 8-14 CPTPP 跨境服务贸易的开放模式

模 式	模式细分	内 容
开放模式	跨境提供模式	服务提供者在一缔约方的领土内向另一缔约方领土内的消费者提供服务
	境外消费模式	服务提供者在一缔约方的领土内向来自另一缔约方的消费者提供服务
	自然人流动模式	一缔约方的服务提供者以自然人身份进入另一缔约方的领土内提供服务

续表

模式	模式细分	内　　容
负面清单模式	附件一	现有不符措施保留,含静止条款和棘轮条款,即缔约方承诺该类措施在未来不再加严的义务,并锁定未来的任何自由化措施
	附件二	未来不符措施保留——缔约方未来就是否开放保留自由裁量权的服务部门或分部门
	附件三	关于金融服务的负面清单附件

这样的模式意味着缔约方服务市场原则上向其他缔约方的服务和服务提供者开放,除非通过协定附件的不符措施列表(也称负面清单)方式予以排除。在负面清单以外的所有跨境服务提供,缔约方均须符合国民待遇、最惠国待遇、市场准入并取消当地存在要求。

2. 跨境服务贸易的开放水平

CPTPP旨在促进更多行业开放,减少例外和限制。CPTPP是采用彻底的负面清单方式,并且对非成员"歧视",不自动从中获益。从服务部门的承诺可以看出,承诺的开放水平大大提高,除非信息安全和关乎国家利益的服务部门,其余均取消限制。

8.2.5　自然人临时移动规则

CPTPP第12章的内容主要在于规范缔约方商业临时访客的入境申请、信息公开以及允许或拒绝入境的条件,总体上集中于增强一般性的政策机制以及商业访客申请入境方面的透明度,以及鼓励缔约方在该领域的合作,给予商务人员在出入境方面的便利。

8.2.6　投资规则

1. 投资自由化

CPTPP致力于扩大投资自由化。缔约方之间投资者互相享受国民待遇和最惠国待遇。特殊条款规定除外。CPTPP投资形式如表8-15所示。

表8-15　CPTPP投资形式

序　号	投资形式
1	企业中的股份、股票和其他形式的参股
2	债券、无担保债券、其他债务工具和贷款
3	期货、期权和其他衍生品
4	交钥匙、建设、管理、生产、特许权、收入分成及其他类似合同
5	知识产权
6	根据该缔约方法律授予的批准、授权、许可和其他类似权利
7	其他有形或无形财产、动产或不动产及相关财产权利

2. 投资保护

在目标定位上,CPTPP着力于扩大投资自由化和仲裁形式的投资保护,旨在为缔约方主体进行海外投资建立一个稳定、透明、可预见和非歧视的保护框架。CPTPP投资保护规则如表8-16所示。

表 8-16 CPTPP 投资保护规则

保护方式	内容
涵盖内容方面	CPTPP 投资章的各项条款齐备、内容全面具体,部分条款如业绩要求、负面清单及争端解决机制设置非常细致,同时展现了对可持续发展理念的关注
价值取向方面	受东道国规制权回归趋势的影响,CPTPP 投资章注重对各缔约方合法政策目标的保护,努力寻求在投资保护和维护东道国监管权方面的平衡

8.2.7 知识产权规则

CPTPP 知识产权规则如表 8-17 所示。

表 8-17 CPTPP 知识产权规则

序号	知识产权规则
1	扩大商标保护范围,将声音商标、气味商标纳入保护范围,增加"域名""国名"保护规定;对驰名商标不论是否在境内外注册均给予跨品类的保护,对物品及组成部件均给予工业设计保护等
2	延长了知识产权保护期,将版权和相关权利保护期扩展至作者终生加死后至少 70 年或作品首次出版发行后 70 年
3	加大了对知识产权侵权行为的民事和刑事处罚力度,包括:扩大侵权民事赔偿计算范围,降低对侵犯商标权、版权行为进行刑事处罚的门槛,要求各方对卫星和有线节目加密信号相关侵权行为给予刑事处罚,对故意获取、窃取或披露商业秘密和盗录商业影像等行为无论损失多大均给予刑事处罚等

CPTPP 对知识产权的规定大幅超越其他组织的范围和水平,扩大了知识产权保护范围。这样的规定有利于鼓励新想法投资,支持创新行业,应对和防止盗版及伪造,推动信息、知识和技术传播。

8.2.8 电子商务规则

CPTPP 电子商务规则如表 8-18 所示。

表 8-18 CPTPP 电子商务规则

模式	内容
目标定位方面	CPTPP 电子商务章致力于增强消费者对于电子商务和数字贸易的信心,避免对电子商务和数字贸易施加不必要的壁垒,以此促进电子商务和数字贸易的发展,最终目标是促进经济增长
适用范围方面	适用于通过网络销售商品或提供服务
	适用于数字产品和服务贸易

续表

模式	内　容
涵盖内容方面	关于增强消费者对电子商务和数字贸易的信心，主要体现为 CPTPP 关于国（地区）内电子交易框架、电子签名和电子认证、线上消费者保护、个人信息保护、非应邀商业电子信息的规定
	关于避免对电子商务和数字贸易施加不必要的壁垒，主要体现为 CPTPP 关于海关关税、数字产品和服务的非歧视性待遇、无纸贸易、电子商务网络的接入和使用原则、通过电子方式跨境传输信息、互联网互通费用分摊、计算设施的位置、源代码的规定
价值取向方面	CPTPP 电子商务章坚持市场开放与合理监管并重。一方面鼓励缔约方开放电子商务和数字贸易市场，允许跨境数据流动；另一方面又承认缔约方的合理监管要求，允许缔约方为了合法公共政策目标采取措施

8.2.9　竞争规则

CPTPP 的竞争政策章节从反垄断和反不正当竞争两个方面入手保护市场竞争，规则涵盖竞争立法及其实施、竞争法实施中的程序正义、私人诉权、国际合作、消费者保护、透明度、强制磋商和争端解决的不适用等。

总的来说，CPTPP 提供了对市场竞争更高标准的保护，营造了更高水平的公平竞争制度环境，更有利于实现提高经济效率和增加消费者福利的政策目标，也更有利于扩大开放。

8.2.10　政府采购规则

CPTPP 政府采购规则如表 8-19 所示。

表 8-19　CPTPP 政府采购规则

规　则	内　容
政府采购范围	政府采购范围是通过任何合同的方式进行的政府采购，具体形式为购买、出租或租赁、购买选择权、BOT（Build-Operate-Transfer）和公共工程特许权合同
国民待遇与非歧视	各缔约方在承诺开放的政府采购领域，除遵守国民待遇和最惠国待遇外，还需要对设立在本国（地区）的实体提供非歧视待遇，主要可分为"股权非歧视待遇"和"来源非歧视待遇"两类
采购方式与时限	包括公开招标、限制性招标、选择性招标等。CPTPP 首先要求缔约方将公开招标作为首选，其次要求缔约方从公布招投标通知到接受投标不少于 40 天，且授予合同应立即发布公告
补偿条款	补偿是政府对政府采购市场开发施加的额外条件。对于参加政府采购的外国供应公司而言，补偿构成招标文件中规定的与相关采购不直接相关的附加条件
供应商参与条件	政府采购实体可以对参与采购活动供应商设置条件，但条件的范围应限定在于为履行该政府采购所需的法律资格和资金能力，商务条件和技术条件。CPTPP 允许政府采购实体将遵守第 19.3 条劳工权利作为供应商参与采购的条件，将劳工标准添加至供应商资格的条款

8.2.11 国有企业与反垄断规则

1. 国有企业

CPTPP 致力于创造公平的竞争环境,加强了信息透明度,提供国有企业名单。CPTPP 国有企业规则如表 8-20 所示。

表 8-20 CPTPP 国有企业规则

序 号	规 则
1	应其他缔约方要求,各国(地区)有义务提供政府对国有企业的所有权和控制权,以及对企业提供的非商业性支持程度等信息
2	要求确保国有企业经营活动均基于商业考虑,政府对国有企业提供的非商业支持,不得损害其他成员及其产业的利益
3	各成员法院对在其境内经营的外国国有企业拥有管辖权,要求各成员政府在企业监管方面保持非歧视和中立性,明确了国有企业有关规定适用于争端解决条款

2. 反垄断

CPTPP 从商业考虑非歧视义务规则和非商业援助规则两方面进行反垄断,有利于保护国际市场公平竞争环境、激活创新。其中,CPTPP 明确了指定垄断的概念,即在 CPTPP 生效日之后被指定的私营垄断者和缔约方指定或已经指定的任何政府垄断者(政府垄断是指由缔约方或其他政府垄断者所有或通过股权所有的垄断)。

8.2.12 争端解决领域规则

CPTPP 的争端解决机制在 WTO 争端解决机制的基础上又进行了突破,在争端解决的效率和透明度方面所做的创新性规定一定程度地弥补了 WTO 争端解决机制的不足。CPTPP 争端解决机制制定更严格的时间表以缩短争端解决的时限,也采取了"一审终裁"的形式,提高了争端解决的快捷性;社会公众和"法庭之友"的参与度提高、作用增强,提升了争端解决的透明度。

本章小结

RCEP 是 2012 年由东盟发起,历时 8 年,由包括中国、日本、韩国、澳大利亚、新西兰和东盟十国共 15 方成员制定的协定。RCEP 条款包括关税减让规则、原产地规则、海关程序和贸易便利化规则、服务贸易规则、自然人临时移动规则、投资自由化规则、知识产权规则、电子商务规则、竞争规则、政府采购规则、争端解决领域规则。

CPTPP 是美国退出《跨太平洋伙伴关系协定》后该协定的新名字。CPTPP 条款包括降税模式、原产地规则、海关程序和贸易便利化规则、服务贸易规则、自然人临时移动规则、投资规则、知识产权规则、电子商务规则、竞争规则、政府采购规则、国有企业与反垄断规则、争端解决领域规则。

框架体系

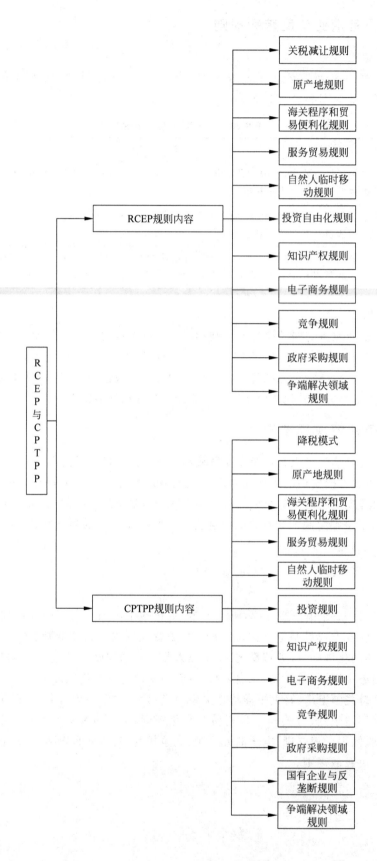

关键术语

《区域全面经济伙伴关系协定》(RCEP)
《全面与进步跨太平洋伙伴关系协定》(CPTPP)
原产地规则(Rules of Origin)
透明度规则(Transparency Rules)
投资保护(investment protection)
国有企业规则(State-owned Enterprise Rules)
政府采购(government procurement)
自然人移动(movement of natural persons)
投资便利化(investment facilitation)

课后习题

1. RCEP 规则总共有几章？分别包括哪些部分？
2. CPTPP 规则总共有几章？分别包括哪些部分？
3. 中国应如何应对 RCEP 生效？

揭开印太经济框架的面纱

2022年2月11日，拜登政府正式发布"印太战略"文件。这一版的"印太战略"明确了五大目标，包括：促进"印太"地区在政治、海空域和新技术领域的"自由开放"；基于美国的盟友伙伴关系，加强"印太"各国之间及同域外国家之间的联系；以"印太经济框架"(Indo-Pacific Economic Framework, IPEF)和基础设施建设合作等驱动"印太"经济繁荣；以"一体化威慑"、军事技术创新、安全合作等方式强化"印太"安全；应对新冠感染疫情等非传统安全挑战，增强地区韧性。拜登政府还提出了落实"印太战略"的行动方案，包括：进一步投入资源，引领"印太经济框架"，强化威慑，支持东盟和印度，落实美日印澳四方安全对话机制(QUAD)，拓展美日韩合作，加强美国与太平洋岛国的伙伴关系，支持"良治"和开放，发展坚韧、安全且可信的新技术，等等。拜登政府的"印太战略"表明本届白宫在战略导向上继承了特朗普时期对"印太"地区的高度重视，同时总结执政首年的战略实践，为下一阶段的战略规划和实施提供指导。拜登政府也希望通过制定"印太战略"，构建体现其战略思想的大国竞争框架，让美国继续掌握主动。

拜登政府的"印太战略"将"印太"地区视为与中国进行战略竞争的首要区域，试图构建新的竞争框架。虽然拜登政府强调其"印太战略"并非对华战略，但对华竞争仍是这版"印太战略"的主要着眼点和落脚点。拜登政府一方面尽量避免与中国迎头相撞，强调"不寻求改变中国"，但另一方面继续淡化美中协调合作的战略意义，同时在地区层面全方位扩展对华竞争的领域。拜登政府"印太战略"寻求的竞争方式是全方位的竞争，而非仅限于地缘政治这个单一领域。拜登政府意识到以传统地缘战略竞争为核心的路径在"印太"

地区将只能取得有限的实施效果,因而不像特朗普政府那样强调美国硬实力在地缘政治以外的领域难以发挥作用。在这版"印太战略"里,拜登政府没有使用传统的"力量均衡"(balance of power)概念,而是强调有利于美国的"影响力对比"(balance of influence)。拜登政府还把一些地缘政治领域的议题转入其他领域,如将海上竞争纳入"地区自由开放之争"。在安全竞争领域,拜登政府调整了议题排序,提升了台海问题的重要性。对于竞争领域的新认知带来了对盟友伙伴关系的新认知。在传统地缘政治竞争中,美国对盟友伙伴的重视程度主要取决于其地理位置的重要性和综合国力水平,以及对威胁的认知是否符合美国的战略需求。拜登政府重视影响力竞争,进一步扩展了盟友伙伴范围,强调美国将关注包括东北亚、东南亚、南亚、大洋洲、太平洋岛屿在内的"本地区每一个角落"。拜登政府还认为美国与中国的竞争具有"全球性",因此强调"印太内外的协同",尤其是美国在欧洲的主要盟友伙伴(包括北约组织)对"印太战略"的参与。拜登政府也寻求多样化的竞争手段。拜登政府意识到美国要解决国内问题,保持发展势头是竞争的基础和重要手段之一。同时,美国需要运用多样化的竞争工具支持盟友伙伴,包括强化价值观的影响、加快技术创新与分享、提供应对传统和非传统安全的各类公共产品等。在这份"印太战略"文件中,拜登政府提及对华关系的两层积极意义:一是要与中国开展"负责任的竞争",防止失控和冲突,也就是重视竞争管控;二是在部分跨国议题上需要中国的合作。拜登政府坚持认为,合作应对跨国议题是大国责任,不应受双边关系其他方面分歧和竞争的干扰。

资料来源:北京大学中外人文交流研究基地公众号。

问题思考

RCEP 对国际经贸格局有何影响?

考核点

RCEP、CPTPP 与 IPEF 的主要内容

自我评价

学 习 成 果	自 我 评 价
掌握 RCEP 规则的结构及其基本内容	□很好□较好□一般□较差□很差
知晓 CPTPP 规则的结构及其主要内容	□很好□较好□一般□较差□很差
了解 RCEP 与 CPTPP 规则的异同点	□很好□较好□一般□较差□很差

即测即练

第 9 章

数字贸易的演变

学习目标：
1. 清楚数字贸易的内涵；
2. 熟悉全球主要的数字贸易协定；
3. 明晰《数字经济伙伴关系协定》的产生背景及主要内容；
4. 了解全球数字贸易数据流动治理导向差异及负面效应；
5. 知晓我国数字贸易面临的困境、动力及未来发展方向。

 全球视角

紧抓数字贸易的时代机遇

数字技术推动国际贸易深刻变革。一是数字技术提升了传统贸易效率。数字技术的发展和应用降低了信息的共享成本、极大地降低了信息不对称。二是数字技术催生了新的贸易形态。货物贸易方面，实物与数字技术的融合一方面促进电子商务蓬勃发展，另一方面形成物联网技术，在制造业中广泛应用，极大地提升了生产效率。三是数字技术改变了国际贸易结构。一方面，数字技术的兴起使数字硬件的国际贸易份额大幅提升。另一方面，数字软件和数字内容在世界服务贸易中的地位迅速上升。另外，数字贸易本身也出现了社交媒体、云计算、搜索引擎、大数据分析等新业态。四是数字技术加快了知识要素流动。数据已经成为新型生产要素。一方面，数据流动提高了其他要素流动效率，促进了知识的共享，加速了技术创新，也推动了技术要素的共享，使技术创新效率极大提高。另一方面，数字技术改变了当前世界生产要素的格局。以信息为核心的技术创新使生产要素的世界分布发生改变。

数字技术对现有国际贸易体系提出了新挑战。一是对供应链系统的挑战。数字技术与货物贸易的融合发展对现有货物运输和物流效率提出了更高要求。二是对世界各国贸易监管体系的挑战。服务贸易的数字化产生诸多新业态，对现有监管措施提出更多挑战。三是对数字基础设施、技术标准、数据安全的挑战。跨境数据快速流动需要相关基础设施作为支撑。数字基础设施的能力不足是当前数字贸易发展面临的一大挑战。数据的跨境流动，需要各国（地区）在相同的技术标准下执行，以便各国（地区）可以在相同网络协议下接收和发送数据。数据的跨境流动对数据安全的监管机制提出挑战，包括个人隐私保护和数据安全问题等的规则协调。

资料来源：李俊,王拓.紧抓数字贸易的时代机遇[N].国际商报,2019-05-28.

数字贸易已成为全球经济数字化发展的重要推动力,对国际分工、交易方式及贸易体系产生广泛而深远的影响。数据是数字贸易的基础性资源,跨境数据流动及相关服务是数字贸易价值流动的核心媒介。创新性贸易技术和贸易政策协调可促进全球贸易模式的持续转型。在信息技术的带动下,基于数字平台的商业场景使承载数据要素的信息流得以进入交易网络并产生独特价值,由此形成了一种新的价值创造模式——数字价值链。全球数字贸易所衍生的数字价值链对传统国际贸易秩序下的利益分配体系产生了巨大冲击,通过管控跨境数据流动来推动本国(地区)数字产业繁荣的"数据重商主义"开始出现,各大经济体围绕跨境数据流动进行规则制定,加速构建符合自身利益的贸易规则。

9.1 数字贸易的内涵

随着云计算、大数据等数字技术的发展,数字贸易的规模与日俱增,数字贸易的内涵也不断演进,数字贸易的概念从定义贸易方式的数字化阶段逐步过渡到界定贸易对象范围及内容的阶段。数字贸易概念的演变历程大致划分为三个阶段。

第一阶段(1998—2012 年),数字贸易的概念尚未被明确提出,数字贸易被表述为电子商务。

第二阶段(2013—2014 年),美国国际贸易委员会(USITC)首次提出"数字贸易"的概念,将其范围界定为数字产品与服务贸易。

第三阶段(2015 年至今),进一步将实体货物纳入数字贸易的范畴,即将实现全球价值链的数据流、实现智能制造的服务以及无数其他相关的平台和应用纳入数字贸易的范围。

早期对数字贸易概念的研究多聚焦在贸易方式层面,Weber 最早提出数字贸易是通过互联网等电子化手段传输商品或服务的商业交易活动。数字贸易在中国学界被认为是以互联网为依托、以数字交换技术为工具,为交易双方提供商品交易所需的数字化电子信息,旨在实现以数字化信息为交易标的的一种商业模式。2013 年,USITC(美国国际贸易委员会)在《美国与全球经济中的数字贸易Ⅰ》中将数字贸易界定为通过互联网络传输产品或服务的国内商务活动与国际商务活动,主要包括数字内容、社交媒介、搜索引擎、其他产品和服务四大类,该定义受到国内外众多学者的广泛认可。随后,USITC 进一步扩充对数字产品和服务的解释,于 2017 年将数字贸易的定义修订为各行各业的企业在互联网交付的产品和服务,包括互联网基础设施及网络、云计算服务、数字内容、电子商务、工业应用及通信服务六种类型的数字产品和服务,如智能手机与互联网传感器等相关产品。

随着近年来全球经济数字化水平的不断提升,数字贸易的内涵更具广义特征,以数据为核心要素的数字化产品及服务在数字贸易领域的覆盖范围进一步扩大。2016 年,二十国集团(G20)杭州峰会通过的《二十国集团数字经济发展与合作倡议》将"数字经济"界定为以数字化的知识和信息作为关键生产要素、以现代信息网络作为重要载体、以信息通信技术的有效使用作为效率提升和经济结构优化的重要推动力的一系列经济活动。数字贸易是以现代信息网络为载体,通过信息通信技术的有效使用,实现传统实体货物、数字产品与服务、数字化知识与信息的高效交换,进而推动消费互联网向产业互联网转型并最终实现制造业智能化的新型贸易活动,是传统贸易在数字经济时代的拓展与延伸。还可以对数字贸易的定义进一步拆解,结合交易方式,引入交易对象,将数字贸易分为数字订购的产品、数字订购的服务、数字交付的服务以及数字交付的信息四种类型,数据成为由数字贸易引入的一种新的国际贸易标的物。数字交付的信息即数字贸易平台免费向消费者提供服务以换取用户信息,并通过广告投入实现盈利,用户信息的数据流是数字贸易平台获得广告收入资金流的标的物。

9.2 数字贸易规则

9.2.1 全球主要数字贸易协定

据世界贸易组织统计,截至 2020 年 6 月,全球共有 185 个区域贸易协定(RTA)含有数字贸易条款,其中 110 个含有"特定的电子商务条款"、80 个含有电子商务(数字贸易)章节。

美国和欧盟分别基于自身利益诉求构建了数字贸易规则的"美式模板"和"欧式模板",并利用各自的贸易强势地位将之推广到区域贸易协定中。就美国而言,从《美国—韩国自由贸易协定》首次提出"跨境数据自由流动"这一具有代表性的美式数字贸易规则,到《美国—墨西哥—加拿大协定》

拓展阅读 9-1 数字贸易理论与规则研究进展

(USMCA)中首次出现"数字贸易"章节,《美国—日本数字贸易协定》(UJDTA)扩展深化数字贸易条款,数字贸易规则"美式模板"的演进升级不断向前有序推进。就欧盟而言,《欧盟—智利自由贸易协定》首次出现电子商务条款,《欧盟—加拿大自由贸易协定》首次引入"电子商务"章节。

随着《区域全面经济伙伴关系协定》(RCEP)和《数字经济伙伴关系协定》(DEPA)的签订,"中式"和"新(加坡)式"数字贸易治理模式也已经成为国际数字贸易规则中不可忽视的新生力量。

9.2.2 《数字经济伙伴关系协定》(DEPA)的新发展

为在数字时代建立新的国际贸易规则,应对经济衰退和贸易保护主义等问题,解决与互联网安全相关的数字经贸问题,并以此提高自身在全球数字经济治理领域的地位和影响力,新加坡、新西兰和智利于 2019 年 5 月开始谈判,经过一年

拓展阅读 9-2 《数字经济伙伴关系协定》

多的谈判,于 2020 年 6 月 12 日在线正式签署《数字经济伙伴关系协定》(Digital Economy Partnership Agreement)。作为全球首份数字经济区域协定,《数字经济伙伴关系协定》于 2021 年 1 月 7 日生效。

《数字经济伙伴关系协定》文本由初始条款和一般定义、商业和贸易便利化、数字产品待遇和相关问题、数据问题、更广泛的信任环境、商业和消费者信任、数字身份、新兴趋势和技术、创新和数字经济、中小企业合作、数字包容性、联合委员会和联络点、透明度、争端

解决、例外和最后条款 16 个模块构成(表 9-1),其中有 10 个实体性规则模块共涵盖了 36 个条款,有 6 个程序性规则模块共涵盖了 36 个条款。

表 9-1 《数字经济伙伴关系协定》(DEPA)的具体条款与内容

章 节	具体条款	具体内容
第 1 章	初始条款和一般定义	协议适用范围和不适用范围、协定与其他国际协定的关系、协定条款涵盖名词的一般定义
第 2 章	商业和贸易便利化	相关名词的定义、无纸贸易的说明、对国内电子交易的法律框架的说明、贸易物流的说明、电子发票的说明、快运物流的规定、电子支付的原则等
第 3 章	数字产品待遇和相关问题	相关名词的定义、电子方式传输的关税的规定、数字产品非歧视待遇说明、使用密码术的信息和通信技术(ICT)产品说明等
第 4 章	数据问题	相关名词的定义、个人信息保护的说明、原则和规定、通过电子方式跨境传输信息的说明、缔约方确认其在计算设施位置方面的承诺水平的说明等
第 5 章	更广泛的信任环境	网络安全合作的说明、网上安全和保障的说明等
第 6 章	商业和消费者信任	相关名词的定义、对非应邀商业电子信息的规定措施、对在线消费者保护的说明、接入和使用互联网的原则等
第 7 章	数字身份	数字身份的补充说明等
第 8 章	新兴趋势和技术	规定为达成金融科技合作而需要实施措施、对于人工智能支持、了解贸易数字化发展对政府采购承诺的影响、竞争政策合作的说明等
第 9 章	创新和数字经济	相关名词的定义、表明技术创新传播实现社会经济福祉的目标、信息材料公有领域的说明、认同数据创新重要性达成共识以及为此的努力方向、开放政府数据的重要性等
第 10 章	中小企业合作	中小企业合作的一般原则、对如何增强中小企业在数字经济中的贸易和投资机会的合作的措施、信息共享的规定、数字中小企业对话等
第 11 章	数字包容性	数字包容性的重要性和措施等
第 12 章	联合委员会和联络点	联合委员会的说明、联合委员会的职能、联合委员会的职能权力的说明、联合委员会议事规则的说明、为维持协定合作的规定事宜、缔约方间沟联络点的说明等
第 13 章	透明度	相关名词的定义、协定透明度的说明、对于达到协定透明度的行政程序的规定、复审和上诉权力的说明、通知另一缔约方和提供信息的说明等
第 14 章	争端解决	相关名词的定义、为达到此协定目标提出的规定建议、本条款适用范围、斡旋和调解的规定、调停解决争端的说明、仲裁的说明、解决争端场所选择的说明等
第 15 章	例外	本协定一般例外的说明、本协定中任何条款不得解释的规定、《怀唐伊条约》的说明、审慎例外和货币和汇率政策例外的说明、税收措施包含名词的解释和规定、国际收支保障措施的建议等
第 16 章	最后条款	交存方的说明、本协定条款生效的说明、对于本协定内容修正的说明、加入本协定的说明、退出本协定的说明、对信息披露的规定、保密信息的规定、附件和脚注、电子签名的说明

DEPA 是众多协定中首个引入电子发票规则的数字贸易协定,旨在鼓励缔约成员实现

电子发票系统的可互操作,这有助于提高各成员数字贸易的商业交易效率、准确性和可靠性。

DEPA 在"商业和贸易便利化"中不仅涵盖了无纸化贸易、国内电子交易框架等传统规则,还扩展了电子发票、电子支付、快递、物流等数字贸易规则,便利了各成员间的数字贸易。此外,电子支付和物流也是 CPTPP 未曾讨论的数字贸易规则。对于数字贸易尤其是以货物为主要交易品的跨境电商而言,贸易便利化包含一系列的程序要求,从平台支付的安全保障到快递的运输效率,再到通关程序的简化管理,都会对交易和物流成本造成重要影响。因此,DEPA 的贸易便利化规则承诺对电子商务的支付、物流和跨境通关无缝衔接,进一步突破了电子商务企业的贸易壁垒。DEPA 的新兴技术与数据创新议题为数字贸易规则发展作出了试探性创新。DEPA 最值得关注的就是引入新兴技术与数据创新模块。

知识延伸

中国全面推进加入《数字经济伙伴关系协定》谈判

2021 年 10 月 30 日,中国国家主席习近平在出席二十国集团领导人第十六次峰会时宣布,中国决定申请加入 DEPA。2021 年 11 月 1 日,商务部部长王文涛代表中国正式提出加入申请。此后,中国与 DEPA 成员智利、新西兰、新加坡开展了各层级对话。DEPA 经过认真评估,决定同意成立中国加入 DEPA 工作组。

2022 年 8 月 18 日,根据《数字经济伙伴关系协定》联合委员会的决定,中国加入 DEPA 工作组正式成立,全面推进中国加入 DEPA 的谈判。在推进加入进程中,中国与 DEPA 成员新西兰、新加坡、智利在各层级开展对话,举行了十余次部级层面的专门会谈、两次首席谈判代表会议、四次技术层非正式磋商,深入阐释中国数字领域法律法规和监管实践,全面展现中国在 DEPA 框架下与各方开展数字经济领域合作的前景。

中国申请加入 DEPA 并积极推动加入进程,充分体现了中国与高标准国际数字规则兼容对接、拓展数字经济国际合作的积极意愿。

资料来源:中华人民共和国商务部网站.中国全面推进加入《数字经济伙伴关系协定》谈判[N].光明日报,2022-08-23(10).

9.3 全球数字贸易数据流动治理导向差异及负面效应

目前,全球跨境数据流动规则体系建设仍处于探索阶段,数字经济大国主要依靠区域性贸易协定进行具体机制的协调。2016 年以来,在逆全球化浪潮背景下,各国(地区)的保护性博弈阻碍了数字贸易潜能的释放,各国(地区)的制度差异与利益博弈共同造就了当前的跨境数据流动规制格局。由于跨境数据流动规制存在冲突,全球数字贸易也因此面临诸多问题。

跨境数据流动规制已成为现阶段影响数字贸易价值流动的关键因素,而数据主权和数据安全的保护成为全球跨境数据流动规制演变的核心影响因素,以美国、欧盟为主导的两种跨境数据流动规制对全球数据治理体系产生了较大的影响。

数字主权视角下,全球跨境数据流动政策有三大趋势:跨境数据流动与数字服务贸易呈现"有限性特征";对涉及国家安全利益的数据采取"灵活化"对策;围绕数据主权与长臂管辖权博弈呈现"加剧化态势"。

9.3.1 全球数据流动治理导向差异

跨境数据流动的规制类型受制于规制目标之间的平衡、参与主体之间的竞争以及规制本身的发展规律。美国和欧盟在价值理念与规制模式方面存在较大差异,导致双方在数字化企业竞争、公民隐私保护、跨境数据管辖权及数字服务税等问题上产生难以弥合的分歧。欧盟坚持以数据保护为主导的跨境数据流动规制体系,强调实现域内数据自由流动与数据本地化,在市场层面引导形成企业行业数据开放透明的高质量数据市场,在个人层面实施对隐私充分尊重保护的跨境数据流动治理导向,进而保护区域内产业及市场,提升对数字贸易的控制力,在实现数字化单一市场战略的同时,致力于引领全球高标准数据保护体系的建设。美国倾向于利用数据获取优势来释放其技术优势与商业优势,将数据作为战略资源,依托跨境数据自由流动模式实现其数字市场的规模扩张。为减少跨境数据规制差异带来的矛盾,美国、欧盟分别于 2000 年和 2016 年签订了《安全港协议》和《欧美隐私盾牌》协议,就跨境数据流动治理达成了一定共识。

在亚太地区,日本的大数据相关立法参考了欧盟模式,但在跨境数据流动治理方面也提倡美国的跨境数据自由流动模式。新加坡采取了与欧盟类似的跨境数据传输标准,并禁止向数据保护水平低于新加坡的国家或地区转移数据。中国通过《中华人民共和国网络安全法》等法律和相应国家标准,在数据本地化存储、数据跨境流动、个人信息保护等方面进行了跨境数据流动规制体系的前期建设,同时对数据自由流动原则的基础性地位给予了一定程度的认可。

在全球跨境数据流动治理格局中,大部分技术优势国家都致力于在市场层面建立一个开放、自由的跨境数据流动模式,增强市场力量,提升在全球跨境数据流动规制的话语权,抢占数字经济时代跨境贸易的优势地位。市场力量较弱的国家则选择强化跨境数据流动规制,优先确保国家安全。那些处于全球数字价值链顶端、数字经济发达的经济体,掌握尖端数字技术、核心数据以及核心网络。跨境数据自由流动能够推动形成以这些经济体为最终服务对象的数字经济国际分工格局,可能导致数字经济后发经济体在数字经济和数字贸易发展上与数字经济先发经济体的差距进一步拉大。

数字经济先发经济体主导的双边与区域一体化协定在数字贸易规则领域有鲜明的选择性导向,着重凸显自身利益,无法代表世界各国(地区)在数字贸易领域的共同利益。

9.3.2 数字贸易的规制负面效应

由于保护主义规制对数字贸易的限制,各国(地区)之间跨境数据流动治理的平衡被不断打破,限制数据自由流动或强制获取数据都可能引发数字贸易壁垒,平衡被破坏后所产生的负面效应阻碍了全球数字贸易的协同发展。一方面,美国、欧盟等数字经济先发经济体之间因数据流动不畅而导致的市场割裂现象持续蔓延;另一方面,数字经济先发经济体与数字经济后发经济体之间的"数字鸿沟"不断加深。例如,2020 年 7 月,欧盟法院以美国的监控计划不利于数据保护为由,裁定欧盟与美国签署的《欧美隐私盾牌》协议无效,美国从欧盟自由获取数据的通道被切断;2020 年 10 月,爱尔兰隐私监管机构出台规定,禁止Facebook将欧洲用户的数据转移至美国;2020年12月,欧盟出台《数字服务法案》和《数字市场法案》,要求对数字平台治理问题和竞争问题进行严格监管,旨在重新规范欧盟的数字市场秩序,创造公平有序的竞争环境。美国、欧盟之间的一系列摩擦事件加剧了全球跨境数据流动治理规则的竞争,经济发展潜力大、拥有庞大数据量的亚太地区成为新的竞争场域。例如,美国、墨西哥、日本、加拿大、新加坡、韩国、澳大利亚和菲律宾都申请加入APEC构建的CBPR(跨境隐私规则,Cross-Border Privacy Rules)体系。

APEC与CBPR规则

亚太经合组织,是亚太地区重要的经济合作论坛,也是亚太地区最高级别的政府间经济合作机构。其官方顾问机构是环太平洋大学联盟。CBPR规则被APEC组织定义为:"规范APEC成员经济体企业个人信息跨境传输活动的自愿的多边数据隐私保护计划。"

2019年2月,《欧日经济伙伴关系协定》正式生效,对促进欧日双边跨境数据自由流动产生积极作用。日本于2008年与东盟签订《东盟—日本全面经济伙伴关系协定》后,积极向东盟输入数字基础设施、数字信息技术,以开拓亚洲数字贸易市场;2019年9月,美国与日本达成《美日数字贸易协定》,确保双方企业在遵守个人信息保护的法律框架的同时,通过跨境数据流动促进数字贸易发展;《美国—墨西哥—加拿大协定》禁止美国、墨西哥和加拿大的数据本地化保护,实现三方跨境数据流动;2020年11月,由中国、日本、韩国、澳大利亚、新西兰和东盟十国共同正式签署的《区域全面经济伙伴关系协定》明确限制成员政府对数字贸易施加各种限制,包括数据本地化(存储)要求等,其中,第十二章第十五条申明:不得阻止基于商业行为而进行的数据跨境传输。作为超大型自由贸易协定,《区域全面经济伙伴关系协定》将有助于减少数字贸易成本,推动形成数字贸易规范,并巩固多边贸易体系。

随着中国数字技术带动数字经济的高速发展,中美两国在数字领域的摩擦也日益增加。例如,2020年8月,时任美国总统特朗普签署行政命令,禁止美国个人和企业与字节跳动及腾讯进行任何交易。同年9月,美国商务部称美国公司将被禁止与微信和TikTok进行商业交易,同时禁止美国公司通过微信"以在美国境内转移资金或处理付款为目的"提供服务。同时,美国外交关系委员会发布《美国和盟国创建数字贸易区对抗中俄互联网愿景报告》,呼吁在美国与其盟友间建立一个开放的互联网治理体系,针对中国形成国际统一战线,抑制中国数字贸易的发展。2021年1月,时任美国总统特朗普签署行政命令,禁止与包括支付宝、微信支付在内的8款中国应用软件进行交易。美国采取交易禁令等限制市场准入的干预措施,主要是为了防止中国数字企业迈向数字价值链上游并进军美国本土数字市场。作为数字技术最先进、数字经济最发达的市场主体,全球范围内数据流通自由度的提升对美国的国家安全影响较小,因此,凭借数字市场方面的先发优势,美国历来追求促进数字贸易领域内的贸易开放性及其自由化发展,力推跨境数据自由流动和数据存储非强制当地化,甚至采用长臂管辖的方式维持获取其他国家数据的能力;与此同时,对涉及本国利益的关键数据则大力保护,拒绝实行同等程度的数据开放。在中国数字企业走向海外之初,美国就以侵犯国家安全、公民隐私等理由对其进行封杀。为维系对全球数据市场流动性的主导权,美国采取了一系列数据保护主义行为,这给形成一个协同多方、公正有效的全球数据跨境流动规制体系带来了挑战,也给全球数字贸易的发展带来了负面效应。

资料来源：刘典.全球数字贸易的格局演进、发展趋势与中国应对——基于跨境数据流动规制的视角[J].学术论坛,2021,44(1)：95-104.

9.4 数字贸易发展的困境与动力

9.4.1 数字贸易的困境：结构性不平衡

当前，世界经济正迎来以数字技术、生物技术和新能源为代表的技术革命浪潮，数字经济是重要基础，也是新一轮国际竞争的重点领域。推动数字经济持续健康发展，不断做强做优做大数字经济，面临的主要困境是结构性失衡问题。

以中国为例，中国数字经济发展已具备较好的基础，但结构性问题突出。党的十八大以来，我国数字经济发展上升为国家战略并取得显著成就，数字经济规模连续数年位居世界第二。中共中央网络安全与信息化委员会办公室发布的《数字中国发展报告（2022年）》显示，2022年，中国数字经济规模达到50.2万亿元，占GDP比重为41.5%，同比名义增长10.3%。其中，数字产业化占数字经济比重为18.3%，产业数字化占数字经济比重达81.7%。数字经济在整个国民经济中发挥着越来越重要的作用。中国数量巨大的互联网用户和完整的产业体系，为数字经济的发展提供了海量的数据和丰富的应用场景，这是中国数字经济发展的潜在优势。

但同世界数字经济大国、强国相比，中国的数字经济在蓬勃发展的过程中，仍然存在应用层强、生活性服务业强，但基础层弱、生产性服务业和制造业弱的结构性失衡问题，数字经济总体来看大而不强、快而不优。首先，从技术分布看，重应用、轻基础的特征明显。以人工智能为例，人工智能在技术层呈现寡头竞争格局。中国在图像、语音识别等应用层的专利领先，但在AI（人工智能）基础技术及工具的研发方面仍然相对落后，AI基础技术的核心力量掌握在美国手中。其次，从产业分布看，中国数字经济巨头的主营业务主要集中于生活服务业，即消费互联网。相比之下，北美15大互联网公司中，消费互联网和产业互联网的企业数量基本相当，呈现出齐头并进的发展态势。总体上，中国数字经济在制造领域，无论是芯片、存储器等数字产业化部门，还是先进数字制造技术在制造业中的使用，如协同机器人、工业互联网等，都与发达国家存在明显差距。

中国数字经济发展之所以出现应用层强、生活性服务业强，但基础层弱、生产性服务业和制造业弱的结构性问题，是多种因素综合导致的结果。

首先，从技术层面看，进入互联网时代以来，由于数字技术改变了传统服务业必须"同时同地""面对面"的要求，因而更易于影响服务业的产业特征和组织形态。服务业在应用数字技术的过程中，其主要需求是用其获取、分析市场交易对象的信息，而我国巨大的服务市场规模和多样化的应用场景，形成了拉动这类需求的重要力量，也因此加快了我国服务业的数字化转型速度。相较之下，制造业生产流程和分工网络更为复杂，产品的异质性程度更高，更需要解决的是"物"在生产过程中的信息，而此类数据的协调难度更大，格式标准、传输协议更为复杂，需要更为长期的工业化和信息化进程积累工业能力与产业基础，因此我国在生产性服务业和制造业领域，产业数字化的程度相对低，发展的速度也较慢。

其次，从经济因素看，数字经济在中国生活服务业领域的爆炸式增长主要得益于以下几个方面的因素：一是中国数字基础设施的普及化。国家统计局的公报显示，2020年年末，中国手机上网人数达9.86亿人，全年移动互联网用户接入流量1 656亿GB，比上年增长35.7%。2015年以来，仅中国联通的移动网络流量平均资费降幅就已超过95%，低廉、高速而广泛的信息连接为生活性服务业的发展提供了强有力的支持。二是随着中国人均GDP不断增长，居民消费升级速度加快，数字化的生活性服务业因其便捷和多样化，日渐成为"美好生活需要"不可或缺的一部分。三是较高的居民密集度，使数字化生活性服务业的发展易于实现规模经济。上述因素，使中国生活服务业领域的数字化进程大大快于生产性服务业和制造业领域的数字化进程。

应对中国数字经济发展面临的结构性失衡问题，从长期来看，需要政府、企业、研究机构等各方面的集体关注和共同努力才能克服与解决，制造业和服务业、软件和硬件、消费互联网和产业互联网必须齐头并进、协同发展，才能在未来人工智能、物联网的大时代取得差异化的独有竞争优势。从短期来看，应特别重视消费互联网巨头的作用，长期以来，作为互联网用户流量的头部明星，中国的消费互联网巨头规模增长迅速，它们作为最大的一线用户，深知硬件需求的具体特征和发展趋势，应当也可以作为更具长远需求、更具全局观的需求方参与到硬件制造和基础研发的攻坚创新，共同谋求数字技术领域自立自强。

9.4.2 数字贸易发展的动力：双轮驱动

主权力量与市场力量共同构成了数字贸易发展的内在双轮动力。在主权力量之间的博弈短期内无法改善全球数字贸易体系局限性的情况下，由商业价值驱动的市场力量成为数字贸易发展的前沿探索者。在具体实践中，大型科技公司已成为跨境数字贸易的重要行为体，其通过数字平台把持庞大的用户基数，构建完整的经济生态，发展高水平的数据处理技术，这些优势成为其对多种市场进行渗透的基础。

数字贸易已经成为国际贸易谈判的焦点，不论是从《美国—墨西哥—加拿大协定》《美日数字贸易协定》《区域全面经济伙伴关系协定》《全面与进步跨太平洋伙伴关系协定》等贸易协定，还是从WTO电子商务谈判，都可以看到大量的数字贸易议题。在全球数字贸易博弈中，主权力量是把握经济发展与国家安全平衡的主体，而市场力量是探索跨境数据流动规制框架可能性的主体。主权力量通过国际协商确立数据在国际市场有限范围内的跨境流动，而基于流动空间的数据价值扩张则由市场力量完成，主权力量为市场力量开拓国际发展空间。以《区域全面经济伙伴关系协定》为例，协定的电子商务章节体现了对跨境数据流动规制的前瞻性关注以及对数字经济的重视，就信息自由流动与主权安全如何取得平衡进行了积极探索。该协定原则上允许为商业目的而自由进行电子方式的跨境信息传输，同时，政府仍可基于公共政策与基本安全利益而采取限制措施。在国际数字贸易体系下，市场力量与主权力量联动，两者在功能层面实现衔接。

在主权力量协商确定一定范围内可以进行跨境数字自由贸易的基础上，在扩张数据价值的过程中，数字价值链内的上下游企业、供应商、市场客户、金融和物流服务、研发设计与商务中介等市场力量实现了紧密互联。而随着全球供应链负面效应外溢，加之单边主义、贸易保护主义的影响以及新冠感染疫情的冲击，各国经济稳定受到直接威胁，大型科技公司所主导的数字平台成为数字价值链的延伸载体，其撮合能力增强了全球市场供需的适配性，使全球供应链在成本、效率和便利性等方面的价值潜力得到充分释放，为全球供应链重塑提供了新的可能性。在这一过程中,数字经济的优势转化为数字价值链中的新动能,数字价值链打破物理区隔,让数字平台的价值空间进一步扩展,实现从数字平台向数字生态系统的演进。

在数字贸易体系中,数字平台是整合传统价值链和数字价值链的基本经济组织,可以协调和配置数据资源,实现价值创造和价值汇聚。各经济体以数字平台为纽带,带动内外各贸易环节智能联动,形成互利共赢的数字生态系统。随着数字生态系统对时间限制和空间限制的不断突破,系统覆盖区域的消费者、中间商、供应商、制造商间的交易效率不断提升,利益广泛融合,形成数字价值链层面的利益共同体;在快速集聚和生成数据资源的同时,又对各类生产要素资源进行高效的配置,促生了新的产业组织和产业生态,并反哺数字生态系统,产生跨越主权疆界的正向溢出效应,形成主权力量与市场力量相互催化作用下的数字生态系统比较优势。

9.5 数字贸易的未来:竞争、互补与合作

以中美为例,中美在数字贸易领域存在竞争与分歧,但也存在极大的互补与合作空间。美国是数字技术、标准专利、数字内容、贸易规则的主要输出国,数字贸易是美国的核心利益之一,而中国不仅正在快速成长为数字经济和数字贸易大国,也日益成为全球最具潜力的数字消费大国,对数字技术、数字服务和数字产品等各类服务需求巨大。因此,虽然数字贸易的发展中充满外部竞争,但数字贸易国际合作也势在必行。

由于数字生态系统具有比较优势,随着数据跨境流动规制的成熟、区域经济协同发展水平的提高和互联互通水平的提升,各国的数字生态体系将形成不同程度的跨越主权疆界的溢出效应,全球数字贸易的竞争层次也将由企业之争、平台之争上升到数字生态系统比较优势之争。其中,跨境货币结算是区域范围内数字贸易网络的重要机制,数字货币平台将成为数字生态系统的重要组成部分。主权数字货币具有融通内外数字价值链的作用,可进一步激发数字生态系统跨越主权疆界的溢出效应。在中国数字生态系统比较优势形成的过程中,可以基于跨境数字结算,提升数字生态系统与数字人民币的结合程度,通过推进人民币国际化,为中国未来的数字贸易发展提供新动能。

此外,可以充分利用国际数字平台,在使用国(地区)培育形成统一、成熟的跨境数据流动规制。相比直接在世界范围进行协调,各经济体在区域经济协同发展过程中,探索成熟的跨境数据流动规制构建经验更具可行性。区域合作下的跨境数据流动规制探索效率或优于全球范围合作的探索效率,这也将进一步加快主权国家数字生态系统跨越主权疆界溢出效应的形成速度。当下,中小经济体正采取与相邻其他中小经济体"抱团取暖"或依附于某一个大国的发展策略,借助共有的数字化基础设施、数字平台和统一市场,降低生产的边际成本并形成规模效应,在区域经济协同发展过程中探索成熟的跨境数据流动规制。例如,东盟国家建立基于数字化技术的跨境贸易分工合作,欧盟的"单一数字市场"战略也体现了这种规模效应的整合力量。其中,东盟国家继签署涵盖周边数字经济大国的《区域全面经济伙伴关系协定》后,于2021年1月发布了《东盟数字总体规划2025》《东盟数据管理框架》和《东盟跨境数据流动示范合同条款》等一系列文件,阐明了东盟地区为企

业和消费者提供安全且具有变革性的信息技术、数字服务的经济和生态愿景及发展路径。这种趋势或将加速新的区域贸易合作机制的形成,即以主权国家依托数字生态系统为核心的全球数字贸易竞合模式。在这一模式下,全球数字贸易将以数字价值链为纽带,形成几大内部跨境数据流动规制相通的集群,推动全球性跨境数据流动规制框架逐步成型。

各国(地区)数字平台的影响力将决定其数字生态系统的活力,而数字生态系统的活力是其全球数字资源配置能力和定价能力的决定性因素。从平台的构建到系统活性的提升需要循序渐进,实现主权国家数字生态系统跨疆界溢出效应的前提是实现数字平台的兼容并蓄。下一阶段,全球数字贸易竞争的核心将是基于各国(地区)数字生态系统活性水平的区域性跨境数据流动规制协商,成功的平台、完善的数字生态系统将建立在满足多方需求的基础之上。

本章小结

随着第四次工业革命的推进,全球交易的数据量急剧增加,处理速度也大幅提升。互联网和移动电话等的普及已经蔓延到世界的各个角落,包括新兴国家,数字市场正在迅速扩大。数字贸易概念的演变经历了三个发展阶段,数字贸易规则主要有"美式模式"和"欧式模式",全球数字贸易数据流动具有较大的治理导向差异及负面效应,当前数字贸易发展面临着结构性不平衡等困境,但主权力量与市场力量为数字贸易发展提供了强大的驱动力。竞争、互补与合作成为数字贸易未来发展趋势。

框架体系

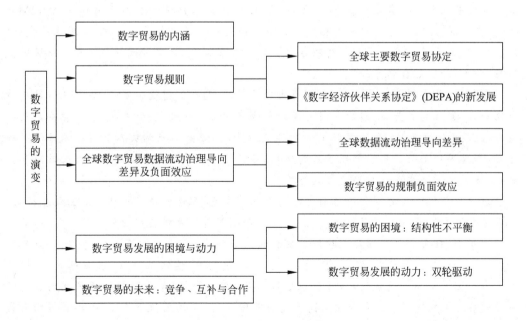

关键术语

数字贸易(digital trade)

数字生态(digital ecology)

结构性不平衡(structural disequilibrium)

数字经济(digital economy)

数字平台(digital platform)

数据治理(data governance)

课后习题

1. 当前中国数字技术在哪些行业得到了运用？
2. 数字贸易与传统贸易的区别在哪？
3. 数字贸易在哪些方面能够弥补传统贸易的不足？

世贸云的"跨境数字贸易"模式

近年来，非洲智能手机使用率增长，电子商务平台快速发展，使用手机浏览网页和网络购物，已经成为越来越多非洲人日常生活的一部分。由于非洲电子商务领域发展势头强劲，加之中国制造的产品深入人心、市场需求强烈，越来越多的非洲企业渴望进口中国制造的产品。

世贸云创新"跨境数字贸易+共享海外仓"的外贸综合服务运营模式，在传统国际贸易模式中融入电子商务元素。2019年，世贸云的企业客户跨境在线交易平台WTIMall上线，在非洲打造"数字外贸生态圈"，通过自主研发的企业贸易平台系统，实现生产发货、银行信保、物流通关等数字外贸全程在线，资金流、信息流、物流全程可控，为非洲买家提供"一站式"外贸综合服务。

在"跨境数字贸易+共享海外仓"商业模式下，非洲买家通过世贸云WTIMall的跨境电商平台，在线购买产品，然后利用世贸云本地化的海外仓储、物流系统，实现货品的及时运输、配送。一方面，其通过规模化采购和集约物流，降低了采购成本和运输成本；另一方面，其为海外企业级买家缩短了采购周期，降低了资金占用成本，提升了购买效率和便利性，使客户的满意度和信赖度都大幅提升。

该项目还促进了非洲物流与商贸流通产业的发展，配送物流采用非洲本土物流公司，推动了非洲物流及商贸流通产业发展，并且为当地创造了可观的就业机会。

近年来，世贸云与非洲各国均保持良好的业务往来，主要出口汽摩配零部件、光伏组件、陶瓷制品、纺织品等产品。2019年，世贸云与肯尼亚、埃塞俄比亚、坦桑尼亚、赞比亚等十余个国家交易额达数亿元，并且在尼日利亚、摩洛哥、安哥拉等国的市场也均取得突破性进展；在尼日利亚和安哥拉两国的销售额增速明显，均超过200%，在非洲市场发展潜力巨大。

资料来源：世贸云"跨境数字贸易+共享海外仓"：打造数字贸易生态圈[EB/OL]. (2020-12-01). http://m.xn--rhqpl827n.com/h-nd-28.html.

问题思考

分析世贸云模式的复制推广前景如何。

考核点

全球数字贸易竞争与合作的趋势

自我评价

学 习 成 果	自 我 评 价
清楚数字贸易的内涵	☐很好☐较好☐一般☐较差☐很差
熟悉全球主要的数字贸易协定	☐很好☐较好☐一般☐较差☐很差
明晰《数字经济伙伴关系协定》的产生背景及主要内容	☐很好☐较好☐一般☐较差☐很差
了解全球数字贸易数据流动治理导向差异及负面效应	☐很好☐较好☐一般☐较差☐很差
知晓我国数字贸易发展面临的困境及发展的动力	☐很好☐较好☐一般☐较差☐很差

即测即练

第 10 章

绿色贸易的演变

学习目标:
1. 理解绿色贸易与绿色贸易壁垒的关系;
2. 了解绿色贸易的演变过程;
3. 掌握绿色贸易的内涵;
4. 清楚绿色贸易的表现形式。

全球视角

欧盟碳市场改革的影响

欧洲议会 2022 年 6 月 22 日就"2030 年适应减排 55"一揽子气候措施的排放交易体系(ETS)、碳边境调节机制(CBAM)和社会气候基金(SCF)三项关键立法草案达成一致。根据碳边境调节机制,欧盟将对从碳排放限制相对宽松的国家和地区进口的水泥、铝、化肥、钢铁等产品征税。这一机制将与欧盟碳排放交易体系并行,并对其具体条款形成补充或替代。

欧盟碳边境调节机制对我国的影响正在增大:一是我国对欧盟出口面临额外碳成本的产品从四大类扩大至八大类,覆盖钢铁、铝、化肥、水泥、有机化学品、塑料、氢和氨共 131 种产品。二是我国钢铁、铝出口可能遭遇欧美等联合限制。

但从另一个角度看,欧盟碳边境调节机制修正草案中有关间接排放的规定,即制成品的生产、加热和冷却过程中使用的电力要纳入排放计算,也可能进一步促进我国能源结构转型,尤其是在提高可再生能源发电占比方面。随着"十四五"期间我国可再生能源发电利用率进一步提高,欧盟将间接排放纳入碳边境调节机制的做法,可能有助于在一定程度上缓和我国相关产品对欧盟出口的额外碳成本负担。

资料来源:姚铃,夏传信.重视欧盟碳市场改革的影响[N].经济日报,2022-07-13.

10.1 绿色贸易的发展

面对日益严重的全球性生态问题,人们对传统的经济增长方式、贸易方式进行了深刻的反思。以往人类对资源无限度的掠夺造成了前所未有的生态危机,人类的生存受到严重的威胁。在严峻的形势面前,各国已普遍意识到实行绿色贸易的重要性与必要性,采取了一系列措施促进绿色贸易的蓬勃发展,绿色观念深入经济社会各个领域。

10.1.1 绿色贸易与绿色贸易壁垒的联系

绿色贸易壁垒的出现,使发达国家为本国生态环境构筑了一道坚实的屏障,将不符合本国环境利益的商品拒之门外,而很多发展中国家在贸易过程中则承受了沉重的压力,在贸易过程中的利益受到了一定的损失。绿色贸易壁垒在为发展中国家带来巨大压力的同时,也为其绿色发展指明了前进的方向。各国在设置、应对绿色贸易壁垒的过程中,绿色检测技术、绿色生产技术的水平不断提高,贸易的"绿色含量"逐渐提升。各国在有关绿色贸易壁垒的贸易交锋中积累的实践经验和知识,促进了贸易模式的升级换代。

绿色贸易壁垒的出现为发展绿色贸易提供了一个契机。绿色贸易壁垒和绿色贸易是环境保护与自由贸易在不同发展阶段的体现。国际贸易的迅速发展对环境造成了危害,而绿色贸易壁垒是贸易自由化与环境保护互相妥协,从而达到的一种动态平衡。绿色贸易壁垒是环境与贸易之矛盾的最初表现,而绿色贸易是环境与贸易二者在更高层次的协调。

10.1.2 国内外绿色贸易的演变

从20世纪60年代起,一些经济学家就开始研究国际贸易中的环境问题,到20世纪90年代,绿色贸易已成为广泛讨论的议题。20世纪60年代,绿色运动在西方兴起,1972年,由科学家、经济学家、教育家等知识界人士组成的罗马俱乐部公布了一份名为《增长的极限》的报告,对人类的困境提出警告:鉴于"世界环境在量方面的限度及超越限度的悲剧",全球只能有几十年的增长,为此必须改变人的行为习惯、思维方式甚至社会组织。1987年,世界环境与发展委员会在《我们共同的未来》报告中提出了"可持续发展"概念,主张在不危及后代人满足环境资源要求的前提下,确保人类社会走可持续发展道路。1992年,联合国环境与发展大会召开"地球峰会",通过了《21世纪议程》,指出可持续发展是协调人与自然的正确方向。

2021年以来,"绿色贸易"一词频繁地在政策文件中出现。《中共中央 国务院关于完整准确全面贯彻新发展理念做好碳达峰碳中和工作的意见》提出,加快建立绿色贸易体系;《"十四五"对外贸易高质量发展规划》将大力发展高质量、高技术、高附加值的绿色低碳产品贸易,严格管理高耗能、高排放产品出口等,作为构建绿色贸易体系的重要任务;《关于推进绿色"一带一路"建设的指导意见》将加强绿色供应链管理,推进绿色生产、绿色采购和绿色消费作为推动绿色贸易发展的重要内容。

1. 国际上关于国际贸易认识的变化

联合国机构政策文件中,绿色贸易主要是指环境与贸易协调。《21世纪议程》《里约环境与发展宣言》《可持续发展问题世界首脑会议的报告——政治宣言》等文件,均强调了贸易与环境相辅相成、相互协调、相互促进,但没有专门提及绿色贸易。

2018年,联合国环境规划署和WTO联合发布的《让贸易为环境、繁荣和复苏做出贡献》,提及联合国环境规划署将协助各国从绿色贸易中抓住机会。2021年,联合国环境规划署发布的《绿色国际贸易:前进道路》报告多次提及绿色贸易,但没有就其内涵进行定义。该报告提出,构建环境与贸易2.0议程,包括加强与贸易相关的环境政策、在贸易政策和协定中推动环境规制升级、推进环境与贸易相关合作等。

欧盟出台的政策文件中,绿色贸易内涵主要是指绿色贸易措施和绿色产品贸易。欧盟有《关于促进将环境因素全面纳入发展中国家发展进程的措施》等4项政策文件涉及绿色贸易,主要包含两层含义,即绿色贸易措施和绿色产品贸易。绿色贸易措施是在欧盟法律文件中能够查到的最早使用"绿色贸易"这一词组的用法。

2. 国内对绿色贸易认识的演变

我国政策文件中的绿色贸易,由绿色贸易壁垒逐渐发展到绿色贸易体系,这个过程大致分为三个阶段。

第一个阶段从21世纪初到"十二五"时期,为绿色贸易政策初期,主要是指绿色贸易壁垒。例如,《国家环境保护"十二五"规划》(国发〔2011〕42号)提出,推动开展绿色贸易,应对贸易环境壁垒;《关于加快转变外贸发展方式的指导意见》(商贸发〔2012〕48号)指出,积极应对国外技术性贸易措施和"碳关税"等绿色贸易措施。

第二个阶段从"十二五"末期到"十三五"初期,为绿色贸易政策的发展阶段,内涵是环境与贸易关系的协调融合。例如,《中国(天津)自由贸易试验区总体方案》(国发〔2015〕19号)明确提出,鼓励开展绿色贸易;"十三五"生态环境保护规划》(国发〔2016〕65号)提出,建立健全绿色投资与绿色贸易管理制度体系,落实对外投资合作环境保护指南。

第三个阶段为"十三五"末期至今,是绿色贸易政策的深化阶段,内涵越来越丰富,提出"构建绿色贸易体系"。例如,2019年,《中共中央 国务院关于推进贸易高质量发展的指导意见》提出:"严格控制高污染、高耗能产品进出口。鼓励企业进行绿色设计和制造,构建绿色技术支撑体系和供应链,并采用国际先进环保标准,获得节能、低碳等绿色产品认证,实现可持续发展。"2021年,《中共中央 国务院关于完整准确全面贯彻新发展理念做好碳达峰碳中和工作的意见》提出:"加快建立绿色贸易体系。持续优化贸易结构,大力发展高质量、高技术、高附加值绿色产品贸易。完善出口政策,严格管理高耗能高排放产品出口。积极扩大绿色低碳产品、节能环保服务、环境服务等进口。"2021年,《"十四五"对外贸易高质量发展规划》将"构建绿色贸易体系"作为10项重点任务之一,并提出建立绿色低碳贸易标准和认证体系、打造绿色贸易发展平台、营造绿色贸易发展良好政策环境、扎实开展绿色低碳贸易合作四大项措施。

10.2 绿色贸易的内涵与特征

10.2.1 绿色贸易的内涵

绿色贸易是指适应经济社会可持续发展要求,对环境友好,综合考虑环境影响和资源消耗,将节约资源能源、减少环境污染、保护生态环境等理念贯穿于贸易活动的全过程的一种现代新型贸易方式。其使产品在从设计、生产、包装、运输、使用到报废处理的整个生命周期中,特别是在贸易环节中对环境方面影响最小、资源利用效率最高,并使企业经济效益和社会效益协调、生态效益优化。绿色贸易体现了一种科学的贸易发展观,它与绿色设计、绿色制造(生产)、绿色包装、绿色物流、绿色营销、绿色消费、绿色服务等紧密相连,它的核心在于实现贸易与环境的和谐发展。

(1) 绿色贸易的目标是实现贸易与环境可持续发展。协调贸易和环境关系,在发展贸易的同时保护资源和环境,以不损害环境为前提条件,通过必要手段,让贸易为科学发展服务。

(2) 绿色贸易的观念是追求经济、社会、环境发展的长远利益。制定绿色贸易战略和策略时,权衡企业、公众和社会等方面的利益,是维护公众利益和社会利益的新型贸易观,更加明确从环境、资源、人口、社会、经济等诸方面的协调发展中确保经济、社会、环境发展的长远利益。

(3) 绿色贸易活动的基本准则是经济效益、社会效益和生态效益并重。绿色贸易以可持续发展思想作为一种贸易理念,企业除了要获取利润以保证自身的生存和发展外,还要注重社会责任和社会道德,企业要将经济效益、社会效益、生态效益并重。绿色贸易在处理经济效益、社会效益与生态效益关系时,在保证社会、生态效益的前提下追求经济效益;在处理眼前利益和长远利益时,以长远利益为重;在处理局部利益与全局利益的关系时,以全局利益为重。更进一步,绿色贸易服从经济社会科学发展要求。绿色贸易重视企业经营活动同环境的关系,并突破了国家和地区的界限,关注全球的环境,提倡的是既要相对满足当代人的需求,又不对后代人发展构成危害并为其发展创造优良条件为宗旨的贸易活动。绿色贸易的价值准则比传统贸易更长远,也更具时代性。

(4) 绿色贸易的目的是培育可持续消费。可持续发展要求人类将经济社会的发展控制在自然资源和环境能够支撑的范围内,不搞资源和环境"透支"。绿色贸易服从这个要求,致力于可持续消费培育。企业不应单纯地把消费者看成实现利润的手段和工具,消极地去发现需求、满足需求。绿色贸易不仅要发现需求、满足需求,而且要积极主动地引导消费者进行合理消费。不过分和盲目刺激消费者的消费需求,培育和配合消费者的绿色消费意识,在价格、广告、消费时尚引导等方面,鼓励和倡导消费者理性消费与科学消费。通过减少消费的物质占有量,提高消费质量和满意度,既使消费者的需求充分满足又有效降低资源消耗程度,使消费达到可持续增长。

(5) 绿色贸易的对象是消费者和社会。绿色贸易要求企业顺应科学发展的要求,注重经济与生态协调发展,注重社会利益要求,以实现企业利益、消费者利益、社会利益及生态环境利益的统一。这样,社会责任和社会道德成为企业贸易活动必须考虑的要素,企业的贸易活动不仅要满足消费者的全面要求,包括:对健康、安全的产品需求,对生存环境质量的需求,对安全、无害生产和消费方式的需求,还要满足社会合理有序发展的需要和人与自然和谐关系的要求。这时,企业贸易活动不只是面临或要处理企业利益与最大限度满足消费者需求之间的矛盾,在消费者的需求与社会需求不一致时,还必须处理好消费者的消费需求与社会利益、生态环境之间的关系。

(6) 绿色贸易重点强调公平。从横向来说,公平包括国际公平和国内公平,即在贸易活动中必须兼顾本国和他国的环境利益;从纵向来说,公平包括代内公平和代际公平,即在开展贸易活动时,除了考虑当代人的自身利益以外,还要充分考虑后代人的利益需要。

10.2.2 绿色贸易的特征

绿色贸易是一个涉及贸易与环境领域,涵盖面广,又有动态特征的复杂综合系统概念。绿色贸易系统是由许多相互关联的元素所组成的复合体。其结构是十分复杂的,它包括贸易本身以及与贸易有关的各种基本要素。这些基本要素不是彼此孤立,而是相互联系、相互影响,具有以下系统特征。

(1) 多层次、多元素组成的复合系统。绿色贸易系统把不同系统、不同层次、具有不同性质和功能的各种贸易变量整合协调,形成一个有机整体,从而产生了一种单个子系统独立存在或多个子系统简单凑合时所没有的特征:整体性。

(2) 与环境联系密切的开放系统。绿色贸易系统不是孤立、封闭的系统,而是开放的系统。只有开放,从外界引入负熵流,避免系统内部的熵增,才能保持和增进系统的有序性。而要开放,就必然会与环境产生物质的、能量的、信息的交换,因而处于与环境的密切联系之中。这种联系具有十分丰富的内容:从方向来看,它既指绿色贸易系统通过从环境输入受到环境的约束,也指绿色贸易系统通过向环境输出而对环境施加影响;从内容来看,它既包含绿色贸易系统与环境中的非贸易系统的关系,也包含不同绿色贸易系统之间的关系;从范围来看,它既包含绿色贸易系统与国内环境的关系,也包含绿色贸易系统与国际环境的关系,尤其是后一关系,正在被经济全球化的大趋势所强化。客观事物的发展要经过从量变到质变的过程。当绿色贸易系统处于量变阶段时,系统与环境之间的关系是相对稳定的,这就表现为绿色贸易系统对环境的适应。因此,从本质来说,绿色贸易系统的适应性,是稳定性在系统外部关系上的表现。

(3) 时空相协调的耦合性系统。绿色贸易系统各组成部分的运行在时间、空间上保持协调配合,是绿色贸易系统的各子系统维持自身生存发展的需要,更是发挥系统理想的整体优势和功能的需要。首先,从时间的角度看,为实现整体的相互配合,必须使各组成部分在发展过程和发展阶段保持衔接性与配套性,避免有些部分明显超前、有些部分又严重滞后,这就要求绿色贸易发展战略和策略保持连续性、整体性,避免前后矛盾和孤军深入。其次,从空间的角度看,绿色贸易发展往往涉及一国内部经济发展水平不同的多个地区,各地区贸易开放程度存在事实上的差异,这就要求在发展绿色贸易系统时,既注重发挥区域优势、扬长避短,又注重打破地理界限,建立全国统一的商品、服务、技术和生产要素市场,从而促进贸易资源自由流动和合理配置。

(4) 可控性与不可控性共存的系统。一般而言,在贸易系统与环境发生作用的同时,系统内部也会相互作用,结果必然引起系统的发展,这体现了绿色贸易系统的活跃性、革命性。贸易发展又具有由其自身种种联系所形成的必然趋向。这种活跃性、革命性和必然性本身是贸易可持续发展系统固有的性质,是不可控的。但是不可控并不等于不可知。恰恰相反,人们能够通过认识和利用贸易发展规律,按贸易发展规律的客观要求改造和创造各种条件,影响贸易活动的具体特征、具体目标和过程,如改革贸易体制、优化贸易结构等,达到缓解或解决绿色贸易系统中的矛盾,保证和促进绿色贸易发展的目的。这些又表明绿色贸易系统具有可控性。因此,从客体与主体、客观规律性与主观能动性的相互关系看,绿色贸易系统是不可控性和可控性的辩证统一。我们要在尊重和依据贸易发展规律的前提下,正确认识和掌握贸易发展中宏观控制与微观搞活的关系。毫无疑问,这对于绿色贸易系统的协调运作具有重大意义。

(5) 量变与质变、稳定与创新相结合的动态系统。绿色贸易系统是一个动态的系统,其整体作用的发挥是逐渐由低级向高级发展的,而不是把组成整体的关系结合到一起就能实现科学发展的目的。当它的整体作用不能充分发挥时,只能是初级的科学发展;只有整体作用充分发挥时,才能进入科学发展的高级阶段。每一个阶段的进步都是一次质的飞跃,都是从量变到质变的过程。

10.3 绿色贸易的内容与表现形式

10.3.1 绿色贸易的内容

绿色贸易是一个复杂的系统过程,它要求企业从产品设计、生产、销售到使用以及售后服务整个过程都充分顾及环境保护问题,体现应有的社会责任感和道德感,做到安全、卫生、无公害。绿色贸易基本包括四个层次的内容。

(1) 绿色原料和绿色制造(生产),即在选择产品和技术时,考虑减少对环境保护不利的影响,发展清洁生产。

(2) 绿色包装和绿色设计,即进行产品及包装设计时,努力减少商品包装或使用的残余物,减少对环境的污染。

(3) 绿色物流、绿色消费和废弃物处理,即在商品运输、消费与使用过程中,尽量降低或引导消费者降低对环境的破坏。

(4) 绿色服务,即以节省资源、减少污染为导向,为消费者提供售后服务。

这四个层次的内容构成一个有机统一的绿色贸易体系。

10.3.2 绿色贸易的表现形式

绿色贸易的表现形式主要包括绿色设计、绿色制造、绿色物流、绿色包装、绿色营销、绿色消费等。

1. 绿色设计

绿色设计,是指将环境因素和预防污染的措施纳入产品设计之中,使产品在整个生命周期内符合特定的环境保护要求,对人类生存无害或危害极小,资源利用率高,且能源消耗最低的产品设计。绿色设计涉及包括产品从概念的形成到生产制造、使用乃至废弃后的回收、重新利用以及最终处理整个寿命周期,设计不仅要实现产品满足消费者需要的基本性能,更重要的是要实现产品寿命周期中"预防为主,治理为辅"的环保战略,从根本实现环境保护、劳动保护和资源能源的优化利用。因此,绿色设计是"可持续生产"设计,是实现清洁化生产和生产出绿色产品的设计手段。

2. 绿色制造

绿色制造是包含多个企业组织在内的网络结构组织网与资源的利用和环境保护结合思考的制造过程。绿色制造在本质上是一种先进制造模式,这种先进制造模式蕴含着与其他制造模式存在差异的制造哲理和思想。从绿色制造的理论渊源看,绿色制造是可持续发展思想在制造领域的具体化,而不仅仅是一些先进制造技术手段和管理方法的加总。

3. 绿色物流

绿色物流是为了实现顾客满意,连接绿色供给主体和绿色需求主体,克服时间和空间的阻碍,有效、快捷的绿色商品和服务流动的绿色经济管理活动过程。这种物流管理系统,是建立在维护地球环境和人类社会可持续发展的基础上,以与环境友好、资源节约的全新理念而创建的一个循环的现代绿色物流系统,是在抑制物流活动各个环节对环境造成损害、实现物流环境净化、物流过程绿色化的同时,而使物流资源得到最充分的利用;通过改善运输、储存、包装、装卸、流通加工、信息化处理等物流环节,达到降低物流成本、减少环境污染、减少资源消耗(节能、高效、少污染)之目的。

4. 绿色包装

包装是实现商品交换的重要手段和桥梁。在现代贸易中,包装是货物说明的组成部分,是交易磋商的主要条件之一,并应在合同中加以明确规定。绿色包装(又称零度包装)是指能节约资源、减少废弃物,用后易于回收再用或再生,易于自然分解,不污染环境,保护环境资源和消费者健康,使工业、农业、生活垃圾、废品趋于"零"的包装。绿色包装,是环境保护目标和规范提出的要求,也是绿色产品对包装提出的挑战。

绿色包装应具备以下几方面的内容:①在保证包装功能条件下,用料最省,废弃物最少,是一种适度包装;②包装生产工艺过程没有或极少污染环境;③包装制品不与内装物品发生直接或间接的反应,同时对人体和生物无害无毒;④包装废弃物应易回收,易再利用、再循环,而且掩埋时能迅速降解不产生污染,焚烧时能产生新能源且不污染环境。

5. 绿色营销

绿色营销是在全球绿色消费浪潮中发展起来的一种营销技术,是指企业在营销中要重视保护地球资源环境,防止污染以保护生态,充分利用并回收资源以造福后代。其核心是在营销中,考虑社会环境及生态等可持续发展因素,在企业产品或服务满足消费者需要,从而实现企业营销目标的同时,也有益于保持生态平衡和提高环境质量。

绿色营销不仅要注重环境因素,还要注重消费者利益和社会整体利益,包括:消费者权益、消费者身体健康和思想健康,建立良好的社会生态环境和风尚环境等。绿色营销思想体现在市场调查、产品开发、定价、分销和促销以及售后服务等一系列经营环节之中。作为市场营销观念的延伸,绿色营销包括市场营销调研、目标市场选择、制订企业战略计划及营销计划、制定市场营销组合策略等。

6. 绿色消费

绿色消费是指消费者从有助于健康和生态环境保护等角度出发,对绿色产品进行崇尚、选购、使用以及对残余物进行处理的总和。其要点包括:绿色消费的主体是具有地球人良知与尊严的消费者;绿色消费的客体是对环境无污染的绿色产品;绿色消费涉及对绿色产品的崇尚、选购、使用与对残余物无害化处理这四个环节。从生态学意义来讲,绿色消费是指人类的消费活动要服从生态系统能流和物流的规律,人类的消费不能影响生态系统的良性循环。

拓展阅读 10-1 大力发展绿色贸易,加强自由贸易试验区生态环境保护

本章小结

面对日益严重的全球性生态问题,各国已普遍意识到实行绿色贸易的重要性与必要性,采取了一系列措施促进绿色贸易的发展。绿色贸易正是在人们正确认识环境与贸易的关系上,为解决环境与贸易的冲突而发展起来的。绿色贸易壁垒的出现为发展绿色贸易提供了一个契机,绿色贸易壁垒在为给发展中国家带来巨大压力的同时,也为其绿色发展指明了前进的方向。

绿色贸易与传统国际贸易不同,它将市场外的环境因素也考虑在内,扩充了贸易的成本范围。绿色贸易包括绿色设计、绿色制造、绿色物流、绿色包装、绿色营销、绿色消费等。要体现"绿色",既要注重地球生态环境的保护,促进经济与生态的协调发展,也要实现企业自身利益、消费者和社会利益以及生态环境保护的统一,把绿色理念体现在产品、定价、分销和促销的策划与实施全过程中。

框架体系

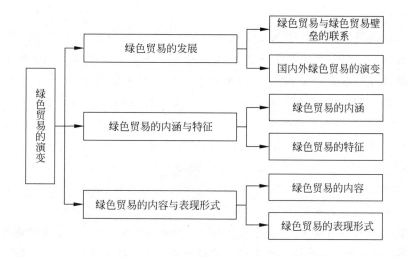

关键术语

绿色贸易(green trade)
绿色设计(green design)
绿色制造(green manufacturing)
绿色包装(green package)
绿色营销(green marketing)
绿色消费(green consumption)
绿色物流(green logistics)

课后习题

1. 简述绿色贸易与绿色贸易壁垒的关系？
2. 绿色贸易的系统特征有哪些？
3. 绿色贸易的表现形式包括哪些？

"绿色标签"成"绿色壁垒"？
——FSC 森林认证冲击顺德家具出口

年产 2.5 万套沙发、营业额达 2.5 亿元的家具制造龙头企业，只因为缺少"绿色标签"就错失了大批量的出口订单。2010 年，顺德出入境检验检疫局在对辖区内家具企业进行日常监管时发现，越来越多出口欧洲的家具生产企业开始受到 FSC（森林管理委员会）森林认证的限制。

森林认证是国际流行的生态环保认证，被认为是促进生态与经济双赢的有效手段。它包括森林经营认证和产销监管链审核，是由一个独立的第三方按照一套国际上认可的森林可持续经营标准和指标体系，对森林的经营管理方式进行评估，并签发一个书面证书，以证明这片森林的经营方式与环境友好和具有可持续性，做到了保护生物多样性及其价值、维持生态功能和森林的完整性、保护濒危物种及其栖息地。

从经过森林认证的森林中采伐出来的木材及其制品可以贴上"绿色标签"，以明确地注明木材和木材产品是来自世界上那些经营良好的森林，方便木制品生产厂家和消费者了解木材与木制品的来源，方便他们以环保的行为选购木材、纸张等林产品，从而支持森林的可持续经营和林业向良性的方向发展。

在环保意识较强的欧洲，消费者承诺只购买经过认证的、源自经营良好森林的木材和林产品，即便这些产品的价格高于未经认证的产品。木材或家具生产商一旦贴上 FSC 的标签，等于拿到了在全球林业市场畅通无阻的"通行证"。

资料来源：王伯乐，黄克钦，郑梦婕."绿色标签"成"绿色壁垒"？[N].南方日报,2010-10-13.

问题思考

1. 绿色贸易壁垒对企业造成的影响如何？
2. "绿色标签"对国内企业有何启发？

考核点

绿色贸易与绿色贸易壁垒

自我评价

学 习 成 果	自 我 评 价
理解绿色贸易与绿色贸易壁垒的关系	□很好□较好□一般□较差□很差
了解绿色贸易的演变过程	□很好□较好□一般□较差□很差
掌握绿色贸易的内涵	□很好□较好□一般□较差□很差
清楚绿色贸易的表现形式	□很好□较好□一般□较差□很差

即测即练

第 11 章

国际贸易未来

学习目标：
1. 掌握世界贸易未来发展的总趋势；
2. 知晓未来国际商品贸易及服务贸易的发展趋势；
3. 了解第四次工业革命如何重塑未来国际贸易竞争格局；
4. 熟悉国际贸易新业态；
5. 理解跨国公司发展的主要特点；
6. 明晰未来贸易壁垒的主要特点；
7. 了解全球区域经济一体化及全球经济格局多极化的发展趋势；
8. 通晓我国对外贸易未来发展的趋势。

不谋万世者，不足谋一时；不谋全局者，不足谋一域。

——陈澹然，1898

天与弗取，反受其咎。时至不行，反受其殃。

——司马迁，公元前100

只要认识到趋势在什么地方出现，顺着潮流驾驭你的谋利之舟，就能从中得到好处。不要跟市场争论，最重要的是，不要跟市场争个高低。

——杰西·利弗莫尔，1940

一次季度盈利可以是侥幸，连续两次可以是巧合，但是连续三次就是一种趋势。

——特里·塞梅尔，2013

11.1 世界贸易的未来

未来世界贸易发展，在贸易商品结构、贸易主体结构、贸易地理结构、贸易业态、贸易制度安排等方面都将发生一系列重大变化。对此，无论是企业还是政府都应予以关注，作出正确研判。

11.1.1 商品贸易比重日渐缩小，服务贸易比重日益增大

随着国际贸易规模的不断扩大，商品贸易结构不断优化。新能源、新材料、电子技术、

通信技术、生物工程、海洋工程和宇航工程等技术产业日益发展,新技术的性质及其使用方法在商品生产内容、形式和组织方面接连引发深刻变革,国际贸易发展的方式也重新确立。国际贸易的发展与新技术紧密联系在一起,生产和贸易本身从劳动力密集型与原材料密集型向技术密集型、技能密集型和知识密集型发展。

在构成一国竞争优势的知识经济条件下,科学技术的发展,一方面拓宽了传统服务贸易的领域,明显提高了服务的"可贸易性",引导出许多新型的服务贸易项目,如医疗、教育等;另一方面通过简化交易过程、降低交易费用,增加了服务贸易的流量。随着新的服务部门不断涌现,越来越多的劳动者实现了从实物生产到服务生产的转移。与此相应,服务贸易将进入高速发展时期。特别值得关注的是,全球服务贸易中有50%以上已经实现数字化。数字技术不仅对货物贸易有利,还促进服务贸易便利化,催生新的服务业态。

11.1.2　劳动力成本重要性持续降低,创新与研发重要性持续升高

传统的国际贸易比较优势,主要来自劳动力成本优势。中国版"世界工厂"的快速崛起,当时主要依靠的是中国的劳动力优势。大量发达国家的工厂从本国迁出,转移到中国。中国和国外的投资者利用中国的低劳动力成本,都取得了较快发展。

而当代,劳动力在生产要素中占据的地位越来越低。特别是劳动密集型制造业,其占据全球贸易的份额从2005年的55%,下滑到2021年的18.1%,并且在未来,这个下滑趋势会越来越大。究其原因,主要是自动化和人工智能的大力发展,靠劳动力成本优势扩大出口的机会越来越少。

这也是未来"全球化2.0时代"的一个重要趋势,即全球化产业从劳动密集型为主逐步转向资本密集型为主。企业需要的主要不是对低廉劳工的投入,而是对智能生产线的投入。这一全球化2.0趋势,势必打碎一些低收入国家靠低工资来崛起的美梦。作为企业家,如果仅仅想着如何将工厂搬到人工成本更低的地方去,那么这个企业在未来难以生存。

从全球化贸易的价值链结构来看,一个产业或一项产品,其价值链主要分为三部分:上游研发、中游生产、下游销售。全球化1.0时代,上游研发往往是被忽略的一部分。企业主要精力放在多招廉价工人,或者是绞尽脑汁推出各种销售手段,来提高销量。而在全球化2.0时代,中游生产端的价值正在不断降低,上游研发端的重要性则不断上升,下游的营销和售后服务也有一定比例的上升。一场重研发和营销,轻生产的价值链变革已经开始。

一座座无人工厂的诞生,让剩余的劳动力,要么涌向上游的创新研发端,要么流入下游的营销销售端。过去人们挤在一条生产线上干一天的场景,将逐渐一去不复返。

11.1.3　第四次工业革命重塑国际贸易竞争格局,后发国家努力实现赶超

第四次工业革命将重塑国际贸易竞争格局。虽然第四次工业革命的红利足以惠及全球,但新技术和新产业创造的价值在国家之间的分配却是不均衡的。发达工业国家希望通过加快技术突破和先导产业发展,巩固甚至进一步强化其在国际贸易版图中的优势地位。已经具备一定工业基础和技术能力的后发国家,也希望利用第四次工业革命打开的

机会窗口,通过开辟独特的技术路径和贸易模式努力实现赶超。

当工业革命进入拓展期,即通用目的技术和使能技术都趋于成熟,从而逐步进入大规模商业化应用的阶段,技术领先国也可能由于国家的体制和战略不能及时适应主导技术的要求,而丧失将技术领先优势转化为产业领先优势的机会。主导技术和主导商业模式,是在技术和市场的不断反馈过程中通过反复迭代的市场选择形成的。技术领先者有可能在商业化阶段的竞争中失败,而技术紧随者有可能利用其市场优势或基础设施优势,成为市场竞争的最终赢家。

在技术范式和经济范式都加速变革调整的背景下,厘清第四次工业革命对全球治理规则的深层影响,把握全球治理体系变革的大势,关乎全球能否有效应对第四次工业革命的挑战,也关乎外贸企业能否顺应第四次工业革命下的生存与发展。

知识延伸

第四次工业革命

第一次工业革命采用水蒸气为动力,实现了生产的机械化。第二次工业革命通过电力实现了大规模生产。第三次工业革命则使用电子和信息技术,实现了生产的自动化。第三次工业革命也是一场发轫于20世纪中叶的数字革命。在此基础上,我们正在迎来第四次工业革命,这场革命的主要特征是各项技术的融合,并将日益消除物理世界、数字世界和生物世界的界限。

本次转型不仅是第三次工业革命的延续,还象征有自身特点的第四次工业革命的到来,这是依据其速度、影响范围和对系统的影响得出的结论。当前各项突破性技术的发展速度可谓史无前例。与以往历次工业革命相比,第四次工业革命是以指数级而非线性速度展开。此外,第四次工业革命正在颠覆所有国家几乎所有的行业。这些变革将产生极其广泛而深远的影响,彻底改变整个生产、管理和治理体系。

各种移动设备拥有前所未有的处理和储存能力,能够轻易获取相关知识,并将数十亿人连接起来,从而释放出无穷的潜力,而人工智能、机器人、物联网、无人驾驶汽车、3D(三维)打印、纳米科技、生物科技、材料科学、能源储存和量子计算等科技领域的最新突破更创造了无限的可能性。

当前,人工智能已经无处不在,从无人驾驶汽车到无人机,再到虚拟助理和能够进行翻译和投资的软件等。人工智能近年来取得了令人瞩目的成就,这主要得益于计算能力的指数级提升和大量可用的数据。这既包括可用于研制新药物的软件,也包括预测文化倾向的算法。与此同时,各类数字制造技术正与生物世界进行日常互动。工程师、设计师和建筑师综合运用运算化设计、增材制造、材料工程和合成生物学等科技知识,率先实现微生物、人体、消费品,甚至住宅之间的和谐共生。

资料来源:世界经济论坛全球议程理事会"软件与社会的未来"议题组.深度转变:技术引爆点以及社会影响[R].世界经济论坛,2015.

德国工业4.0

德国在2013年的汉诺威工业博览会上正式推出"工业4.0"战略,其核心目的是提高

德国工业的竞争力,在新一轮工业革命中占领先机。随后德国政府将其列入《德国2020高技术战略》所提出的十大未来项目。该项目旨在提升制造业的智能化水平,建立具有适应性、资源效率及基因工程学的智慧工厂,在商业流程及价值流程中整合客户及商业伙伴。其技术基础是网络实体系统及物联网。

11.1.4 国际贸易新业态不断涌现,网络贸易渗透到外贸所有行业

以E国际贸易为主要特征的国际贸易新业态,正随着信息技术蓬勃发展和产业革命的深入展现出其前所未有的发展动力,对稳定一个国家产品国际市场份额和保持进出口平衡方面的作用越来越突出。发展国际贸易新业态不仅是加速经济新旧动能转换的重要手段,也是实现外贸稳增长的重要手段。国际贸易新业态以其制度上的突破性创新,比传统贸易方式更具活力,是经济体制更加开放的先导。

E国际贸易

E国际贸易是基于互联网、物联网、云计算、大数据等信息技术不断升级和迭代推动引发的新贸易形态,是"互联网+外贸"的产物。由于现代社会网络化和信息化程度日益提高,社会经济呈现出综合性、渗透性的发展特征,这一特征深化并积累到一定时点,便会导致消费方式以及传统业态的方式发生重大变革,国际贸易方式也将产生颠覆性的形态变化,这样便形成了新一代的国际贸易方式——E国际贸易。

国际贸易新业态具有如下主要特征。

(1) 社交平台与跨境电商融合,形成短视频电商,成为跨境电商的新增长点。短视频社交成为一种生活方式,正在改变品牌营销和流量引入规则。

(2) 传统跨境电商平台与线下实体融合,形成跨境O2O(online to offline,线上到线下)。跨境电商进口平台尝试在线下开设实体店,为消费者提供集体验、交流于一体的跨境实体零售新体验。跨境电商作为外贸新业态之一,随着其新模式的不断涌现,为传统外贸转型升级提供了新渠道、新思路。

跨境O2O

跨境电商的交易主体分属不同关境,通过电子商务平台达成交易进行支付结算,并借助跨境物流送达商品完成交易。跨境O2O顾名思义就是分属不同国家(地区)的交易双方通过线上支付,线下跨境物流将商品送达完成交易的方式。

E国际贸易方式以喷薄之势发展,逐步与一般贸易、加工贸易、小额边境贸易和采购贸易等方式交互融合,成为下一代主要国际贸易业态。下一代国际贸易业态与下一代制造业业态相互作用,共同使传统国际贸易和制造业的时空界限、地理界限日渐模糊,使最终产品的生产和价值实现不再由一个国家(地区)独立完成。国际贸易一方面扭转生产消

费跨境分离状态,另一方面又通过全球价值链和 E 国际贸易平台重新连接,依托贸易平台或新的载体和渠道,将全球范围内分离的生产过程和环节,单一分散的生产商、供应商、中间商和消费者汇聚在一起,形成了前所未有的市场集成力量,包括生产商集成、供应商集成、中间商集成和消费者集成,并由此产生巨大的贸易规模、贸易流量,不断改变贸易方向,产生更加便捷、快速和自由的贸易方式,不同国家(地区)之间的经济联系和贸易往来变得比以往任何时候都更加紧密。

未来,生产性企业与专业服务公司合作将更加紧密。"互联网+"及大数据的应用等不但降低了交易成本,减少了流通环节,而且倒逼外贸企业不断升级产业链、供应链、价值链,增强企业创新能力,集中精力进行产品质量的提升,增强品牌影响力,强化国际规则话语权。

未来,网络外贸公司将从网上商店和门户这一形式过渡到其核心业务流程、客户关系管理等都通过网络来处理的形式。网络的普及将使产品和服务更贴近用户的需求。电子商务水平和其他相关技术的快速发展,带动新一代网络贸易形式取代传统外贸形式的同时,也取代目前简单地依靠"网站+平台"的这种单一的网络交易方式。利用网络成为企业资源计划、客户关系管理及供应链管理的重要手段。

未来,网络贸易型网站将会出现兼并热潮。结成战略联盟是网络贸易发展的必然趋势。网络贸易发展趋势呈现出个性化、专业化,以及网站资源的限制性。客户需求的全方位性,将推动不同类型的网站以战略联盟的形式进行相互协作。

11.1.5 跨国公司在国际贸易中扮演越来越重要的角色,技术创新的主体地位日益巩固

随着经济全球化的推进,跨国公司作为国际贸易最直接的经营者,促进了国际贸易的增长,并且在国际贸易中扮演越来越重要的角色,同时呈现出一系列新的发展特点。

(1) 生产规模日益庞大。随着信息技术和高效运输技术的突飞猛进,跨国公司的发展面临新的重大发展机遇。跨国公司纷纷调整其发展战略,对内进行结构升级和技术更新,对外维护原有市场份额,并努力开拓新市场。跨国公司是国际行业垄断组织,历来以营利和占领市场为首要目的,通过全球经营获得规模经济和垄断利益。随着跨国公司经营规模的扩大和经济实力的增强,跨国公司对世界经济的影响力也在不断加强。

(2) 广泛缔结国际性战略联盟来增强各自的竞争优势。当代跨国公司战略联盟是以股份相互占有、技术相互转让、市场相互分享为主要内容,组成同行业或跨行业跨国联合体为其主要特征的联盟。这种联合使各方既可以从对方获得各自所需,又能保持各自的独立性,同时,提高了竞争优势,避免了无谓残杀,降低了产品研发风险成本,加速了技术创新,开拓了新市场。未来跨国公司战略联盟将主要集中在资本、知识及技术密集的产业部门。

国际战略联盟

国际战略联盟亦称"跨国战略联盟",是指在两个或两个以上国家的两个或更多企业,

为实现某一战略目标而建立的合作性的利益共同体,旨在增强企业的长期竞争优势,常见的形式包括非股权的松散结盟形式、股权所有制形式和双方出资共同拥有合营企业等。

(3) 经营方式多元化日益显著。早期的跨国公司多为专业公司,随着国际市场环境的变化,竞争日趋激烈,科技发展越来越迅速,消费者的需求越发多样化。跨国公司为了在激烈的市场竞争中占有一席之地、适应市场环境的变化而逐步走向多元化发展道路。多元经营,有利于增强跨国公司总体经济潜力,确保跨国公司内部流通渠道畅通;有利于跨国公司全球目标的实现;有利于资金的合理分配与流动,确保各种生产要素利用率得到提高;有利于分散跨国公司的风险,确保企业利润稳定。未来,跨国公司多元化战略必将是跨国公司在现有经营状态下增加市场或行业差异性的产品或产业的经营战略和成长方式之一。

(4) 技术创新的主体地位日益巩固。在科学技术突飞猛进、国际市场竞争日趋激烈的今天,跨国公司若要保持优势,就必须在研究和开发中保持领先地位,并逐步形成以科技为先导的经营策略。德国经济学家弗里德里希·李斯特曾说过:"一个国家可能很穷,但它若是有创造财富的生产力,它的日子就会越过越富;财富的生产比财富本身不知道要重要多少倍。"跨国公司资金雄厚,科技人员相对集中,很多在母国与军事工业有关,在科技与开发领域较易得到政府的资助,因而能够在高新科技领域赶超世界先进水平,并率先商业性地利用创新技术,进而为其跨国生产和经营提供技术保障。

(5) 基地国与东道国的依赖关系逐步提高。跨国公司通过对外直接投资,就地生产与销售,可以减少运输成本、关税等其他费用,充分利用东道国各种廉价资源,降低产品成本,更好地使产品适应当地市场和消费需求,缩短交货时间;也可以提供售前售后服务,从而提高产品的竞争能力。跨国公司对东道国的积极影响有资本构成的优化、技术和管理技能的转移、地区和部门的发展、内部竞争和企业家精神的加强、国际收支平衡、增加就业。其消极影响有增加对东道国行业的控制、使东道国对外国技术的依赖增加、对东道国民族产业的削弱、文化冲突增加、东道国对跨国公司的干预。

11.1.6 关税壁垒作用逐步降低,非关税壁垒措施日益细化

随着各国之间的贸易依存度不断加深,国际贸易规模不断扩大,各国的贸易摩擦也在不断加剧,涉及的领域也不断延伸。未来国际贸易壁垒将呈现以下主要特点。

(1) 关税壁垒的核心作用逐步降低。近年来,面对依然严峻的全球经济危机和国际商界要求促进自由贸易的呼声,WTO成员就降低关税等问题进行了多轮谈判,各方政府开始逐步摒弃传统的关税政策,降低关税的约束性。发达国家和发展中国家进出口的成品平均税率在不断下降,从长远看,关税壁垒的保护作用还将被进一步削弱。

(2) 传统的非关税壁垒走向分化。非关税壁垒有自身的许多优势,在当今国际贸易中被许多国家使用。但是,它们的地位随着国际贸易的发展而在不断地改变。如今,传统的非关税壁垒正走向分化,其中,数量限制型壁垒的作用正在减弱,而反倾销、反补贴措施的作用正在加强。20世纪90年代以来,在WTO的不懈努力及各个国家通过双边和多边贸易谈判的推动下,传统的非关税壁垒的一部分如配额、进口许可证、进口押金、

最低限价等已大为减少,它们限制进口的作用也在减弱。相反,反倾销、反补贴由于其形式合法、易于实施,能够有效排斥国外产品进口,因而得到世界各国普遍使用。反倾销措施已经成为某些国家实施歧视性贸易保护政策的有效手段;而反补贴措施虽然是近年才逐渐兴起,但却得到了迅猛的发展。以前主要是针对"市场经济国家",随着贸易保护主义的抬头,有些国家已经把矛头指向"非市场经济国家",并希望通过立法来使之合法化。

(3) 非关税壁垒的措施日益细化。现代社会人们对生存环境和生活质量的要求越来越高,会很自然地关注环境问题,对于那些可能给环境和健康带来危害的商品与服务表现出高度敏感性。绿色贸易壁垒正是抓住了这一共同心理,使贸易保护在名义和提法上有了合理性。随着各国政策的不断完善,各种非关税壁垒的措施将更加具体化、细化,实施将更加复杂,要求也将越来越高。

世界各国纷纷采取一些新型非关税壁垒,新型非关税壁垒往往以保护人类生命、健康和保护生态环境为由,来达到限制商品进口的目的,如技术标准、质量标准、知识产权标准、环境标准、社会责任等。因其有合理的一面,许多发达国家往往利用其科技水平优势制定多种技术标准,以限制其他国家的产品进入。随着科学的进步、技术创新的深入,不断有新的技术标准涌现,并被不断地纳入新的技术法规。绿色贸易壁垒所包括的措施也在不断增多,涵盖了环境成本内在化制度、环保技术标准、绿色检验检疫措施、绿色包装和标签制度、绿色环境标志和认证制度等领域。

(4) 新型非关税壁垒表面上更加合乎伦理。非关税壁垒本身就具有隐蔽性特点,而新型的非关税壁垒在这一点上表现得更加突出。它不仅隐蔽性很好,伪装性也很好,表面上看具有合法性、合理性以及存在的必要性,它的设立非常合乎逻辑。技术性贸易壁垒、绿色贸易壁垒的设立表面上可以更好地维护国际贸易竞争的公平环境,但是发展中国家与发达国家并不站在同一起跑线上,同样的标准下,发达国家的产品能够达到这种技术标准、环境标准从而进入发展中国家的市场,而发展中国家由于技术落后,产品被拒之于发达国家的门外。对于高新技术,发达国家有严格的知识产权保护,改进的成本又很高,这就使发展中国家很难达到高的技术标准,当发展中国家达到时,新的标准又会出现,从而恶性循环下去。

(5) 服务贸易壁垒的采用越来越多。近年来,国际服务贸易的增长速度远远超过货物贸易的增长速度,对各国经济的重要性更加突出。伴随而来的服务贸易壁垒的采用也将越来越多。

知识延伸

《中华人民共和国反外国制裁法》出台

2019年,在伟创力国际有限公司(以下简称"伟创力")扣押华为技术有限公司(以下简称"华为")物资的事件中,我国相关的法律的短板暴露出来。

2019年5月15日,美国商务部宣布将华为及其子公司列入"实体名单",禁止华为及其子公司在未经许可的情况下购买美国技术产品及服务,伟创力随即停止了与华为的合作。

5月17日,华为派了几十辆货车前往伟创力建在珠海的工厂,准备将4亿多元人民币的华为物料和设备运出来。

伟创力珠海工厂却突然接到来自其公司高管的指令,称根据美国出口管制的相关法律法规,伟创力不能将这些华为拥有物权的设备和物料放行。这一举动当场惊呆了所有在场华为的人员。

5月29日晚,珠海伟创力曾在表面恢复过华为手机生产业务,但其过程几经反复,要求华为承诺各种保障条件,最终的结果就是全面停止生产。

6月中下旬,伟创力才同意将华为物料及设备陆续归还,但条件是——将这些物料及设备转运给一个不属于美国"实体清单"涉及的华为及其68家关联企业的第三方,中间产生的一切费用由华为自掏腰包。

一个建在中国的外国企业,因为一条美国的法律,被单方面终止了合约,同时拒不退还物资,而我们却没有对应的法律去制裁,这简直令人愤慨!

这个事件之后不久,商务部就出台了《不可靠实体清单规定》——规定凡是从事破坏中国国家主权完整、危害中国国家安全和发展利益、扰乱中国市场秩序的外国实体,中方均按此规定实施制裁。

资料来源:花猫哥哥.《反外国制裁法》蕴含的玄机[EB/OL](2021-06-13). https://zhuanlan.zhihu.com/p/380383631.

11.1.7 全球范围的区域经济一体化势头强劲,超国界经济逐步形成

第二次世界大战以后,经济全球化有了长足发展。随着各国与国际分工体系层次加深,国际贸易有了迅速的发展,并形成超国界经济。经济全球化要求世界经济的一体化,即在世界范围内通过科学的分工协作,优化生产要素配置,建立统一的国际贸易规则和秩序。但是,由于国家利益的差异和经济矛盾,各国未能真正实现全球经济一体化,地区集团化趋势明显加强。20世纪90年代以来,区域经济合作不断地向更深、更广的层次推进,区域经济一体化步伐进一步加快,区域经济集团激增,区域内贸易日益活跃和扩大。

从全球范围看,区域合作已经成为大势所趋。从地区来看,经济的转型、创新的发展离不开城市群和城市圈的建设。从国内来看,城市群的发展正在成为引领国家经济转型发展的主战场、主引擎。

进入21世纪以来,以区域贸易安排为主要形式的区域经济合作呈现出新的趋势:一是区域贸易安排发展迅猛;二是主要贸易大国都在争夺区域贸易安排的主导权;三是区域贸易安排成员间的贸易比重进一步上升;四是国家之间的竞争正在向区域经济集团之间的竞争转变。区域贸易安排已经成为各国争取市场资源、扩大发展空间、提升国际地位的主要战略手段。

> **知识延伸**

RCEP 开启,外贸企业何去何从?

RCEP 开启,崭新的机会就在眼前,国内相关企业必将迎来新一轮的洗牌与优胜劣汰。企业在这"大变局"中,如何抓住机遇,提升自身竞争力呢?

(1) 充分重视品牌化建设。RCEP 让区域内 90%以上的货物贸易最终实现零关税,这对于所有的国内外企业来说,都将释放更大的红利。国内外贸企业要在这场竞争中先发制人,就要学会利用品牌先行占领更多消费者的心智。

区域经济一体化是世界经济走向一体化、全球贸易走向自由化的一个重要发展阶段和必不可少的步骤,区域经济一体化也已成为当今国际经济关系中最引人注目的趋势之一。在这一体化框架中,贸易的边境壁垒将趋于消亡,而贸易投资政策、竞争政策以及宏观、微观经济政策的协调与规范将达到一个比较统一的水平,国家的政治经济主权将在一定程度上受到削弱,而贸易政策和经济政策的界限也将越来越模糊。另外,随着区域经济一体化向纵深发展,各区域经济一体化组织将进一步联合,世界经济将走向全面一体化的道路,世界经济的全球化,在经过漫长的磨合后最终将得以实现。

(2) 利用好原产地规则。RCEP 在本地区实施区域累计原则,这使产品原产地价值可在 15 个国家之间构成区域内积累,来自 RCEP 任何一方的价值成分都会被考虑在内,利用好原产地规则,将会显著提高协定优惠税率的利用率。

(3) 充分重视独立站点建设。商务部表态,在 RCEP 生效后,跨境电商、线上交易等新业态新模式将迎来重大发展机遇。独立站作为外贸线上营销不可忽视的一员,重要性将进一步提升。

资料来源:直达国际物流 RCEP 今日开启,外贸企业何去何从?[EB/OL].(2022-01-01).https://mp.weixin.qq.com/s/OZbaG5ca7rOYk2On2lRKNA.

11.1.8 全球经济格局多极化更加明显,发达国家仍占据核心地位

随着新兴经济体的崛起,发展中国家在全球经济中地位更加重要。亚洲和非洲的部分国家有可能成为全球经济增长的领跑者。到 2035 年,发展中国家 GDP 规模将超过发达经济体,在全球经济和投资中的比重接近 60%。全球经济增长的重心将从欧美转移到亚洲,并外溢到其他发展中国家和地区,美国、日本和欧盟仍将是全球主要的经济强国,新兴经济国家实力将持续崛起。

美国消费需求有望进一步释放,成为支撑经济增长的重要因素;美国人口将保持低速增长。美国将继续保持全球超级大国地位。

欧盟、日本仍然是全球重要经济体,但地位将有所下降。欧盟作为一个整体,仍在全球经济中占据重要地位。日本经济未来将保持低位增加。在世界贸易中,欧盟、日本所占比重将有所降低。

11.1.9 生态环境问题日益凸显,低碳经济厚积薄发

低碳经济实质是提高能源利用效率和创建清洁能源结构,核心是技术创新、制度创新

和发展观的改变。发展低碳经济是一场涉及生产模式、生活方式、价值观念和国家权益的全球性革命。

早在2009年,国际社会对低碳经济这一概念就已经形成初步共识。就在世界朝低碳经济迈进的关键时刻,爆发于美国的国际金融危机波及全球,引起世界范围的经济衰退。然而这场危机并未阻碍低碳经济的蓬勃发展,反而在一定程度上为新一轮低碳经济的发展创造了难得的机遇。

低碳经济对未来国际贸易将产生如下影响。

(1) 碳要素出现在劳动力、资本、技术、自然资源等要素之外,使各国所拥有的比较优势也随之发生转化。发达国家不仅在新能源、新材料、新技术的研发和应用及低碳经济的发展等方面拥有绝对领先地位,而且正在试图通过规则的制定进一步巩固其优势,这可能给国际分工及国际贸易格局带来深刻的影响。广大发展中国家的劳动密集型产业有粗加工比重大、耗能多、污染大等弊端,要在短时间内大幅度削减碳排放量,存在很大的困难。

(2) 新兴市场国家和中国等出口大国受到开征碳关税的影响,将面临出口产品价格升高、出口量降低的困境。随着新能源逐渐替代传统化石能源,化石能源出口国家面临市场和价格双重萎缩压力,出口量将会受到很大影响。

(3) 发展中国家在与发达国家技术上的差距和课征碳关税的压力下,被迫以高价引进发达国家开发的新能源和新环保技术、设备和产品,从而形成新的南北技术鸿沟。这会造成发达国家出口产品价格提高、发展中国家出口产品价格降低的局势,使发展中国家贸易条件更加恶化。

(4) 与低碳经济相关联的技术贸易壁垒将不断增加。碳关税之类因环保而加征的惩罚性措施,将成为国际贸易各方博弈的新战场,届时针对碳排放的征税将会大幅度增加。这将成为国际贸易的一个重大壁垒,成为发达国家和发展中国家之间贸易摩擦的主要原因。

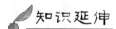
碳达峰、碳中和"30·60"战略目标行动方案

气候变暖是全球性问题,是人类面临的共同挑战。

联合国政府间气候变化专门委员会(IPCC)第五次评估报告(2014年)指出,20世纪中叶以来的全球气候变暖极有可能(概率95%以上)是由于人类活动导致温室气体排放增长引起的。2016年签署的《巴黎协定》对2020年后全球应对气候变化行动作出安排,提出的长期目标是将全球平均气温较前工业化时期上升幅度控制在2摄氏度以内,并努力将温度上升幅度限制在1.5摄氏度以内。中国是《巴黎协定》缔约方之一。2020年9月,习近平在第七十五届联合国大会一般性辩论上宣布,中国将提高国家自主贡献力度,采取更加有力的政策和措施,力争2030年前二氧化碳排放达到峰值,努力争取2060年前实现碳中和(简称"30·60"战略目标)。

11.1.10 元宇宙开创新经济形态,成为数字技术发展的前沿

传统经济模式已经濒临饱和,数字技术兴起后,迅速被应用于对传统经济的改造上。

20世纪50年代以来,尤其是90年代后,数字经济成为重要的经济发展驱动力量。元宇宙作为数字技术发展的前沿,将进一步开创一种基于元宇宙的新经济形态,这集中表现在三个方面。

拓展阅读 11-1 元宇宙的特性、社会影响和特殊意义

(1) 创造新的贸易空间。新空间的发现是经济发展最为直接和强烈的促动因素,如同15世纪地理大发现促使其后工业革命的诞生一样,元宇宙通过构建高度拟真、沉浸式的新的虚拟空间,为传统上受物理空间限制的经济体系打开了一个广阔的数字天地。各种真实社会中的经济系统和产品服务,理论上都可能在这一数字空间中实现映射,这也就产生了新的不断生产虚拟数字产品与服务的强烈动机和实现基础。无数受制于物理空间的新的城市、新的景观、新的产品、新的服务,都可以在元宇宙中实现。

这为备受空间限制的现实经济单元创造了更大的经济活动领域。因此,元宇宙不是一个单纯的、封闭式的单一虚拟数字产品,而是一个完整的数字空间系统,这意味着元宇宙不是由单一元宇宙公司提供的类似于现在的模拟仿真游戏的封闭体系,而是现实社会中几乎所有的经济单元都可以参与其中的庞大经济结构。就这一点而言,元宇宙或将为今日所有的经济单元打开一扇通向新世界的大门。

(2) 创造新的贸易产品服务形态。围绕元宇宙的发展,一系列新的产品服务形态将被创造:①围绕着元宇宙接入的完整的产业体系。元宇宙的核心要点是要实现完美的人机接口,消除人类与数字世界的界面隔阂。这就需要包括视觉、听觉、嗅觉、味觉、触觉在内的全方位的感知仿真系统或者直接连接神经系统的脑接口系统。无论是对感知的模拟还是直接接入神经系统,都意味着需要大量新的数字技术和产品。②元宇宙内部的数字场景开发。目前的元宇宙还停留在非常原始的阶段,其关键在于缺乏丰富逼真的各种场景,这既包括生活性场景,也包括生产性场景。而在元宇宙中搭建高度逼真化的场景同样需要大量人力和算力的投入,也需要相对专业的各种企业和人才。③元宇宙内部能够提供的各种数字产品和服务。元宇宙的成败完全取决于其能否具有实质性的丰富活动,使人们接入元宇宙成为一件既具有经济价值又具有学习、社交、娱乐等价值的活动。

(3) 创造新的生产组织结构。元宇宙不但将形成新的经济空间和新的产品服务类型,由于其高度的组织性,同样也将形成对现实经济组织体系的改造和优化。工业时代的经济体系虽然具有集约、高效、批量化的特点,但其缺陷也很明显,就是生产与市场分离导致无效生产和浪费很多,从而形成了经济的周期性震荡现象,通俗来说就是经济的周期性危机。因此,数字技术自诞生以来,就立刻被应用于对工业组织和经济体系的改造。网络经济极大地消除了生产端与消费端之间的隔阂,促进了全经济体系的信息共享,极大地降低了市场交易成本,促进了生产布局的分散化,提高了生产的针对性,以及通过柔性和先进制造技术满足不断增长的个性化需求。

元宇宙由于进一步创造了新的数字经济空间和生产交易体系的数字映射,因此将进一步打破传统工业体系不得不依赖于地理时空形成的布局和生产组织约束。通过元宇宙形成的数字工厂和交易体系,可以将整个地球的所有生产单元有效地组织起来,形成全球同步的生产和交易。资本方、科研方、企业的管理者和劳动者可以通过逐渐普及的元宇宙接入端口实现对虚拟数字设备的操作,并利用数字孪生机制形成对真实设备的远程控制。

而全球的消费者也同样可以在元宇宙中进行同步的消费和定制,从而形成一种横跨全球的同步生产交易体系。由于元宇宙体系远超真实社会的信息传递能力,因此将是人类经济系统的完美组织形态。

元 宇 宙

元宇宙是虚拟时间、空间的集合,是利用科技手段进行连接与创造的,既映射于现实世界、又独立于现实世界的虚拟世界。元宇宙是人类未来娱乐、社交甚至工作的数字化空间,是未来生活方式的主要载体,是一个人人都会参与的数字新世界。元宇宙融合区块链、5G、VR(虚拟现实)、AR(增强现实)、人工智能、物联网、大数据等前沿数字技术,让每个人都可以摆脱物理世界中现实条件的约束。

11.2 中国对外贸易的未来

当前世界面临百年不遇大变局。变局中危与机并存,如何化危为机、转危为安,是实现中华民族伟大复兴的关键。作为外贸人,要站在历史和全球的高度对中国外贸未来发展作出科学的前瞻。

11.2.1 出口总量保持世界第一,出口规模持续增长

对外贸易规模主要通过对外贸易总额和全球贸易占比两个指标进行衡量。

从对外贸易总额来看,国家统计局数据显示,1950—1977年,中国累计货物进出口总额为1606亿美元,仅为2017年的4%左右。改革开放后,中国打开了面向世界的大门,对外开放在1982年被写入宪法成为基本国策,对外贸易发展进入快车道。从货物进出口总额来看,1978—2017年规模扩大了782倍,年均增速高达18.6%。其中,1979—1991年、1992—2001年和2002—2012年三个阶段分别保持16.6%、13.1%和26.1%的年均增长率。

从全球贸易占比来看,据国家统计局报告,2022年,中国货物贸易进出口总值突破40万亿元大关,达42.07万亿元,连续6年保持世界第一货物贸易国地位。随着中国对外贸易进一步发展,中国将发展重心由贸易规模扩展转向贸易质量提升,谋求由"贸易大国"向"贸易强国"转变,贸易总额的增长不再是中国对外贸易发展的主要目标。以国内大循环为主体、国内国际双循环相互促进的新发展格局加快形成,高水平对外开放不断推进,新的国际合作和竞争新优势不断形成。未来中国外贸进出口规模将继续保持增长态势,外贸高质量发展将不断取得新的成效。

11.2.2 对外贸易地理结构日趋多元,开放新格局逐渐成型

从国际视角看,中华人民共和国成立初期,中国的对外贸易主要与苏联等社会主义国家展开,贸易伙伴构成比较单一。1955年,仅与苏联一国的进出口贸易就占到中国整体外贸的57%。对外贸易严重依赖单一国家的现象无疑对中国的经济安全构成了威胁。

虽然20世纪60年代中苏关系恶化后,中国加大了同西方国家的贸易往来,但截至1978年,中国的贸易伙伴国仅有40多个,贸易对象仍十分有限。改革开放后,随着全方位协调发展的国别地区政策的实施,中国同世界各国各地区广泛开展贸易,进出口市场在地理结构上日趋多元。2021年,中国已与全球220多个国家和地区建立了经贸往来,并已成为130多个国家和经济体的第一大贸易伙伴。2022年,我国出口地区中,亚、欧、北美分别占47%、20.7%、17.6%;美、日、韩、德、马来西亚、越南列我国进出口贸易伙伴前6名;进口国前3名为韩国(1.33万亿元)、日本(1.23万亿元)、美国(1.18万亿元);出口前3名为美国(3.87万亿元)、日本(1.15万亿元)、韩国(1.08万亿元)。

从国内视角看,中国对外贸易发展也由改革开放初期的东南沿海地区主导向内陆地区发展。特别是随着产业转移的进行和"一带一路"建设的推进,中西部地区逐渐走向开放前沿,全国各省份的对外贸易占比日趋平衡,国内对外贸易地理结构同样日趋多元。1996年,按境内目的地和货源地统计,广东进出口总量全国占比为38.6%,以湖北为代表的中部省份和以新疆为代表的西部省份占比则为1%与0.58%。2021年,广东进出口总量占比下降至27.1%,而湖北和新疆占比上升至1.13%与0.74%。中国着力推动的"陆海内外联动、东西双向互济的开放格局"正在逐渐成型。

11.2.3　进出口商品结构持续优化,贸易安全体系日益完善

从进出口商品结构来看,中国进出口结构优化具体可分为服务贸易发展和货物贸易结构改善。

服务贸易发展方面,中国服务进出口总额大幅提高,由1982年的47亿美元提高到2021年的52 982.7亿美元,增长1 126倍,全球占比也由1982年的0.57%增长至2021年的18.6%。未来,这一比重还将不断提升。服务业内部结构方面,以电信计算机和信息服务、广告服务、专业和管理咨询服务、保险服务和金融服务等为代表的知识密集型、技术密集型和资本密集型现代服务产业的发展最为迅速,运输、旅行等传统服务贸易的比重有所下降。未来中国的服务贸易在规模扩张的同时,高附加值服务贸易比重将不断增高。

货物贸易结构改善方面。随着全世界最完整的现代工业体系在中国逐步建立,中国出口商品中工业制成品比重和进口商品中初级产品比重不断上升,其中,出口商品中工业制成品的占比由1978年的46.6%上升至2021年的90%以上,而进口商品中初级产品的占比由1985年的17.1%上升至2021年的30%以上。从进出口主体结构的优化来看,外资企业和私营企业在中国对外贸易中的地位与作用显著提高。改革开放前,对外贸易由国家垄断,仅有13家国营专业公司有权经营。改革开放后,国家逐渐下放对外贸易经营权,外资企业和私营企业在进出口贸易中所占份额迅速上升。2004年,中国实施新《中华人民共和国对外贸易法》,对外贸易经营权由审批制变为登记制,进一步促进了进出口主体的多元化。2021年,在华外资企业数量达到50多万家。同年,有进出口实绩的私营企业数量达到37.2万家,从规模来看,对当年中国外贸增长的贡献度超过50%。未来中国国内经济将保持长期稳中向好的发展势头,这为中国未来外贸发展打下坚实的基础。与此同时,外部环境不确定、不稳定因素依然较多,加上基数抬高等客观因素,外贸增长速度可能有所放缓。

11.2.4 在全球价值链中的地位稳步提升，加工贸易比重有所减少，服务贸易逐渐增加

随着科技发展和壁垒消除带来的国际分工与全球贸易的推进，在跨国企业发展的助推下，商品、资本、劳动力、技术等要素在全球范围内的流动不断加强，商品的国家属性逐渐淡化，全球价值链逐渐成型。在资本要素和生产要素的国际流动中，链条上不同国家的不同企业从事着各个环节的增值活动。由于要素稀缺性的差异，资本要素相对集中的价值链上游和下游产生的附加值较高，而生产要素相对集中的价值链中游则收益偏低。

从全球价值链的视角来看，中国对外贸易的发展，既是中国逐步参与、融入全球价值链的过程，也是中国在价值链中地位提升的过程。由于改革开放后较长一段时间里加工贸易在中国的对外贸易中占比较高，相对于迅速扩大的出口总额，中国单位出口增加值含量的增长较慢，长期处于全球价值链较低端的位置。但随着中国对外贸易不断发展，中国出口中一般贸易和服务贸易的比重逐步增加，单位出口增加值含量逐渐提高。未来中国将逐渐向价值链中附加值更高的上游和下游发展，逐步参与产品和服务的设计、开发、营销等环节，在价值链中的地位将稳步提升。

11.2.5 对外贸易新型业态不断出现，外贸市场新渠道逐步拓宽

除了保持传统的外贸业态外，中国外贸企业拓展了许多新的外贸业态。

跨境电商将快速发展。2022 年 11 月 24 日，国务院批复同意在廊坊市等 33 个城市和地区设立跨境电子商务综合试验区。此次扩围之后，中国跨境电子商务综合试验区数量达到 165 个，覆盖 31 个省份。未来，中国政府将继续围绕"一带一路"建设，鼓励建设覆盖重要国别、重点市场的"海外仓"。积极促进各综合试验区线上综合服务平台对接，推动跨境电商在更大范围内发展。

市场采购贸易方式试点将稳步推进。2022 年 9 月，为发展外贸新业态、培育增长新动能，商务部、国家发改委等 7 部门联合印发《商务部 发展改革委 财政部 海关总署 税务总局 市场监管总局 外汇局关于加快推进市场采购贸易方式试点工作的函》，新设了 8 个市场采购贸易方式试点。此前，商务部等 7 部门已在全国设立了 31 个市场采购贸易方式试点，构建了"一划定、三备案、一联网"的监管体系，配套了简化申报、增值税免征不退等支持政策。市场采购贸易发展取得积极成效。未来，中国政府将持续开展管理和服务创新，完善配套服务，探索形成新一批经验做法，及时总结推广。

拓展阅读 11-2 支持外贸新业态跨境人民币结算

外贸综合服务企业将逐步发展壮大。为探索适应外贸综合服务企业发展的管理模式，2016 年以来，中国商务部等 5 部门开展了外贸综合服务企业试点。2017 年 9 月，中国商务部等 5 部门首次发文明确了外贸综合服务企业定义，并提出完善外贸综合服务企业出口（免）税等政策，有关部门积极出台支持举措，初步形成适应外贸综合服务企业发展的政策框架。未来，中国政府将继续优化外贸企业管理模式，明确主体责任，支持外贸综合服务企业健康发展。

11.2.6 "自由贸易区"建设提质增速,成为实现自由贸易的重要抓手

自由贸易区是近年来全球贸易的主角,在过去十多年,中国自贸区建设明显提速,从最初的周边国家、发展中国家,到现在与瑞士、新西兰、爱尔兰等发达国家签订自由贸易协定,中国的自由贸易伙伴国不断增加。

2015年,国务院印发《关于加快实施自由贸易区战略的若干意见》,将其提升到实现自由贸易抓手的高度予以推进。从实际效果来看,2010年建成的中国—东盟自贸区协定,成为中国—东盟贸易往来的新天地。在众多贸易伙伴国进出口出现萎缩的不利局面下,近几年中国—东盟进出口依然保持正增长。未来,自贸区战略在中国对外贸易发展、市场转变的作用将日益重要。

11.2.7 人民币将成为世界主要货币,跨境结算将日益便利

在中国对外贸易的历史进程中,美元在世界贸易中一直是占据统治地位的货币结算工具,但随着美元的疲软,这一局面被逐步打破。中国经济发展速度位居世界前列,整体经济实力日益增强,外汇储备基础雄厚,这些都预示人民币将成为备受各国政府和企业欢迎的支付与储备货币。在对外贸易交往中,人民币将逐步成为对外贸易结算中的主要结算工具。

拓展阅读11-3 人民币为主的石油贸易

2021年,人民币首次超过美元,成为粤港澳大湾区的第一大跨境结算货币。这是一件具有标志性和里程碑式的事件,对人民币跨境结算起到引领带动作用,不仅有助于推进人民币国际化,而且有助于完善国际货币体系,也给企业国际贸易防范风险带来更多选择。

为了推进人民币跨境结算便利化,中国政府从局部试点到全国推广,几乎每年都会出台人民币结算便利化措施。2021年初,中国银行、银保监会等六部委联合发文,出台进一步优化跨境人民币政策,支持稳外贸稳外资,涵盖围绕实体经济需求推动更高水平贸易投资人民币结算便利化、简化跨境人民币结算流程、优化跨境人民币投融资管理、便利个人经常项下人民币跨境收付、便利境外机构人民币银行结算账户使用等。中国推动更多使用人民币而非美元,主要有四点原因。

(1) 人民币结算红利多。跨境人民币结算不仅包括货物贸易、服务贸易结算,而且包括全口径跨境融资。这能节约汇兑成本、规避汇率风险、降低企业资金成本、提高资金使用效率,助力企业"走出去"。

(2) 稳健增长的中国经济实力成为人民币汇率稳定的坚实支撑。

(3) 作为全球货物贸易第一大国,中国是全球130多个国家的第一大贸易合作伙伴,直接用人民币进行计价结算方便、快捷、成本低,用人民币结算本身就是贸易和投资便利化的结果,可以规避汇率风险,特别是防范美元贬值。

(4) 中国金融业对内对外开放空前加速。伴随中国正式、全面实行股票发行注册制,多层次资本市场蓬勃发展,持有人民币资产有更多的可投资渠道。

11.2.8 中国服务贸易日趋自由化，服务贸易发展的非平衡性将逐步改善

中国服务贸易日趋自由化，加入 WTO 以来，中国认真履行了各项加入 WTO 的承诺，在 WTO 分类的 160 多个服务贸易部门中，中国的开放程度已接近发达国家水平。随着世界贸易自由化趋势的发展和中国加入 RCEP 及中国对 WTO 的进一步承诺，中国服务贸易自由化程度将进一步提高，中国服务业将面临更加严峻的挑战，这同时也给了中国服务业一个学习和进步的机会。

中国服务贸易发展的不平衡性将逐渐明显。中国服务贸易发展的不平衡性，主要体现在结构方面。一些传统服务产业所占比重过大，而以信息技术为基础的新兴服务业所占比例则很小。在中国服务贸易中，传统服务业占据主导地位，而新兴服务业比重较小。由于历史积累和知识技术等因素影响，中国服务贸易结构很难在短时间内改变，在未来相当一段时间内，服务贸易结构不平衡将依然突出，但将逐步得到改善。

中国服务贸易发展将高科技化。随着新一轮科技革命的不断推进以及知识经济时代的到来，中国许多新兴服务行业从制造业分离出来，形成独立的行业，其中，信息、知识密集型服务行业发展最快。未来，高新科技的发展不仅将使中国服务业的发展不断地高科技化，也将使很多传统的产业和服务都被高科技手段所武装，金融电子化、商务活动电子化、电信业务数字化都体现了中国服务贸易的高科技化发展趋势。

本章小结

未来世界贸易发展，在贸易商品结构、贸易主体结构、贸易地理结构、贸易业态、贸易制度安排等方面都将发生一系列重大变化。世界贸易商品的贸易比重将日渐缩小，服务贸易比重日益增大；劳动力成本重要性将会持续降低，创新与研发重要性将会持续升高；第四次工业革命将重塑国际贸易竞争格局，后发国家将努力实现赶超；国际贸易新业态将不断涌现，网络贸易将渗透到外贸所有行业；跨国公司将在国际贸易中扮演越来越重要的角色，技术创新的主体地位将日益巩固；关税壁垒作用将逐步降低，非关税壁垒措施将日益细化；全球范围的区域经济一体化势头强劲，超国界经济会逐步形成；全球经济格局多极化将更加明显，发达国家仍将占据核心地位；生态环境问题将日益凸显，低碳经济厚积薄发；元宇宙开创新经济形态，成为数字技术发展的前沿。

未来，中国对外贸易出口总量将继续保持世界第一，出口规模将进一步持续增长；对外贸易地理结构日趋多元，开放新局逐渐成型；进出口商品结构持续优化，贸易安全体系日益完善；在全球价值链中的地位稳步提升，服务贸易比重逐渐增加；对外贸易新型业态不断出现，外贸市场新渠道逐步拓宽；"自由贸易区"建设提质增速，成为逐步实现自由贸易的重要抓手；人民币将成为世界主要货币，跨境结算将日益便利；服务贸易日趋自由化，服务贸易发展的不平衡性将逐步改善。

框架体系

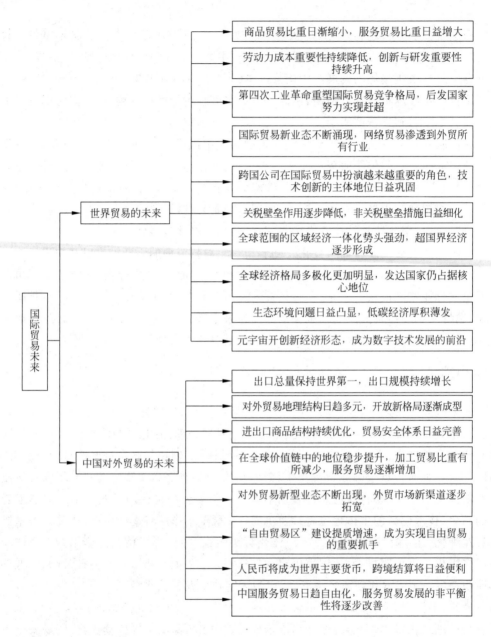

关键术语

关税壁垒(tariff barriers)
全球价值链(global value chain)
贸易摩擦(trade friction)
贸易壁垒(barriers to trade)

区域经济一体化(regional economic integration)
自由贸易区(Free Trade Zone)

课后习题

1. 国际贸易新业态的主要特征有哪些？
2. 新业态催生外贸企业发展新动能的方式有哪些？
3. 跨国公司未来发展的特点是什么？
4. 中国推动更多使用人民币的原因是什么？

上海发力元宇宙等三大新赛道

抢抓新赛道、培育新动能，上海 2022 年 7 月 8 日出台了促进绿色低碳产业发展、培育"元宇宙"新赛道、促进智能终端产业高质量发展三个行动方案。

根据相关目标，到 2025 年，上海将争取绿色低碳、元宇宙、智能终端产业总规模突破 1.5 万亿元。

1. 绿色低碳产业：抢抓"六化"机遇，建立多元氢能产业供给体系

国家"碳达峰""碳中和"战略，蕴藏着大量技术革新和产业机遇。上海将把握能源清洁化、原料低碳化、材料功能化、过程高效化、终端电气化和资源循环化"六化"发展趋势，实施绿色低碳产业培育、特色园区升级、产业生态完善三大行动。

根据《上海市瞄准新赛道促进绿色低碳产业发展行动方案(2022—2025 年)》的内容，上海将力争到 2025 年，绿色低碳产业规模突破 5 000 亿元，基本形成 2 个千亿、5 个百亿、若干个十亿级产业集群发展格局；培育 10 家以上绿色低碳龙头企业、100 家以上核心企业和 1 000 家以上特色企业。

上海将推出绿色低碳产业培育行动，围绕 4 个重点方向发展 10 个领域。

一是聚焦产业高端，领跑优势赛道。二是推动集群发展，拓宽并跑赛道。三是拓展应用场景，抢占新兴赛道。四是加大集成创新，实现弯道超车。

其中提出，上海将构建新能源汽车关键零部件技术和产品供给体系，发展动力电池循环利用产业；建立多元氢能产业供给体系，突破燃料电池长寿命电堆等关键技术。

同时，上海要加快碳纤维、高温超导、光催化材料等绿色材料推广应用。发展碳交易和碳金融，鼓励金融机构参与、活跃碳金融市场，有序推进碳金融衍生品的创新和入市。

其中，氢能产业备受关注。上海市发展和改革委员会副主任裘文进表示，上海将以重点培育制氢、储氢、输氢、用氢产业链关键技术为近期主要目标，推动氢能在交通领域示范应用取得成效，同时推动建设各类加氢站 70 座，建设 3 个至 5 个国际一流的创新研发平台，燃料电池汽车保有量要突破 1 万辆。下一步，上海将加强政策供给，注重制度创新和先行先试，支持临港新片区打造氢能产业发展高地。

2. 元宇宙产业：启动八项工程打造 100 家以上"专精特新"企业

《上海市培育"元宇宙"新赛道行动方案（2022—2025 年）》明确，到 2025 年，上海"元宇宙"相关产业规模达到 3 500 亿元，带动上海全市软件和信息服务业规模超过 15 000 亿元、电子信息制造业规模突破 5 500 亿元。

同时，上海要力争培育 10 家以上具有国际竞争力的创新型头部企业和"链主企业"，打造 100 家以上掌握核心技术、高能级高成长的"专精特新"企业。围绕数字化转型，打造 50 个以上垂直场景融合赋能的创新示范应用，推出 100 个以上引领行业前沿的标杆性产品和服务。

接下来，上海将重点实施"四个行动+八项工程"。

四个行动，如产业高地建设行动，重点发力全息显示、未来网络、VR/AR/MR（虚拟现实/增强现实/混合现实）终端、3D 图像引擎等方面，提升产业供给力；模式融合赋能行动，支持"元宇宙+工厂"、医疗、文娱、办公等场景打造；还有数字业态升级行动和创新生态培育行动。

八项工程方面，如关键技术突破工程，组织企业揭榜挂帅；数字 IP（知识产权）市场培育工程，试点上海数据交易所开设数字资产交易板块，推动数字创意产业规范发展；产业创新载体培育工程，布局一批特色产业园区；还有数字人全方位提升、数字孪生空间、数字空间风险治理等工程。

上海市发展和改革委员会会同相关部门已编制《上海市数字经济发展"十四五"规划》，将加强元宇宙技术从底层到应用全链条布局，重点发展数字孪生、扩展现实、智能人机交互、虚拟数字人等核心技术攻关，在可穿戴设备、智能机器人等重点领域培育一批重磅产品。

下一步，上海市发展和改革委员会将结合示范工程推动上海市重点区域建设虚拟现实相结合的空间底座，推进元宇宙融入城市治理，拓展综合性应用场景。

3. 智能终端产业：到 2025 年智能网联汽车产值超过 5 000 亿元

作为上海重点布局的新赛道之一，在智能终端赛道方面，上海正突出品牌塑造，加快智能终端带动经济转型跃升。

《上海市促进智能终端产业高质量发展行动方案（2022—2025 年）》（以下简称《行动方案》）明确，到 2025 年，上海智能终端产业总体规模突破 7 000 亿元，培育营收超千亿元企业 2 家、百亿级企业 5 家、十亿级企业 20 家。在交通、环卫、物流、养老、医疗、教育、工业、家政、商贸、娱乐 10 大应用场景形成不少于 100 款智能终端产品。

其中，智能网联汽车是一大关键应用场景。根据《行动方案》，到 2025 年，新增智能工厂不少于 200 家，实现整车企业 100% 达到智能工厂水平。其中，智能网联汽车产值超过 5 000 亿元，具备先进智能网联功能的新车产量占比超 50%。《行动方案》提出，重点打造 10 款以上爆款智能网联汽车，打造 10 个以上商用智能网联汽车标杆应用场景。

为实现上述目标，《行动方案》提出六个主要任务，包括：消费终端爆款打造行动、商用终端加速落地行动、车联网培育行动、协同产业生态建设行动、数字工具终端赋能行动、龙头企业打造行动。

上海将支持传统车企、造车新势力和科技公司紧抓消费趋势，打造具有上海标识度的爆款品牌；加快无人出租车、智能公交、智能重卡等商用终端落地推广，推进测试示范和商业运营发展;加快研发智能驾驶、智能网联和智能座舱核心系统,建设智慧道路,加快车联网发展;培育智慧出行、数据服务,推动整车企业与科技公司、社交平台合作,构建产业新生态;加快智能工厂建设,深化数字赋能,推广智能机器人、数字孪生技术应用;推动传统车企智能化战略转型,大力吸引造车新势力和科技公司在沪布局总部,培育新兴龙头企业。

未来,上海智能终端产业集群将初具雏形:在浦东、嘉定、松江、奉贤、临港等重点区域打造5个以上智能终端特色园区或精品微园,培育3个以上智能网联汽车应用落地示范区域。

资料来源:宋薇萍,严曦梦.总规模突破1.5万亿元!上海发力元宇宙等三大新赛道[N].上海证券报,2022-07-09.

问题思考

中国应如何抢占国际贸易制高点?

考核点

中国对外贸易的未来发展趋势

自我评价

学 习 成 果	自 我 评 价
掌握世界贸易未来发展的总趋势	□很好□较好□一般□较差□很差
知晓未来国际商品贸易及服务贸易的发展趋势	□很好□较好□一般□较差□很差
了解第四次工业革命如何重塑未来国际贸易竞争格局	□很好□较好□一般□较差□很差
熟悉国际贸易新业态	□很好□较好□一般□较差□很差
理解跨国公司发展的主要特点	□很好□较好□一般□较差□很差
明晰未来贸易壁垒的主要特点	□很好□较好□一般□较差□很差
了解全球区域经济一体化及全球经济格局多极化的发展趋势	□很好□较好□一般□较差□很差
通晓我国对外贸易未来发展的趋势	□很好□较好□一般□较差□很差

即测即练

参 考 文 献

[1] 王鲁帅.海上货物运输保险对我国货物进出口贸易的冲击效应研究[D].大连：东北财经大学,2016.
[2] 高峰.人民币挑战美元只是时间问题[J].法人,2015(12)：82-83.
[3] 刘鑫.中美国际贸易摩擦中的伦理问题探析[D].大连：东北财经大学,2010.
[4] 陈志友.区域经济一体化及其对国际贸易发展的影响[J].立信会计高等专科学校学报,2001,15(4)：28-31.
[5] 舒先礼.中国银行在国际贸易中的作用[J].国际贸易,1983(3)：24-26.
[6] 袁奇.当代国际分工格局下中国产业发展战略研究[D].成都：西南财经大学,2006.
[7] 焦科慧.资本逻辑与人的全面发展研究综述[J].新丝路(下旬),2016(16)：82-83.
[8] 赵君尧.郑和下西洋与15—16世纪中西海洋文明模式比较[J].职大学报(哲学社会科学),2005(3)：45-48.
[9] 连增.国际贸易与投资前沿问题研究[M].北京：企业管理出版社,2021.
[10] 韩景华.国际贸易前沿研究：理论、方法与应用[M].北京：中国经济出版社,2021.
[11] 朱延珺,王怀民,郭界秀,等.国际贸易前沿问题[M].北京：北京大学出版社,2012.
[12] 王珏.国际贸易前沿专题[M].北京：中国经济出版社,2013.
[13] 闫国庆.国际贸易理论与政策[M].北京：高等教育出版社,2021.
[14] 闫国庆,李汉君,陈丽静.国际贸易思想史[M].北京：经济科学出版社,2012.
[15] 王耀中,洪联英,刘建江,等.新编国际贸易理论与实务[M].北京：高等教育出版社,2015.
[16] 张为付,等.国际经济学[M].2版.北京：高等教育出版社,2018.
[17] 钱学锋,吴英娜.国际贸易学[M].北京：高等教育出版社,2019.
[18] 胡方,胡俊宇.技术进步、产品种数与贸易利益[J].郑州航空工业管理学院学报,2017,35(4)：43-52.
[19] 申海成,孙灵.产权、契约摩擦与企业国际生产组织模式研究综述[J].现代管理科学,2017(7)：42-44.
[20] 向蓉.对外开放与西部地区经济增长质量的路径分析——基于动态面板模型[J].福建质量管理,2020(1)：36-37.
[21] 洪银兴.从比较优势到竞争优势——兼论国际贸易的比较利益理论的缺陷[J].经济研究,1997(6)：20-26.
[22] 林毅夫,李永军.比较优势、竞争优势与发展中国家的经济发展[J].管理世界,2003(7)：21-28,66.
[23] 林毅夫,蔡昉,李周.比较优势与发展战略——对"东亚奇迹"的再解释[J].中国社会科学,1999(5)：4-20,204.
[24] 何慧爽,刘东勋.要素禀赋论与国际产业转移的刚性及其突破[J].国际经贸探索,2006,22(3)：19-23.
[25] 李玥.要素禀赋论与国际产业转移的刚性及其突破[J].兰州大学学报(社会科学版),2013,41(6)：133-137.
[26] 李伟.要素禀赋论与知识要素的引入[J].环渤海经济瞭望,2004(9)：23-25.
[27] 陈斌开,林毅夫.金融抑制、产业结构与收入分配[J].世界经济,2012,35(1)：3-23.
[28] 陈建国,杨涛.中国对外贸易的金融促进效应分析[J].财贸经济,2005(1)：83-86.
[29] 戴翔,郑岚.制度质量如何影响中国攀升全球价值链[J].国际贸易问题,2015(12)：51-63,132.
[30] 郭界秀.制度与贸易发展关系研究综述[J].国际经贸探索,2013,29(4)：85-94.

[31] 唐宜红,林发勤.异质性企业贸易模型对中国企业出口的适用性检验[J].南开经济研究,2009(6):88-99.

[32] 殷德生,唐海燕,黄腾飞.国际贸易、企业异质性与产品质量升级[J].经济研究,2011,46(S2):136-146.

[33] 郭界秀.比较优势理论研究新进展[J].国际贸易问题,2013(3):156-166.

[34] 王立和.绿色贸易论——中国贸易与环境关系问题研究[D].南京:南京林业大学,2009.

[35] 熊超.全球化背景下新新贸易理论发展动态研究[D].济南:山东大学,2013.

[36] 孟俊锋.克鲁格曼国际贸易新理论研究[D].济南:山东大学,2009.

[37] 郑珂,马相东.福田汽车出口市场多元化发展及启示——基于异质性企业贸易理论视角[J].生产力研究,2013(12):165-168.

[38] 赵梅.国际贸易理论演变的逻辑分析[D].昆明:云南大学,2010.

[39] 宫云平.中非贸易及其模式分析和对策[D].北京:北京林业大学,2008.

[40] 郑灿.从绿色壁垒到绿色贸易的法律思考[D].上海:复旦大学,2010.

[41] 邓翔,路征.新新贸易理论的贡献与发展[J].西南民族大学学报(人文社科版),2009,30(12):77-83.

[42] 王海军.异质性企业理论综述与启示[J].现代商业,2009(26):76-77.

[43] 刘艳婷.浅析新国际贸易理论[J].当代经济,2007(5):62-63.

[44] 李春顶.新—新贸易理论文献综述[J].世界经济文汇,2010(1):102-117.

[45] 王新梦.苹果公司差异化战略分析[J].财经界,2014(18):141.

[46] 徐佳.跨国公司内部贸易对我国经济的影响及对策研究[D].济南:山东大学,2006.

[47] 李光东.从市场失灵和政府失灵理论谈经济法存在的必要性[J].知识经济,2012(8):17-18.

[48] 王冰.市场失灵理论的新发展与类型划分[J].学术研究,2000(9):37-41.

[49] WANG Z H. Understanding Trump's trade policy with China: international pressures meet domestic politics[J]. Pacific focus,2019,34(3):376-407.

[50] 马伯达.基于中间选民模型对双寡头航空公司客源争夺战略的分析[J].改革与开放,2013(16):13-14.

[51] 宋世方.中间选民理论与贸易政策的形成[J].国际贸易问题,2004(8):91-94.

[52] AHMED S,GREENE K V. Is the median voter a clear-cut winner?: comparing the Median Voter Theory and Competing Theories in explaining local government spending[J]. Public choice,2000,105(3/4):207-230.

[53] ZHANG G S,ZHU Y T. The interest group theory of financial development in China: openness and the role of interest groups[J]. The world economy,2020,43(4):982-999.

[54] 钟明春.利益集团理论研究进展与回顾[J].长春理工大学学报(社会科学版),2012,25(12):76-78.

[55] HAGEN A,ALTAMIRANO-CABRERA J,WEIKARD H. National political pressure groups and the stability of international environmental agreements [J]. International environmental agreements: politics, law and economics,2021,21:405-425.

[56] 黄琪轩.百年间国际政治经济秩序的转型压力——资本流动、产业—金融联系与自由秩序[J].东北亚论坛,2020,29(1):42-53,127.

[57] OSSA R. Trade wars and trade talks with data[J]. The American economic review,2014,104(12):4104-4146.

[58] 朱晶,张腾飞,李天祥.关税减让、汇率升值与农户福利——基于价格传导视角[J].农业技术经济,2016(7):4-18.

[59] 乔水舟.论关税理论的历史演进[J].华北工学院学报(社科版),2003(4):83-87.

[60] 翁祖胜.贸易限制性措施对中国农产品出口贸易影响研究[J].现代商业,2022(12):70-72.
[61] BHASIN R. Anti-dumping duties and trade remedial measures: the case of dumping of Chinese goods in India[J]. VISION: journal of Indian taxation,2018,5(2):104-112.
[62] 张春玲.国外对华贸易救济措施发展趋势研究[J].北方经贸,2017(1):17-19.
[63] 张宁.欧亚经济联盟贸易救济措施对"一带一路"的影响[J].北京工业大学学报(社会科学版),2016,16(5):56-65.
[64] 石盛楠.我国贸易救济措施实施研究[J].合作经济与科技,2015(11):85-86.
[65] FANTI L,BUCCELLA D. Strategic trade policy with interlocking cross-ownership[J]. Journal of economics,2021,134:147-174.
[66] 谢申祥,刘培德,王孝松.价格竞争、战略性贸易政策调整与企业出口模式选择[J].经济研究,2018,53(10):127-141.
[67] 党琪,刘玮.日本战略性贸易政策及对我国的启示[J].现代商贸工业,2017(25):53-54.
[68] 姚颖.美国战略性贸易政策的发展[J].经贸实践,2017(7):58-59.
[69] JOHNSON T. Prime numbers and the evolution of cooperation,Ⅱ: advantages to cooperators using prime-number period lengths in a finite population constrained to prisoner's dilemma strategies that alternate between periods of activity and inactivity[J]. Chaos,solitons & fractals:X,2022,9:100079.
[70] 黄泽娜.基于"囚徒困境"分析中国应对中美贸易摩擦的选择[J].中国商论,2022(1):86-89.
[71] 吕建兴,张少华,李明月.全球贸易摩擦对我国进出口的影响研究——来自GTA国家-产品层面的证据[J].统计研究,2022,39(7):56-72.
[72] 谷祖莎,梁俊伟.入世后非关税措施对中国出口的影响[J].中南财经政法大学学报,2016(3):142-148.
[73] 张一平.古代海上丝绸之路对南海区域的影响[J].新东方,2010(3):17-22.
[74] 郑国富."一带一路"倡议下中菲农产品贸易与合作的机遇与挑战[J].国际经济合作,2018(3):71-76.
[75] 杨国华.论世界贸易与投资组织的构建[J].武大国际法评论,2018,2(1):139-157.
[76] 徐刚."一带一路"推进中的问题与对策建议[J].国际研究参考,2017(5):25-33.
[77] 郑志来."一带一路"战略实施背景、路径与对策研究[J].湖湘论坛,2016,29(1):98-102.
[78] 唐仁敏.推进"一带一路"建设工作领导小组办公室发表《共建"一带一路"倡议进展、贡献与展望》报告[J].中国经贸导刊,2019(10):52-54.
[79] 余欣如.贸易便利化对"一带一路"六大经济走廊贸易量的影响[D].南京:南京大学,2020.
[80] 周太东.中国与希腊"一带一路"投资合作——比雷埃夫斯港项目的成效、经验和启示[J].海外投资与出口信贷,2020(2):35-39.
[81] 毕吉耀.实行高水平对外开放 推动共建"一带一路"高质量发展[J].中国经贸导刊,2021(7):30-32.
[82] 陈淑梅,全毅.TPP、RCEP谈判与亚太经济一体化进程[J].亚太经济,2013(2):3-9.
[83] 赵亮,陈淑梅.经济增长的"自贸区驱动"——基于中韩自贸区、中日韩自贸区与RCEP的比较研究[J].经济评论,2015(1):92-102.
[84] 马述忠,房超,梁银锋.数字贸易及其时代价值与研究展望[J].国际贸易问题,2018(10):16-30.
[85] 李忠民,周维颖,田仲他.数字贸易:发展态势、影响及对策[J].国际经济评论,2014(6):8,131-144.
[86] 周念利,陈寰琦.数字贸易规则"欧式模板"的典型特征及发展趋向[J].国际经贸探索,2018,34(3):96-106.
[87] 李丽平,张莉.中国绿色贸易政策发展进程、特点及展望[J].环境与可持续发展,2021,46(4):

12-17.

[88] 何哲.元宇宙新经济的裂变及可能趋势[J].人民论坛,2022(7):36-39.

[89] 袁珩.麦肯锡报告揭示价值链的全球化变革[J].科技中国,2020(3):98-101.

[90] 谢伏瞻.论新工业革命加速拓展与全球治理变革方向[J].经济研究,2019,54(7):4-13.

[91] 余振,王净宇.中国对外贸易发展70年的回顾与展望[J].南开学报(哲学社会科学版),2019(4):36-47.

[92] 国务院发展研究中心课题组,隆国强,张琦,等.未来国际经济格局十大变化趋势[N].经济日报,2019-02-12(12).

[93] 陈文玲,颜少君."E国际贸易"的理论内涵与理论体系[J].全球化,2017(11):5-17,133.

[94] 王元春.低碳经济对我国经济贸易结构的影响[J].时代金融,2013(15):110-111.

[95] 再娜甫,依米提.浅析低碳经济对发展中国家对外贸易的影响及对策[J].现代商业,2010(21):169.

[96] 殷凤.世界服务贸易发展趋势与中国服务贸易竞争力研究[J].世界经济研究,2007(1):33-40.

[97] 牛宝俊.论农产品战略性贸易政策实施的社会经济条件[J].国际贸易问题,1996(9):29-34.

[98] 王金波.《数字经济伙伴关系协定》的内涵、特征与中国参与国际数字治理的政策建议[J].全球化,2022(3):52-61,134-135.

[99] 王瑛,李舒婷,张劭鹏.《数字经济伙伴关系协定(DEPA)》的特点、影响及应对策略[J].广西财经学院学报,2022,35(2):33-42.

[100] 吴希贤.亚太区域数字贸易规则的最新进展与发展趋向[J].国际商务研究,2022,43(4):86-96.

教师服务

感谢您选用清华大学出版社的教材！为了更好地服务教学，我们为授课教师提供本书的教学辅助资源，以及本学科重点教材信息。请您扫码获取。

❯❯ 教辅获取

本书教辅资源，授课教师扫码获取

❯❯ 样书赠送

国际经济与贸易类重点教材，教师扫码获取样书

 清华大学出版社

E-mail: tupfuwu@163.com
电话：010-83470332 / 83470142
地址：北京市海淀区双清路学研大厦 B 座 509
网址：http://www.tup.com.cn/
传真：8610-83470107
邮编：100084